TECHNIK, WIRTSCHAFT und POLITIK 28

Schriftenreihe des Fraunhofer-Instituts für Systemtechnik und Innovationsforschung (ISI)

Gerhard Angerer · Christiane Hipp
Doris Holland · Uwe Kuntze

Umwelttechnologie am Standort Deutschland

Der ökologische und ökonomische Nutzen der Projektförderung des BMBF

Mit 43 Abbildungen
und 12 Tabellen

Physica-Verlag
Ein Unternehmen des Springer-Verlags

Dr.-Ing. Gerhard Angerer
Dipl.-Wirt.-Ing. Christiane Hipp
Dr. Doris Holland
Uwe Kuntze

Fraunhofer-Institut für Systemtechnik
und Innovationsforschung (ISI)
Breslauer Str. 48
D-76139 Karlsruhe
Mail: ag@isi.fhg.de

Textverarbeitung:
Irene Nootbaar
Angelika Schilling
Irmgard Sieb

EDV-Assistenz:
Rebecca Rangnow
Michael Herrmann

Die diesem Bericht zugrundeliegenden Arbeiten wurden im Auftrag des Bundesministeriums für Bildung, Wissenschaft, Forschung und Technologie (Förderkennzeichen 14608 82) durchgeführt. Die Verantwortung für den Inhalt liegt jedoch allein beim Auftragnehmer.

Die Deutsche Bibliothek – CIP-Einheitsaufnahme
Umwelttechnologie am Standort Deutschland : der ökologische und ökonomische Nutzen der Projektförderung des BMBF ; mit 12 Tabellen / Gerhard Angerer ... - Heidelberg : Physica-Verl., 1997
(Technik, Wirtschaft und Politik ; 28)
ISBN-13: 978-3-7908-1063-9 e-ISBN-13: 978-3-642-47014-1
DOI: 10.1007/978-3-642-47014-1

Umschlaggestaltung: Erich Kirchner, Heidelberg
SPIN 10647676 88/2202-5 4 3 2 1 0 – Gedruckt auf säurefreiem Papier

Vorwort

Umwelttechnologie, und besonders produktionsintegrierte Techniken, sind zu einer Zukunftstechnologie und zum Motor technologischer Innovationen avanciert. Ihre Entwicklung stimuliert andere Technologiebereiche, darunter die Biotechnologie, Werkstofftechnik, Verfahrenstechnik, Informationstechnik und Mikrotechniken. Die Diffusion integrierter Umwelttechnologie trägt zur Modernisierung der Volkswirtschaft und dadurch zur Stärkung ihrer Wettbewerbsfähigkeit bei. Inmitten hoch gesättigter Märkte gehen vom Umweltschutz Impulse für Wachstum und Beschäftigung aus. Viele dieser Aufgaben eröffnen Potentiale für neue, hochwertige Dienstleistungen und unterstützen den gewollten Strukturwandel.

Klimaschutz, Luftreinhaltung, Gewässerschutz, Abfallvermeidung, Altlastensanierung, Ressourcenschonung, kurz gesagt, eine zukunftsfähige Entwicklung von Wirtschaft und Gesellschaft, erfordert rasch und effizient ablaufende Anpassungsprozesse. Damit dieser Wandel gesellschaftlich verträglich verläuft, sind technologische Innovationen vonnöten. Umweltschutz ist Teil der staatlichen Zukunftsvorsorge. Aus diesem Auftrag leitet sich die Förderung umwelttechnologischer Innovationen durch das Bundesministerium für Bildung, Wissenschaft, Forschung und Technologie (BMBF) ab.

Die vorliegende Evaluation beschäftigt sich mit dem ökologischen Nutzen dieser Innovationsförderung und zeigt, welche Impulse für Wirtschaft, Wissenschaft und Technik davon ausgingen. Es wird deutlich, Umwelttechnologie ist nicht nur ein äußerst effizientes Instrument zum Schutz der Umwelt, sie stärkt zugleich die technologische Kompetenz der Wirtschaft, erschließt ihr interessante Geschäftspotentiale und stimuliert Innovationen in anderen Technologiebereichen.

Mein Dank gilt allen, die zum Gelingen der Arbeit beigetragen haben, insbesondere dem BMBF als Auftraggeber. Dem interdisziplinär zusammengesetzten Team von Evaluatoren spreche ich für das Engagement, mit dem sie sich ihrer Aufgabe gewidmet haben, meine Anerkennung aus.

Prof. Dr. rer. pol. Frieder Meyer-Krahmer
Institutsleiter
Fraunhofer-Institut für Systemtechnik
und Innovationsforschung

Inhaltsverzeichnis

Seite

Seite

Seite

Abbildungsverzeichnis

Seite

Seite

Tabellenverzeichnis

Seite

Abkürzungsverzeichnis

AOX	Adsorbierbare organische Halogenverbindungen
ATV	Abwassertechnische Vereinigung
AWAS	Projektträgerschaft Abfallwirtschaft- und Altlastensanierung im UBA, FG III 3.6
BAT	Biologischer Arbeitsstoff-Toleranz-Wert
BImSchG	Bundes-Immissionsschutzgesetz
BImSchV	Bundes-Immissionsschutzverordnung
BJTU	Beteiligungskapital für junge Technologieunternehmen
BMBF	Bundesministerium für Bildung, Wissenschaft, Forschung und Technologie (seit 1995)
BMFT	Bundesministerium für Forschung und Technologie (bis 1994, heute BMBF)
BMU	Bundesministerium für Umwelt, Naturschutz und Reaktorsicherheit
BSB	Biochemischer Sauerstoffbedarf
BSB_5	Biochemischer Sauerstoffbedarf in 5 Tagen
C_2Cl_4	Tetrachlorethen (PER)
Cd	Cadmium
CKW	Chlorierte Kohlenwasserstoffe
CMF	Crossflow-Filtration
C_mH_n	Kohlenwasserstoffe
CO	Kohlenmonoxid
CO_2	Kohlendioxid
CSB	Chemischer Sauerstoffbedarf
DFG	Deutsche Forschungsgemeinschaft
DGMK	Deutsche Gesellschaft für Mineralölwissenschaft und Kohlechemie
DIN	Deutsches Institut für Normung
DIW	Deutsches Institut für Wirtschaftsforschung
DLR	Deutsche Forschungsanstalt für Luft und Raumfahrt e. V.
DSD	Duales System Deutschland GmbH

DVGW	Deutscher Verein des Gas- und Wasserfaches
EDTA	Ethylendiamintetraessigsäure
EU	Europäische Union
EW	Einwohnerwert
F2	Förderbereich *Umwelttechnologie* in der Leistungsplansystematik des BMBF
FCKW	Fluor-Chlor-Kohlenwasserstoffe
FG	Fachgebiet des UBA
FuE	Forschung und Entwicklung
FZK	Forschungszentrum Karlsruhe, Technik und Umwelt (früher Kernforschungszentrum Karlsruhe, KfK)
GFE	Großforschungseinrichtungen
HKW	Halogenierte Kohlenwasserstoffe
ISI	Fraunhofer-Institut für Systemtechnik und Innovationsforschung
KfK	Kernforschungszentrum Karlsruhe (jetzt Forschungszentrum Karlsruhe, FZK)
KMU	Kleine und Mittlere Unternehmen
KrW-/AbfG	Kreislaufwirtschafts- und Abfallgesetz
kt	Kilotonnen
LAGA	Länderarbeitsgemeinschaft Abfall
LAI	Länderausschuß für Immissionsschutz
LAWA	Länderarbeitsgemeinschaft Wasser
LPST	Leistungsplansystematik des BMBF
MAK	Maximale Arbeitsplatzkonzentration
MC	Methylenchlorid (Dichlormethan)
NH_3	Ammoniak
NH_4-N	Als Ammonium gebundener Stickstoff
NIW	Niedersächsisches Institut für Wirtschaftsforschung
N_{ges}	Gesamt-Stickstoff
NO_2	Stickstoffdioxid
NO_x	Stickstoffoxide

NTA	Nitrilotriacetat
ODP	Ozone Depletion Potential
PBDE	Polybromierte Diphenylether
PCB	Polychlorierte Byphenyle
PCDD	Polychlorierte Dibenzodioxine
PER	Tetrachlorethen
P_{ges}	Gesamt-Phosphor
PO_4	Phosphat
Pt	Projektträger
PtWT	Projektträgerschaft Wassertechnologie und Schlammbehandlung im FZK
PUR	Polyurethan
PVC	Polyvinylchlorid
QSL	Queneau-Schumann-Lurgi Verfahren
SO_2	Schwefeldioxid
TA	Technische Anleitung
TAMARA	Testanlage zur Müllverbrennung, Abgasreinigung, Rückstandsverwertung und Abwasserbehandlung
TCF	Total Chlorine Free
TRI	Trichlorethen
TÜV	Technischer Überwachungsverein
UFORKAT	Umweltforschungskatalog (Hrsg. Umweltbundesamt Berlin)
UBA	Umweltbundesamt
VDI	Verein Deutscher Ingenieure
VDI-TZ	VDI Technologiezentrum Physikalische Technologien, Düsseldorf, Projektträgerschaft Sicherheitsforschung und Sicherheitstechnik
VDMA	Verband Deutscher Maschinen- und Anlagenbau
VOC	Flüchtige organische Verbindungen ohne Methan (**V**olatile **O**rganic **C**ompounds)
VwV	Verwaltungsvorschrift
ZEW	Zentrum für Europäische Wirtschaftsforschung

1. Beschreibung des Evaluationsauftrags

Das Bundesministerium für Bildung, Wissenschaft, Forschung und Technologie (BMBF) wendet zur Zeit jährlich 750 Mio DM für die Umweltforschung auf. Je zur Hälfte fließen diese Mittel in die institutionelle Förderung von Forschungseinrichtungen des Bundes und der Länder und in die Projektförderung. Die Förderung der Umweltforschung ist Teil der staatlichen Zukunftssicherung. Das Ressort erwartet von den Forschungsnehmern, daß diese komplexe Probleme des Umweltschutzes rechtzeitig erkennen und analysieren, Lösungswege aufzeigen und deren technische Umsetzung vorbereiten.

Die strategische Ausrichtung der Förderung von Umweltforschung wird in Programmen festgelegt. Es ist gängige Praxis, daß die Fachreferate ihre Programme in regelmäßigen Abständen durch dafür spezialisierte, in der Regel interdisziplinär ausgerichtete Institutionen evaluieren lassen. Die vorliegende Evaluation beschäftigt sich mit der **Projektförderung** im Bereich Umwelttechnologie in den Jahren 1980 bis 1992 (Untersuchungszeitraum). Der Fachbereich Umwelttechnologie ist Teil der Progamme Umweltforschung und Umwelttechnologie 1984-1987 und 1989-1994. Im Untersuchungsfeld der Evaluation wurden zwischen 1980 und 1992 insgesamt 1402 Vorhaben gefördert und 1,264 Mrd DM aufgewendet. Bei Einrechnung der Eigenleistungen der Geförderten sind 2,473 Mrd DM an Forschungsleistungen unmittelbar angestoßen worden.

1.1 Zielsetzung und Leitfragen der Evaluation

Ziel dieser Evaluation ist es, die Wirkungen darzulegen, die durch die Forschungsförderung im Bereich Umwelttechnologie in den Jahren 1980 bis 1992 erzielt wurden. Kern des Erkenntnisinteresses sind folgende Leitfragen:

1. Inwieweit hat die Technologieförderung zu Problemlösungen im Umweltbereich geführt und auf diese Weise zur Verbesserung der Umweltsituation und zur Sicherung der Trinkwasserversorgung beigetragen?

2. Inwieweit hat die Förderung zu marktfähigen Verfahren und Produkten geführt, die umwelttechnische Kompetenz der Forschungsnehmer verbessert und so die wirtschaftliche Stellung der deutschen Industrie im Marktsegment Umwelttechniken gestärkt?

Die Evaluation ist primär retrospektiv angelegt und auf den Nachweis von Wirkungen der Förderung im Untersuchungszeitraum 1980 bis 1992 ausgerichtet. Evaluationstheoretisch handelt es sich um eine **ex-post-Wirkungsanalyse** mit legitimativem

Charakter. Dies ist der in Deutschland für die Programmevaluation vorwiegend genutzte Evaluationstyp (Kuhlmann und Holland, 1995). Es ist jedoch wahrscheinlich, daß gewonnene Erkenntnisse die operative Umsetzung des neuen ressortübergreifenden Programms "*Umweltforschung und Umwelttechnologie*" beeinflussen und auf diese Weise die durchgeführte ex-post-Evaluation auch eine ex-ante-Dimension entfalten wird.

1.2 Thematische Eingrenzung

Förderbereiche

Die Evaluation erstreckt sich auf die Förderbereiche

F2 10 Wasserschutztechnologie (Gewässerschutz, Wasserversorgung, Abwasserentsorgung)
F2 20 Abfallwirtschaft (Vermeidung, Verwertung, Entsorgung von Abfällen, Altlastensanierung)
F2 30 Luftreinhaltetechnik
F2 40 Schadstoffvermeidende Produktionstechnik und Produkte

In die Analyse der erzielten Regelungseffekte der Förderung, die einen zeitlichen Vorlauf gegenüber den übrigen Arbeiten aufwies, war zusätzlich der Förderbereich F2 70, *Sicherheitsforschung und Sicherheitstechnik*, einbezogen (vergleiche Kapitel 4.4 dieses Berichts). Der Forschungsbereich ist in der Zwischenzeit ausgelaufen.

Strategische und operative Programmausrichtung

Die Erfassung der in den Förderprogrammen beschriebenen **Annahmen** zur Umweltsituation, den Umweltproblemen und den daraus abgeleiteten **Schwerpunkten** der Förderung bildet den Ausgangspunkt der Evaluation. Es handelt sich hierbei um einen deskriptiven Arbeitsschritt (Kapitel 2).

Während die strategische Ausrichtung der Förderung von der Problemsituation und anderen sachlichen Erwägungen zum Zeitpunkt der Programmgenerierung geprägt ist, trifft die operative Umsetzung der Programme auf ein Umfeld mit speziellen Interessenslagen und sich im Zeitlauf ändernden Priorisierungen. Hinzu kommen die Technikentwicklung und ihre Erfolge außerhalb der Forschungsförderung. Bei der Analyse der **Umsetzung des Programms** stellen sich unter anderem folgende Forschungsfragen (Kapitel 3):

- Wie war die Reaktion der Forscher in der Privatwirtschaft und den staatlichen Forschungseinrichtungen auf das Programm; welche Rolle spielten Institute, Anwender und Hersteller, Großunternehmen und KMU (Klientelanalyse)?

- Wie verlief die zeitliche Entwicklung der Nachfrage nach Forschungsförderung in den einzelnen Förderbereichen; wie war die Nachfrage regional verteilt; welche Rolle spielten Verbundvorhaben; welche Bedeutung hatte die Förderung im Vergleich zu den gesamten Forschungsaufwendungen (Strukturanalyse)?

Wirkungsdimensionen

Kernziel der Evaluation und mit Abstand Schwerpunkt der Analyse ist der Nachweis der erzielten **Wirkungen** der Förderung im Zeitraum 1980 bis 1992 (Kapitel 4). Die Entwicklung innovativer umweltschonender Technologien ist einerseits Mittel zur Vermeidung oder Sanierung von Umweltschäden (**Ökologieeffekt**), andererseits Voraussetzung für sinnvolle und durchsetzbare normative Maßnahmen des Staates (**Regulationseffekt**). Die Förderung der Umwelttechnikentwicklung ist in viel höherem Maße als andere Programme problemorientiert statt technikpotentialorientiert ausgerichtet. Dem **ökologischen Nutzen** der Förderung, also ihren Beiträgen zur Lösung von Umweltproblemen, kommt deshalb in der Gesamtbewertung des Programms ein hoher Stellenwert zu.

Die mit jeder neuen Technologie tatsächlich erzielte Umweltentlastung ist um so größer, je breiter die entwickelte Lösung in die Anwendung gelangt, was in der Regel durch kommerzielle Verwertung geschieht. **Ökonomische Effekte** könnten insofern als Nebeneffekt bezeichnet werden, haben jedoch andererseits eine selbständige Bedeutung innerhalb des wirtschaftlichen Strukturwandels, zu dem die Umwelttechnik seit Jahren erheblich beiträgt. Im Rahmen der Förderprogramme wurden Vorhaben durchgeführt, die entweder auf die Aufklärung grundlegender Zusammenhänge (Erkenntnisgewinn), die Entwicklung grundsätzlicher technischer Lösungen (Basisinnovationen), den frühzeitigen Nachweis der technischen Machbarkeit (Prototypenentwicklung) oder auf die anwendungsnahe Weiterentwicklung technischer Lösungen (Demonstrationsvorhaben) zielten. Bei der Einschätzung der **ökonomischen Wirkungen** ist deshalb die intendierte Anwendungsnähe der Vorhaben zu beachten.

Weitere Nebeneffekte, wie die Initiierung und Stärkung längerfristiger Kooperationsbeziehungen, der Kompetenzgewinn der Umwelttechnologieanbieter, die Anstoßfunktion der Förderung, Patentanmeldungen und Lizenzvergaben sowie Spin-Off auf andere Technikfelder sind ebenfalls erwünscht (**technisch-wissenschaftliche Effekte**). Schließlich wurde geprüft, wie die instrumentelle Ausgestaltung und die Durchführung des Programms von den Adressaten aufgenommen wurden und welche Wirksamkeit die Förderung hatte.

Um den Aufwand für die Evaluation in Grenzen zu halten, blieben Fragestellungen, die im Vorhergehenden nicht genannt wurden, bewußt ausgeklammert. Darunter die institutionelle Förderung und internationale Vergleiche mit ähnlichen Programmen.

1.3 Methodik und Vorgehensweise

Evaluationsstudien haben inzwischen eine lange Tradition im In- und Ausland. Entsprechend gut entwickelt ist das verfügbare methodische Instrumentarium (Kuhlmann und Holland, 1995). Die eingesetzten methodischen Instrumente und ihr Mix sind der jeweiligen Fragestellung und den gesetzten Schwerpunkten anzupassen. In der vorliegenden Evaluation stellte die hohe Zahl der im Untersuchungszeitraum geförderten 1402 Vorhaben die Bearbeiter vor besondere Herausforderungen. Es kamen folgende methodische Instrumente zum Einsatz:

1. Inhaltliche und statistische Auswertung der Projektdatenbank
2. Auswertung der Statusberichte der Projektträger
3. Auswertung von Projektberichten
4. Interviews und Fachgespräche mit Programmverantwortlichen und Experten
5. Schriftliche Totalbefragung der im Untersuchungszeitraum Geförderten
6. Ausführliche Interviews mit geförderten und nicht geförderten Forschungsträgern
7. Auswertung von Wirtschaftsstatistiken
8. Literaturrecherchen
9. Patentanalysen

Für die schriftliche Totalerhebung aller im Untersuchungszeitraum Geförderten ist ein achtseitiger Fragebogen entwickelt und einem Pretest unterzogen worden. Von den 1402 geförderten Vorhaben konnten 1387 in die Befragung einbezogen werden, davon gingen 647 verwertbare Fragebögen (257 Unternehmen, 94 Öffentliche Einrichtungen, 296 Institute) ein. Dies entspricht einer Rücklaufquote von beinahe 50 %.

Verständlicherweise sind die länger zurückliegenden Vorhaben etwas unterrepräsentiert (Abbildung 1). Während der Rücklauf bei den zwischen 1990 und 1992 abgeschlossenen Vorhaben 61 % beträgt, erreicht er bei den zwischen 1980 und 1984 abgeschlossenen nur 41 %. Institute und Öffentliche Einrichtungen sind im auswertbaren Sample etwas häufiger vertreten als Unternehmen (Abbildung 2). Auch zwischen den Förderbereichen sind Unterschiede festzustellen (Abbildung 3). So sind Vorhaben der Abfallwirtschaft etwas schwächer vertreten als beispielsweise Vorhaben aus dem Bereich Schadstoffvermeidende Produktionstechnik und Produkte. Insgesamt stellen diese Unterschiede die Repräsentativität des Rücklaufs nicht in Frage.

Abbildung 1: Rücklauf der schriftlichen Befragung nach Projektalter

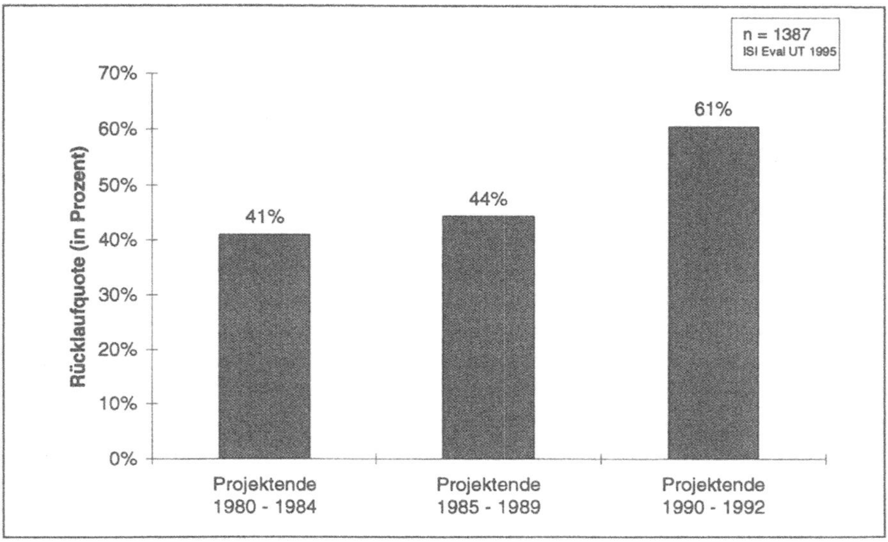

Abbildung 2: Rücklauf der schriftlichen Befragung nach Gefördertentyp

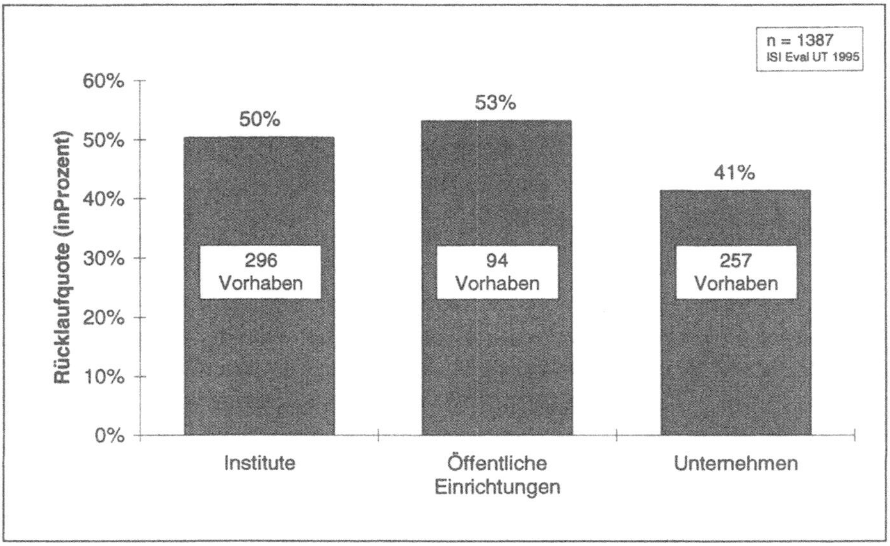

Abbildung 3: Rücklauf der schriftlichen Befragung nach Förderbereich

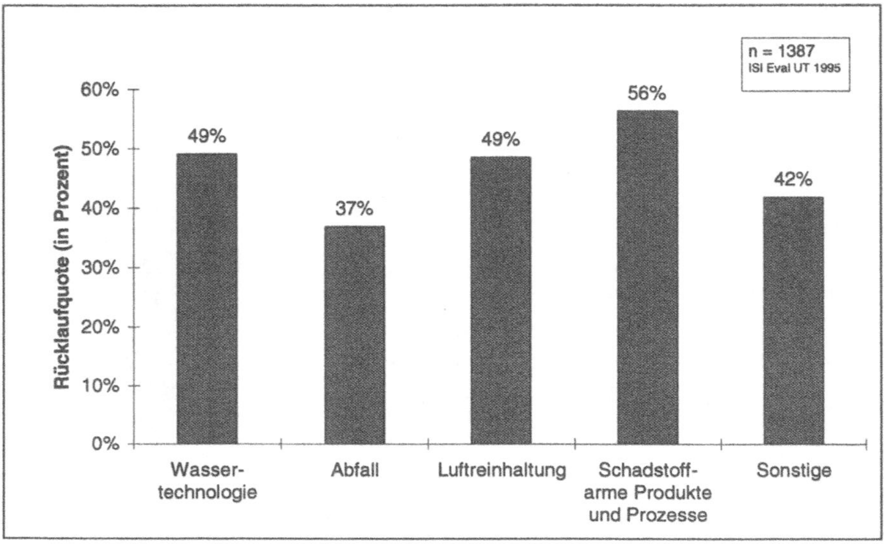

Die schriftliche Erhebung wurde ergänzt durch an die 200 persönliche oder telefonische Fachgespräche und Interviews mit geförderten Unternehmen, Gebietskörperschaften, Forschungseinrichtungen, Technologieanbietern und -anwendern, fachtechnischen Vereinigungen, Fachgremien des Verwaltungsvollzugs, BMBF, Projektträger, Bundesumweltministerium und Umweltbundesamt.

Die methodischen Probleme bei der Ermittlung der Wirkungen der Forschungsförderung sind je nach Wirkungsdimension unterschiedlich. Diese Besonderheiten werden nicht an dieser Stelle, sondern im Vorspann zum Kapitel über die jeweilige Wirkungsdimension angesprochen.

Die Ermittlung der Regulationseffekte der Förderung von Umwelttechnologie verlief mit zeitlichem Vorlauf zur Untersuchung der übrigen Wirkungsdimensionen. Die Ergebnisse sind in einem selbständigen Forschungsbericht mit dem Titel "*Einflüsse der Forschungsförderung auf Gesetzgebung und Normenbildung im Umweltschutz*" dargestellt (Angerer et al., 1996a). Eine Kurzdarstellung der Regulationseffekte ist in den vorliegenden Bericht aufgenommen worden (Kapitel 4.4).

2. Strategische Ausrichtung der Förderung

Im Untersuchungszeitraum veröffentlichte das BMBF zwei Förderprogramme mit dem Titel "*Umweltforschung und Umwelttechnologie*". Das erste Programm wurde 1984 bekanntgegeben und überstrich den Zeitraum von 1984 bis 1987 (BMFT, 1984). 1991 folgte das Nachfolgeprogramm für den Zeitraum 1989 bis 1994 (BMFT, 1991). Das neue, nun erstmals ressortübergreifende Umweltforschungsprogramm wird Anfang 1997 erscheinen. Die bisher vorgelegten Programme bestehen aus den Teilen Ökologische Forschung, Klima- und Atmosphärenforschung, Umwelt und Gesundheit, Technikfolgenabschätzung und Umwelttechnologie. Nur der Programmteil **Umwelttechnologie** und davon nur die **Projektförderung** ist Gegenstand der vorliegenden Evaluation.

Zum Programm Umwelttechnologie wurden 1990 die Förderkonzepte "*Wasser*" und "*Abfallwirtschaft und Altlasten*" veröffentlicht. Das Förderkonzept "*Produktionsintegrierter Umweltschutz*" erschien 1994. Die Förderkonzepte präzisieren die fachlichen Inhalte und Schwerpunkte in den jeweiligen Förderbereichen. Die Programme und Förderkonzepte bilden zusammen die programmatische Basis für die strategische Ausrichtung der Förderung. Über die operative Umsetzung der Programme berichtet das nachfolgende Kapitel.

Der Programmteil **Umwelttechnologie** umfaßt die Förderbereiche Abfallwirtschaft und Altlastensanierung, Luftreinhaltung, Schadstoffvermeidende Produktionstechnik und Produkte sowie Gewässerschutz, Wasserversorgung und Abwasserentsorgung. Das Programm 1984-1987 enthielt zusätzlich die Förderbereiche Lärmbekämpfung und Reinhaltung des Meeres, das Nachfolgeprogramm den Bereich Sicherheitsforschung und -technik. Der zuletzt genannte Förderbereich ist zwischenzeitlich ausgelaufen.

Bei der strategischen Ausrichtung und der operativen Abwicklung der Förderung im Programmteil **Umwelttechnologie** wurde das zuständige Fachreferat von vier Projektträgern unterstützt. Deren fachlichen Zuständigkeiten sind in Tabelle 1 dargestellt.

2.1 Leitlinien

Umweltschutz zählt zu den staatlichen Vorsorgebereichen. Die Forschungsförderung des Bundes unterliegt aber auch im Umweltbereich dem Prinzip der **Subsidiarität**. Das heißt, die staatliche Forschungsförderung setzt nur dort an, wo die privatwirtschaftliche Forschung und Entwicklung im Interesse der Allgemeinheit (Vorsorgeverpflichtung) der Unterstützung bedarf und dort, wo wissenschaftliche und technologische Grundlagen zu schaffen sind, die von der anwendungsnahen FuE der Industrie nicht bereitgestellt werden. Aus strukturpolitischen Erwägungen sind es die kleinen und mittleren Unternehmen (KMU), denen die Forschungsförderung besonderes Augenmerk widmet.

Tabelle 1: Fachbereiche des Programms Umwelttechnologie

LPST	Leistungsplan	Projektträger
F 2 10	Gewässerschutz, Wasserversorgung und Abwasserentsorgung	Forschungszentrum Karlsruhe, Pt Wassertechnologie und Schlammbehandlung
F 2 20	Abfallwirtschaft und Altlasten	Umweltbundesamt, FG III 3.6, Pt Abfallwirtschaft und Altlastensanierung (AWAS), Berlin
F 2 30	Luftreinhaltung	DLR, Pt Umweltschutztechnik, Bonn
F 2 40	Schadstoffvermeidende Produktionstechnik und Produkte	DLR, Pt Umweltschutztechnik, Bonn
F 2 70	Sicherheitsforschung und -technik	VDI-TZ, Pt Sicherheitsforschung und Sicherheitstechnik, Düsseldorf

Die staatliche Förderung der Umwelttechnologie zielte primär auf die früheren Innovationsphasen in der Spanne zwischen Grundlagenforschung und angewandter Forschung, bewegt sich also vorwiegend in der vorwettbewerblichen FuE. Da sie jedoch zugleich intendiert, Umweltprobleme zu lösen - wofür die Anwendung des FuE-Ergebnisses, also die Umsetzung in marktfähige Produkte nötig ist - und im Außenraum den durch die Förderung erzielten ökonomischen Effekten (Markterfolg, Arbeitsplätze, internationale Wettbewerbsfähigkeit) ein hoher Stellenwert beigemessen wird, gerät sie in einen Zielkonflikt: Problemlösungen und Markteffekte erfordern anwendungsreife FuE-Ergebnisse. Im Hinblick auf die intendierten ökologischen und ökonomischen Wirkungen kommt deshalb Demonstrationsvorhaben, bei denen innovative Technologien erstmals großtechnisch zur Anwendung kommen, besondere Bedeutung zu. Wenn weiterführende FuE auf geförderte Entwicklungen aufsetzt und dann marktfähige Produkte hervorbringt, entstehen mittelbare Wirkungen, die in der vorliegenden Evaluation nicht untersucht wurden und deren Bedeutung deshalb nicht eingeschätzt werden kann.

2.2 Programmannahmen über die Umweltsituation

Die Programme 1984-1987 und 1989-1994 führen aus, daß bei der Bekämpfung der Massenschadstoffe SO_2, CO und Staub Erfolge erzielt wurden. Als Problembereiche der **Luftreinhaltung** werden die Minderung der Emissionen an Stickstoffoxiden, VOC, organische "Spurenschadstoffe", "Schwermetalle" und "Feinstäube" sowie FCKW genannt. Beim **Gewässerschutz** werden die Fortschritte bei der Verbesserung der ökologischen Güte von Oberflächengewässern betont. Als zu lösende Aufgaben werden die Minderung der Einträge von biologisch schwer abbaubaren wassergefährdenden Stoffen und Nährstoffen (Nitrat- und Phosphorverbindungen) in die Oberflächengewässer, die Belastungen von Grundwasservorkommen mit Nitrat, anderen Salzen und organischen Schadstoffen, darunter Pestizide aus Pflanzenschutzmitteln, angesprochen.

Im Programm wird darauf hingewiesen, daß die Qualität der **Hausmüllentsorgung** wesentlich verbessert wurde. Entsorgungsengpässe werden bei den Sonderabfällen erwartet. Auf die Verschärfung dieser Situation durch die absehbare Einstellung der Seeverbrennung und -verklappung wird hingewiesen. Die Abfallverwertung sei deutlich ausgebaut worden.

Als Schwerpunkt der Umweltpolitik der Bundesregierung wird der **Bodenschutz** herausgestellt. Gefahrenpotentiale werden durch die stofflichen Belastungen durch Industrie, Landwirtschaft, private Haushalte, Verkehr und durch Veränderung der Bodeneigenschaften und Bodennutzung gesehen.

2.3 Intendierte Schwerpunkte der Förderung

Die Schwerpunkte der umwelttechnischen Entwicklung werden in den Programmen bei der **Vermeidung** von Belastungen, insbesondere durch produktionsintegrierte technische Maßnahmen, der **Verwertung** von Reststoffen und der umweltfreundlichen Entsorgung gesehen. Die **Sanierung** von eingetretenen Umweltschäden soll demgegenüber schrittweise sekundären Charakter erhalten, im Sinne einer Weiterentwicklung der Schutzbemühungen vom reparierenden zum medienübergreifenden, präventiven Umweltschutz. Vorrangig gefördert werden sollten:

- Techniken zur Minderung der Stoffströme humantoxisch, ökotoxisch oder mengenmäßig bedeutsamer Schadstoffe,
- Techniken, die geeignet sind, bestehende Grenzwerte zu wirtschaftlich vertretbaren Bedingungen deutlich zu unterschreiten,
- Vorhaben, die prioritäre umweltpolitische Zielsetzungen schneller erreichen lassen,
- Entwicklungen zur Erfüllung öffentlicher Aufgaben,

- Techniken, die der Fortentwicklung der Rechtssetzung im Umweltschutz dienen.

Das Primat der **integrierten Techniken**, im Programm als schadstoffvermeidende oder emissionsarme Technologien bezeichnet, wird an mehreren Stellen betont.

In der **Abfallwirtschaft** werden als Forschungsschwerpunkte genannt: Die Verwertung von Abfallsäuren, Laugen, Salzen, Lackschlämmen, Lösungsmitteln, Rückständen der Rauchgasreinigung, gebrauchten Katalysatoren, kontaminierten Schlämmen, Sedimenten aus Flüssen und Häfen, HKW- und PCB-haltigen Reststoffen, Mischkunststoffen, Verbundwerkstoffen, Gerätebatterien und Elektronikschrott. Ferner die Entwicklung abbaubarer Kunststoffe, insbesondere für den Verpackungsbereich, und schadstoffarmer Produkte (genannt sind Batterien und Leuchtstofflampen). Zur Behandlung von Abfällen sollen die klassische Verbrennungstechnik, die Pyrolyse, die chemisch-physikalischen und die biologischen Verfahren optimiert und weiterentwickelt werden. Bei der Deponietechnik wird FuE-Bedarf bei der Verbesserung der Basis-, Seiten- und Oberflächenabdichtung und bei der Behandlung von Sickerwässern und Deponiegas gesehen.

Die Förderung der **Altlastensanierung** zielt auf die Analyse und Bewertung des Gefährdungspotentials sowie die Entwicklung und Erprobung von sicheren und kostengünstigen Sanierungsverfahren.

Im Schutzbereich **Luftreinhaltung** stellt das Programm die folgenden Aufgaben heraus: Weiterentwicklung von selektiven Hochleistungs-Adsorbentien, katalytischen Verfahren, Biofiltern und -wäschern, Simultanverfahren zur gleichzeitigen Abscheidung von Feststoffen und Schadgasen, die Verbesserung der Feinstaubabscheidung, der Meß- und Analysentechnik und die Minderung von diffusen Schadstoffemissionen. Bekämpft werden sollen ferner die Schadstoffbelastungen in Innenräumen durch die Entwicklung toxikologisch unbedenklicher Ersatzstoffe.

Als prioritäre Forschungsaufgaben im Bereich **Gewässerschutz, Trinkwasserversorgung und Abwasserentsorgung** werden genannt: Die Aufklärung der Wirkungen biologisch schwer abbaubarer Stoffe und von Pflanzennährstoffen, die Verminderung des Nährstoffeintrags durch Behandlungsverfahren für Gülle sowie die Entwicklung von Technologien zur Beseitigung kontaminierter Gewässersedimente und Grundwasserverunreinigungen. Bei der Wasserversorgung stehen im Vordergrund die Verminderung des Nitrateintrags in das Grundwasser, die Verminderung des Chemikalienbedarfs bei der Trinkwasserdesinfektion, die Entfernung von Neutralsalzen und Mikroverunreinigungen aus Rohwässern sowie Technologieentwicklung mit dem Ziel einer breiten Wiederverwendung von Abwasser als Brauchwasser. Bei der Abwasserentsorgung sollen besonders gefördert werden die Detektion und Sanierung undichter Abwasserkanäle, die weitergehende Reinigung kommunaler Abwässer (biologisch schwer abbaubare Stoffe, Stickstoff- und Phosphorverbindungen), die Klärschlammverwertung, stoffspezifische Reinungsverfahren (AOX, Schwermetalle etc.) und die Wertstoffrückgewinnung aus Industrieabwässern. Ein weiteres Ziel ist die Entwicklung von kontinuierlich arbeitenden Sensoren für die automatisierte Überwachung von Wasserqualitätsparametern.

Bei den **Emissionsarmen Technologien** werden im Programm die Akzente auf eine drastische Verminderung der Emissionen von FCKW, Chlorkohlenwasserstoffen und organischen Lösungsmitteln gesetzt. Stoffsubstitutionen sollen dabei im Vordergrund stehen, Verfahrensverbesserungen an zweiter Stelle. Darüber hinaus werden die Entwicklung emissionsarmer Verfahren für die Gewinnung von Zellstoff, die Kunststoffverarbeitung, die Nahrungsmittel- und Getränkeherstellung sowie für handwerkliche und gewerbliche Kleinanlagen angestrebt.

2.4 Förderinstrumente

Im Programm *Umwelttechnologie* werden die Förderinstrumente

- direkte Förderung von Einzelprojekten,
- Förderung von Verbundvorhaben,
- institutionelle Förderung

eingesetzt.

Die Förderung von Verbundvorhaben ist in der operativen Projektförderung des Untersuchungszeitraums stark ausgebaut worden. Dies entspricht der strategischen Zielsetzung im Programm. Von der Verbundforschung werden Impulse für eine schnellere Umsetzung von FuE-Ergebnissen in marktfähige Produkte und Verfahren erwartet. Die Einzelprojektförderung wird dort als zielführend angesehen, wo für thematisch eng umrissene Probleme punktuelle Lösungen benötigt werden.

Die institutionelle Förderung von staatlichen Forschungseinrichtungen soll vornehmlich Arbeiten unterstützen, deren Realisierung einen hohen personellen und apparativen Aufwand erfordert. Ein Ausbau von umweltbezogenen Forschungsinhalten in den Großforschungseinrichtungen wird angestrebt. Die institutionelle Förderung ist, wie schon erwähnt, nicht Gegenstand dieser Evaluation.

3. Umsetzung der Förderprogramme

Das vorhergehende Kapitel hat die strategische Ausrichtung, die Ziele und Leitlinien der Förderung dargestellt. Im vorliegenden Abschnitt soll deren operative Umsetzung beschrieben werden. Zwischen 1980 und 1992 wurden im Untersuchungsfeld (siehe Kapitel 1) 1402 Vorhaben mit einer Gesamtfördersumme von 1,264 Mrd DM abgeschlossen. Der Gesamtforschungsaufwand einschließlich der ausgewiesenen Eigenleistungen der Geförderten belief sich auf 2,473 Mrd DM. Daraus ergibt sich im Mittel eine Förderquote von 51 %. Demgegenüber liegt das arithmetische Mittel der Förderquoten der Vorhaben bei 73 %. Das heißt, große Vorhaben wurden mit niedrigeren Quoten gefördert als kleine und mittlere. Den zeitlichen Verlauf der Zahl geförderter Vorhaben und des Fördermitteleinsatzes zeigt Abbildung 4. Das Fördervolumen wurde im Untersuchungszeitraum kontinuierlich gesteigert.

Abbildung 4: Zeitlicher Verlauf der Förderung

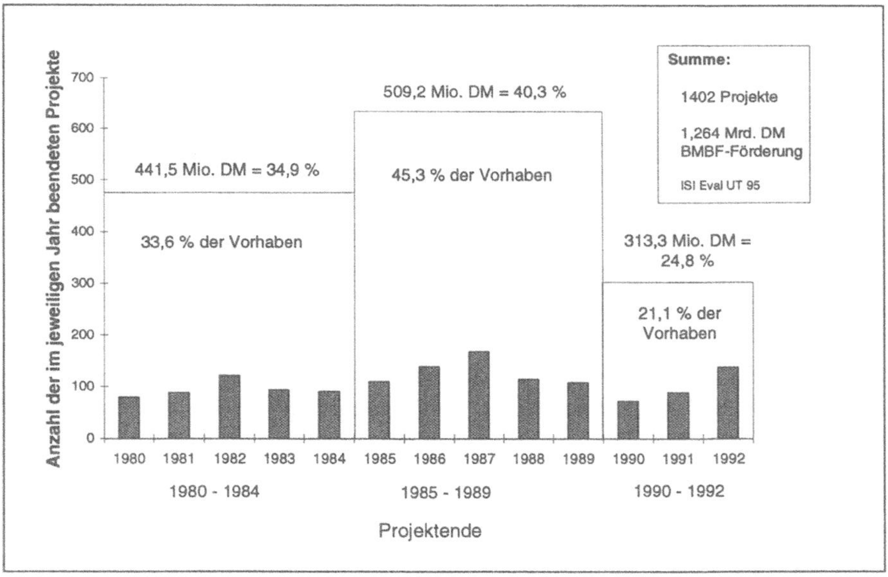

Die Verteilung der Fördermittel auf die Bundesländer entspricht im wesentlichen deren Wirtschaftskraft. Seit 1990 fließen Fördermittel auch in die neuen Bundesländer. Von den dort geförderten Vorhaben wurden 25 bis Ende 1992 abgeschlossen. Die Bedeutung der Umwelttechnikförderung in den neuen Bundesländern ist im Untersuchungszeitraum der vorliegenden Evaluation (1980-1992) naturgemäß noch gering.

Abbildung 5 zeigt die Verteilung der Fördermittel auf die einzelnen Bundesländer. Dabei wurden die geförderten Projektmittel linear auf die Jahre der Projektlaufzeit umgelegt. Die Zahlen spiegeln also nicht unbedingt den Mittelabfluß in den entsprechenden Jahren wider. Die Legende der Abbildung listet die Bundesländer in der dargestellten Reihenfolge auf. Die Aufnahme der Umwelttechnikförderung in den neuen Bundesländern ab 1990 ist deutlich erkennbar ausgeprägt.

Von den zwischen 1980 und 1992 aufgewendeten Fördermitteln kamen 53 % Unternehmen der Wirtschaft zugute, davon entfielen knapp die Hälfte auf kleine und mittlere Unternehmen (Umsatz < 200 Mio DM). Die Hälfte dieser KMU sind Töchter von Großunternehmen. Die Teilnahme von KMU an dem Förderprogramm ist erfreulich hoch und liegt deutlich über der von anderen Förderprogrammen. So erreichten im Programm Materialforschung des BMBF die KMU gerade 18 % der Mittelzuweisungen an Unternehmen (Braun, 1993). In der Umwelttechnik besitzen KMU einen komparativen Wettbewerbsvorteil. Besteht die Herausforderung doch hier weniger darin, (forschungsintensive) Spitzentechnologie hervorzubringen, sondern eher darin, bestehende Lösungen aus den Basistechnologien zu Systemen zu integrieren, zu adaptieren und in die Anwendung zu bringen.

25 % Gesamtfördermittel entfielen auf Forschungseinrichtungen (*Institute*) und 22 % auf Öffentliche Unternehmen, darunter Wasserversorgung, Abwasserentsorgung, Abfallentsorgung und Energieversorgung. Abbildung 6 stellt die Verteilung der Fördermittel und der Zahl der Vorhaben nach Empfängergruppen dar.

Den zeitlichen Verlauf der Beteiligung der genannten drei Gruppen an den Förderprogrammen gibt Abbildung 7 wieder. Auch hier wurden die Projektmittel linear auf die Projektlaufzeit verteilt. In der Darstellung tritt die kontinuierliche Zunahme der Förderung von Forschungseinrichtungen deutlich hervor. 1990 ist dieser Trend gestoppt worden. Seit 1991 scheint die Beteiligung der Institute zugunsten von Unternehmen zurückzugehen. Da die Auswertung jedoch die 1992 und davor begonnenen, aber erst 1993 und danach abgeschlossenen Projekte nicht enthält, wird gegen Ende des Untersuchungszeitraums nur ein Teil der Förderaktivitäten erfaßt. Dies schränkt notwendigerweise die Aussagekraft der Darstellung gegen Ende des Untersuchungszeitraums ein.

Abbildung 5: Verteilung der Fördermittel 1980-1992 auf die Bundesländer [1]

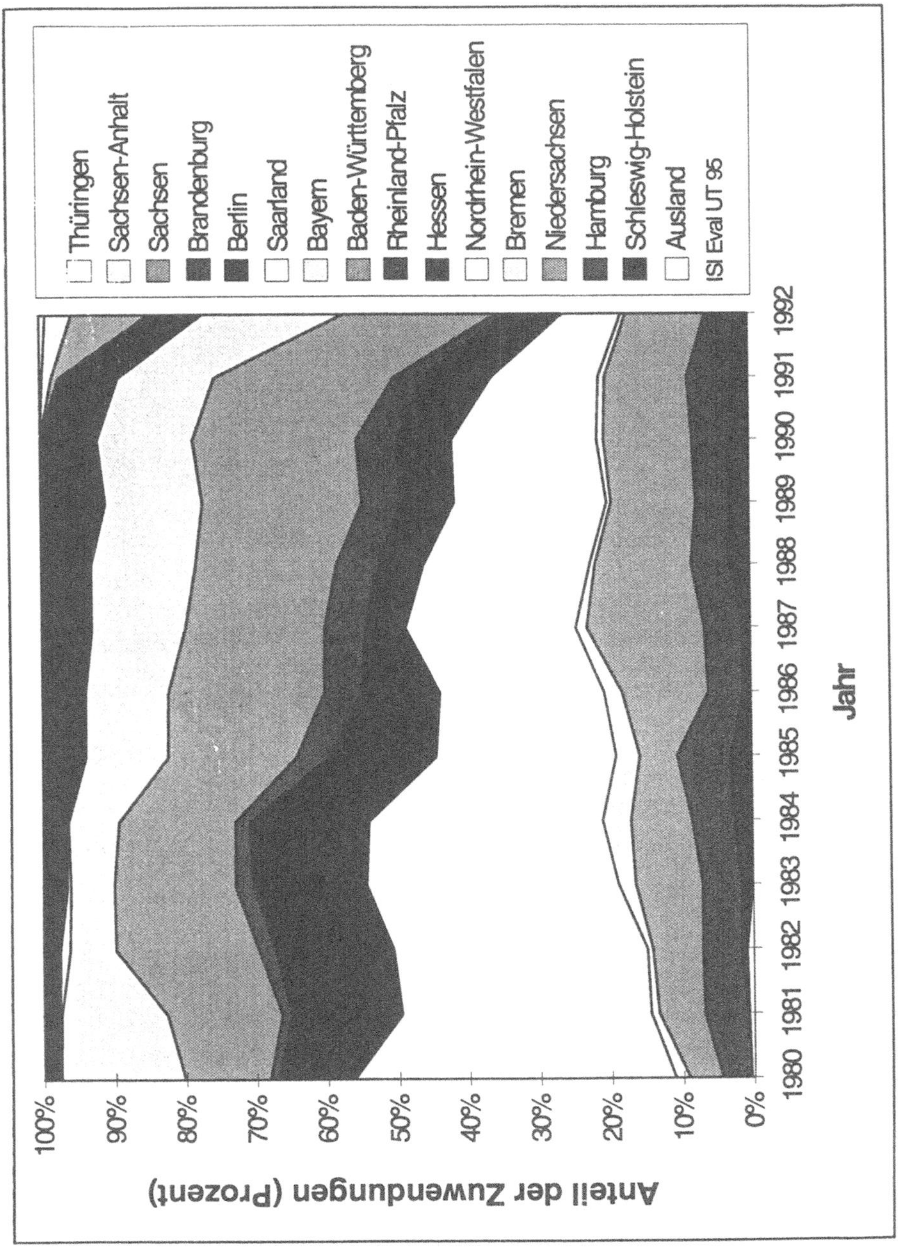

1 Im Untersuchungszeitraum kein Projekt in Mecklenburg-Vorpommern

Abbildung 6: Verteilung der Fördermittel und der Vorhabenanzahl auf die Empfängergruppen 1980-1992

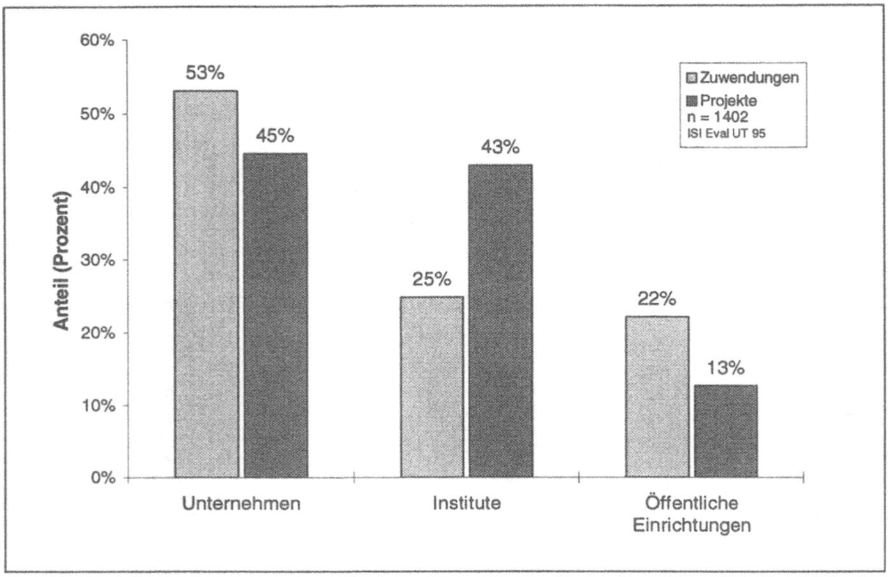

Abbildung 7: Beteiligung der Empfängergruppen am Förderprogramm

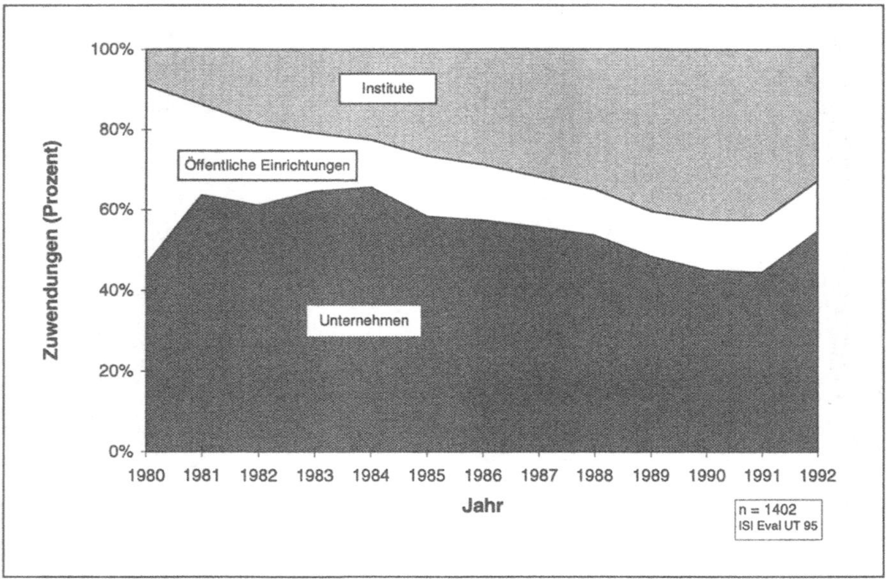

Knapp die Hälfte der Projektmittel brachten die Unternehmen der Wirtschaft an Eigenleistungen auf (Abbildung 8). Sie erreichen im Mittel eine Förderquote von 51 %. Die Eigenleistungen der Öffentlichen Einrichtungen liegen noch darüber. Einem Förderaufwand im Zeitraum 1980-1992 von 279 Mio DM stehen Eigenleistungen von 540 Mio DM gegenüber. Dies entspricht einer Förderquote von 34 %. Die Eigenleistungen der Institute, bei denen die kommerzielle Verwertung der geförderten FuE eine geringe Rolle spielt, sind wie zu erwarten unerheblich.

Abbildung 8: Fördermitteleinsatz und Gesamtforschungsaufwand 1980-1992

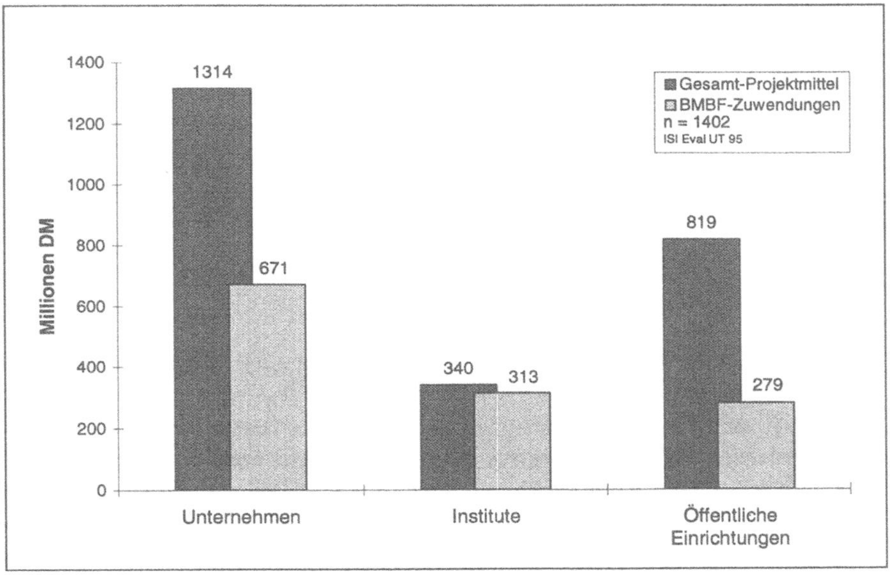

Abbildung 9 gibt das mittlere Projektvolumen wider. Diesen Vergleich führen mit Abstand die Öffentlichen Einrichtungen an. Die Sicherstellung ihres staatlichen Ver- oder Entsorgungsauftrags erfordert (kostenintensive) anwendungsfähige Komplettlösungen. Sie bringen dabei, wie schon zuvor erwähnt, fast zwei Drittel der Projektkosten selbst auf. Wie zu erwarten, ist das mittlere Volumen der Projekte von Forschungseinrichtungen am niedrigsten.

Abbildung 9: Mittleres Projektvolumen 1980-1992

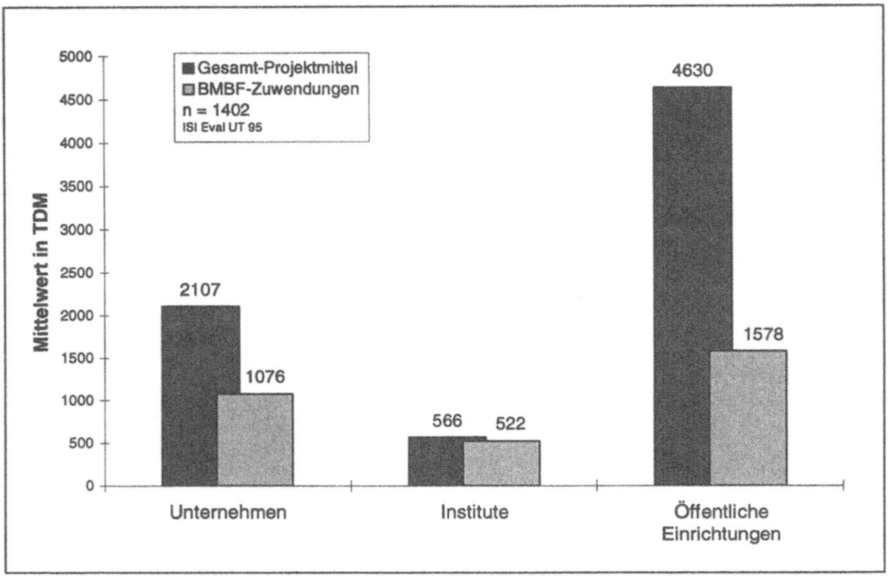

Betrachtet man die Verteilung der Förderaktivitäten und die aufgewendeten Mittel, so liegt der Förderbereich Wasserschutztechnologie mit Abstand in Führung. Zwischen 1980 und 1992 entfielen fast die Hälfte der Vorhaben (49 %) auf FuE für Gewässerschutz, Wasserversorgung und Abwasserentsorgung (Abbildung 10). Hierfür wurden im Untersuchungszeitraum 502 Mio DM aufgewendet, das sind 40 % der Gesamtfördermittel. An zweiter Stelle steht der Bereich Abfallwirtschaft und Altlasten. Ihm wurden 33 % der Fördermittel (421 Mio DM) und 24 % der Vorhaben zugewiesen. 187 Mio DM wurden für FuE im Bereich Schadstoffvermeidende Produktionstechnik und Produkte eingesetzt, das sind 15 % des Gesamtfördervolumens von 1,264 Mrd DM. Dort liefen 14 % der insgesamt 1402 Vorhaben. Auf Luftreinhaltetechniken entfielen 7 % der Vorhaben mit zusammen 77 Mio DM, das sind 6 % des Fördervolumens. Den (unbedeutenden) Rest teilen sich sonstige Vorhaben (Meerestechnik, Studien, Programm-Management). Es fällt auf, daß das mittlere Projektvolumen der Vorhaben im Bereich Abfallwirtschaft und Altlasten um mehr als ein Drittel über dem Durchschnitt liegt.

Abbildung 10: Vorhaben und Fördermittel in den Förderbereichen 1980-1992

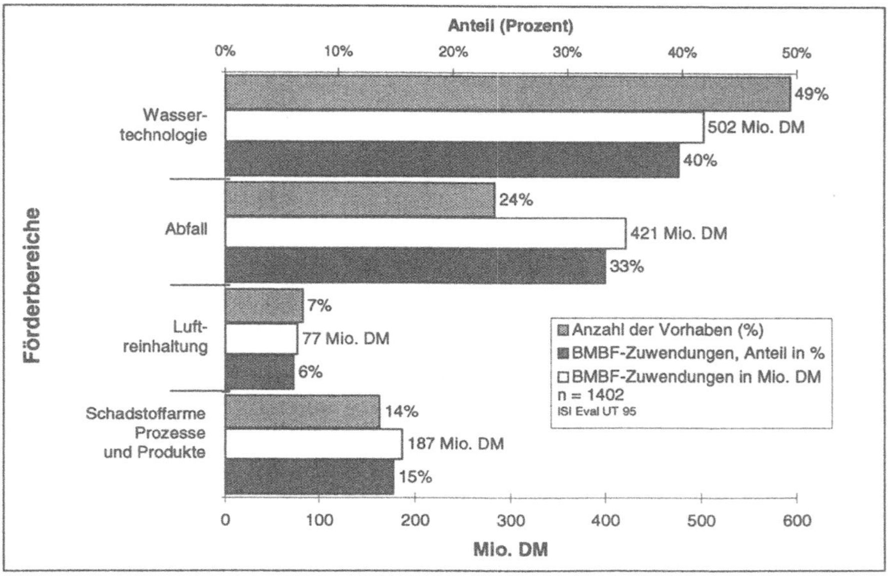

Die zeitliche Entwicklung der Förderbereiche zeigt Abbildung 11. Angegeben sind die Anteile an den Gesamtaufwendungen des jeweiligen Jahres. Auch hier wurden die Projektvolumina linear über die Jahre der Laufzeit verteilt. Es mag zunächst überraschen, daß der Bereich Luftreinhaltung im Zeitlauf an Bedeutung gewann. Verursacht wurde dies vor allem durch Forschung und Entwicklung zur Bekämpfung luftgängiger organischer Spurenschadstoffe. Die auf die Bekämpfung der Massenschadstoffe Staub, CO, SO_2 und NO_x gerichtete FuE lief dagegen im wesentlichen zu Beginn der 80er Jahre aus und hat das Forschungsbudget des Untersuchungszeitraums wenig belastet. Der Bereich Schadstoffvermeidende Produktionstechnik und Produkte läßt seit 1982 keine signifikanten Veränderungen erkennen. Es wäre aber falsch, daraus zu schließen, dies träfe auch für die Förderung produktionsintegrierter Verfahren zu. Integrierte Verfahren wurden in erheblichem Umfang auch in den medialen Fachbereichen Abfall (F2 20), Gewässer (F2 10) und Luft (F2 30) gefördert.

Abbildung 11: Entwicklung der Förderbereiche

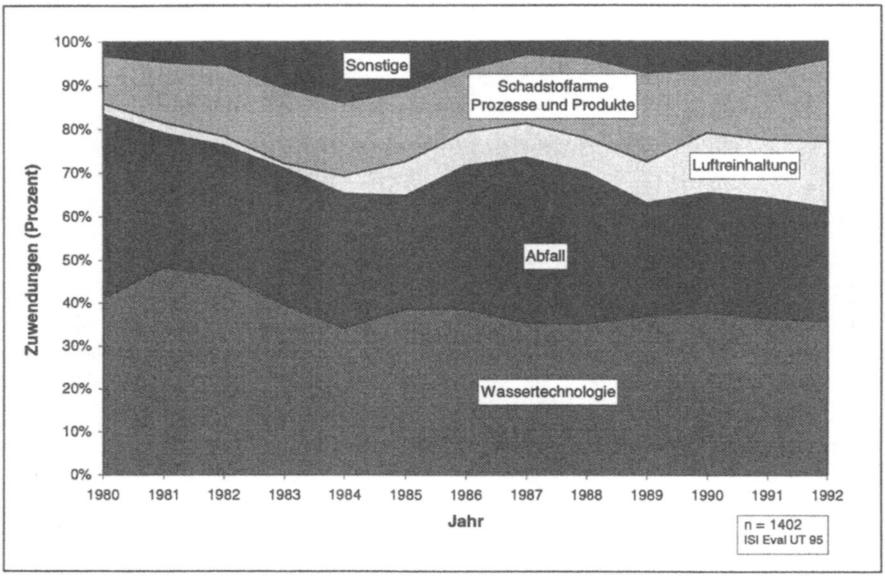

Die Förderquote weist zwischen den Förderbereichen signifikante Unterschiede auf (Abbildung 12). Sie ist im Bereich Abfallwirtschaft und Altlasten mit 42 % besonders niedrig und im Bereich Luftreinhaltetechnik mit 61 % besonders hoch. Dazwischen liegen Wasserschutztechnologien mit 56 % und Schadstoffvermeidende Produktionstechnik und Produkte mit 55 %. Die Abweichungen weisen auf eine unterschiedliche Teilnahme von Forschungseinrichtungen in den einzelnen Fachbereichen hin.

Die zuvor diskutierte statistische Auswertung der Förderaktivitäten ergibt keine Auffälligkeiten, die auf Widersprüche zwischen den strategischen Zielen in den Programmen und ihrer operativen Umsetzung hinweisen. Dies läßt den Schluß zu, daß die entfalteten Förderaktivitäten im wesentlichen der intendierten Ausrichtung entsprachen.

Abbildung 12: Projektvolumen und Fördermittel in den Förderbereichen 1980-1992

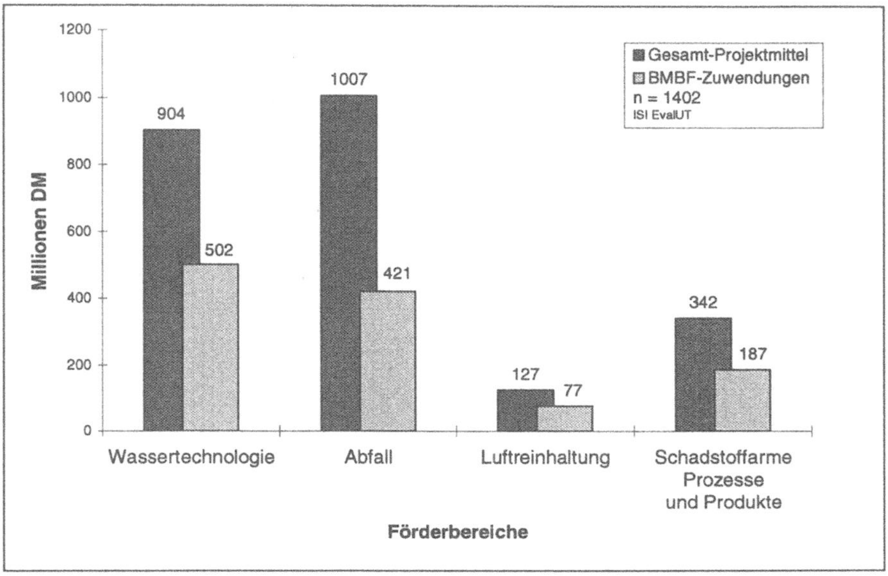

4. Wirkungen der Förderung

4.1 Ökologischer Nutzen der Förderung

Prioritäres strategisches Ziel der Förderung der Umwelttechnolgie ist es, bestehende Umweltprobleme zu lösen oder zumindest zu entschärfen. Bei der Beurteilung des Erfolgs der Förderung kommt deshalb den erzielten ökologischen Wirkungen herausragende Bedeutung zu. Ziel der Umweltpolitik der Bundesregierung im Untersuchungszeitraum war es ferner, den vorbeugenden Umweltschutz gegenüber reparierenden Maßnahmen zu stärken. Dieses Ziel kann im Bereich der Prozeßtechnik durch die Bereitstellung emissionsarmer Produktionsverfahren umgesetzt werden. Dabei besitzen besonders die prozeßimmanenten Maßnahmen, die sogenannten produktionsintegrierten Umweltschutztechniken, Vorteile. Aber auch die additiven Techniken sind in vielen Fällen nach wie vor unverzichtbar, wenn diese (noch) leistungsfähiger sind. Im Produktbereich hieß vorbeugender Umweltschutz, schadstoffarme und recyclinggerechte Produkte bereitzustellen; Anfang der neunziger Jahre trat die Forderung hinzu, Produkte dauerhaft und kreislaufgerecht zu gestalten. Es ist deshalb bei der Diskussion der ökologischen Wirkungen auch zu beachten, wie weit es gelungen ist, durch die Bereitstellung emissionsarmer Verfahren und umweltfreundlicher Produkte die **Entstehung** von Umweltproblemen bereits im Ansatz zu vermeiden.

Einige programmatische Aussagen sollen das Gesagte untermauern. So heißt es in den Forschungsprogrammen "... *Schwerpunkte der Umweltforschung werden dementsprechend dort gesetzt, wo infolge von Forschungslücken Defizite bei der Umsetzung umweltpolitischer Maßnahmen bestehen ...*". Ferner "... *werden deshalb in der umwelttechnischen Entwicklung Schwerpunkte bei Technologien zur Vermeidung ... von Umweltbelastungen, bei der Verwertung umweltrelevanter Reststoffe sowie bei der umweltfreundlichen Entsorgung gesehen, während die Sanierung von bereits eingetretenen Umweltschäden schrittweise sekundären Charakter bekommen soll*" (BMFT, 1991). In der Antwort auf eine Große Anfrage der SPD führt die Bundesregierung aus: "... *Forschungs- und Umweltpolitik dürfen sich nicht darauf beschränken, existente Umweltgefahren abzuwehren, sondern müssen schon im Vorfeld gefährliche Belastungen der Umwelt vermeiden*" (Deutscher Bundestag, 1995). Zum Zeitpunkt der Inangriffnahme von Förderaktivitäten bei unsicheren Problemlagen heißt es "*Deshalb muß insbesondere bereits gehandelt werden, wenn Schadenszuordnungen in naturwissenschaftlichem Sinne noch nicht mit letzter Sicherheit möglich sind*" (BMFT, 1984).

4.1.1 Methodische Vorgehensweise

Einer quantifizierenden Aggregation der durch die Förderung erzielten ökologischen Effekte, also der Charakterisierung der umweltschonenden Einwirkungen durch eine oder einige wenige Maßzahlen, stellen sich mehrere methodische Probleme in den Weg.

1. Zunächst sind die Einwirkungsmöglichkeiten anthropogenen Ursprungs auf die Umwelt außerordentlich vielfältig. Sie reichen von der Abgabe humantoxischer, ökotoxischer, phytotoxischer und anderer Emissionen in die verschiedenen Umweltmedien, über die Inanspruchnahme von Rohstoffen, Energie und Fläche, die Beseitigung eingetretener Schäden (Altlastensanierung) bis zur Aufklärung ökologischer Zusammenhänge (Abbau der stratosphärischen Ozonschicht).

2. Zudem setzen sich die stofflichen Emissionen in die Umweltmedien aus einer unübersehbaren Zahl von Stoffen mit sehr unterschiedlichen Wirkungspotentialen zusammen. Die Wirkungen sind zudem vom Milieu, in dem sich die Stoffe befinden, abhängig, also vom betroffenen Umweltmedium.

3. Es ist kein methodischer Ansatz in Sicht, der es erlauben würde, die angesprochenen Wirkungsdimensionen auf einige wenige oder gar eine einzige Maßzahl zu aggregieren.

4. Die staatliche Technologieförderung versteht sich auch im Umweltschutz, der zu den staatlichen Vorsorgebereichen zählt, als subsidiär zur Privatwirtschaft. Das heißt, sie will nur dort ansetzen, wo die Kräfte des Marktes für die Bereitstellung oder die Nutzung von Innovationen nicht ausreichen. Aus dem Subsidiaritätsprinzip leitet sich ab, daß die staatliche Technologieförderung vornehmlich die frühen, noch marktferneren Innovationsphasen bedient. Die dort geförderten Vorhaben bedürfen, um zu Problemlösungen zu reifen, noch einer anwendungsbezogenen Weiterentwicklung und tragen, sofern diese unterbleibt, nicht zur Umweltentlastung bei. Das Fehlen von Problemlösungen in bestimmten Bereichen muß also nicht zwingend Folge unzureichenden **staatlichen** Handelns sein.

5. Finanzmittel für die Innovationsförderung stehen nicht in unbegrenzter Höhe zur Verfügung. Daraus folgt, daß die Technologieförderung Schwerpunkte setzen muß und eine flächendeckende Lösung von Umweltproblemen nicht anstreben kann.

Aus den genannten Gründen können aggregierende Maßzahlen für die Beschreibung des ökologischen Nutzens der Förderung nicht ermittelt werden. Vielmehr werden die Umweltprobleme aufgezeigt, die sich im Untersuchungszeitraum manifestierten. Daran werden die Förderaktivitäten, die auf die Lösung dieser Probleme zielten, gespiegelt und die Effizienz des jeweiligen Lösungsbeitrags diskutiert. Außerdem werden Technikentwicklungen identifiziert, die im Sinne des Vorsorgeprinzips geeignet sind, die Entstehung von Belastungen zu vermeiden. Die gewählte **diskursive** Methode macht es möglich, die erzielten ökologischen Effekte der Förderung nachvollziehbar darzustellen.

In einer Vorphase dieser Evaluation wurde systematisch untersucht, inwieweit FuE-Vorhaben die Fortentwicklung der Umweltgesetzgebung und Umweltnormen beeinflußten, wie weit sich also Ergebnisse geförderter Forschung und Entwicklung in den materiellen Inhalten von gesetzlichen und untergesetzlichen Umweltstandards wiederfinden (Angerer et al., 1996 a). Die Kernaussagen werden in Kapitel 4.4 zusammengefaßt. Diese Ergebnisse (Regulierungseffekte) können als **quantitativer Indikator** für den ökologischen Nutzen der Förderung dienen. Regulierungseffekte sind darüber hinaus auch für sich genommen bedeutsam, da die Verzahnung von Technologie- und Umweltpolitik zu den prioritären Zielen zählt. Heißt es doch im Forschungsprogramm: " *... sollen künftig vorrangig gefördert werden: ..., Entwicklungen, die ... der Fortentwicklung der Rechtssetzung im Umweltschutz dienen*" (BMFT, 1991).

4.1.2 Die Umweltsituation im Untersuchungszeitraum

Der Betrachtungszeitraum der Evaluation, das ist die Zeit zwischen 1980 und 1992, ist durch einen dynamischen Wandel der Problemlagen im Umweltschutz gekennzeichnet. Er soll im folgenden skizziert werden.

Im Schutzbereich **Luftreinhaltung und Klimaschutz** stellte sich im Untersuchungszeitraum das Problem, die Emissionen der Massenschadstoffe SO_2, NO_x, VOC, CO sowie von Feinstäuben und Schwermetallen zu vermindern. Anfang der achtziger Jahre gelangten die neuartigen Waldschäden in die öffentliche Diskussion, für deren Auftreten Luftschadstoffe verantwortlich gemacht wurden. Auch Smogepisoden in den Wintermonaten unterstrichen die Notwendigkeit einer Emissionsminderung. Der Gesetzgeber reagierte darauf mit der Verabschiedung der Großfeuerungsanlagen-Verordnung (13. BImSchV) und der Verschärfung der TA Luft. Ebenfalls Anfang der achtziger Jahre verdichteten sich die Hinweise auf eine Schädigung der stratosphärischen Ozonschicht durch FCKW. Durch das Wiener Übereinkommen 1985 und das Protokoll von Montreal 1987 wurde das Problem auch in der Öffentlichkeit wahrgenommen. 1991 wurde die FCKW-Halon-Verbotsverordnung verabschiedet, in der ein gestaffeltes Nutzungsverbot für vollhalogenierte FCKW ausgesprochen und spätestens nach 1994 jede Anwendung untersagt wird. Weitere prioritäre Handlungsfelder im Untersuchungszeitraum sind die chlorierten Kohlenwasserstoffe (CKW), Dioxine und Furane und das bodennahe Ozon (Sommersmog). Bei der Bildung von Sommersmog spielen insbesondere Stickstoffoxide und flüchtige organische Verbindungen eine wesentliche Rolle. Mitte der achtziger Jahre wurden die Emissionen von CO_2 und dessen Einflüsse auf den Strahlungshaushalt der Erde Gegenstand der Umweltpolitik. Später wurden auch andere Klimagase, darunter Methan und Distickstoffoxid, einbezogen.

Im **Gewässerschutz** und bei der Sicherung der **Trinkwasserversorgung** wurden im Untersuchungszeitraum die weitergehende Reinigung kommunaler Abwässer und die Verbesserung der Reinigung von Industrieabwässern als besondere Herausforderungen gesehen. Nach der bereits in den siebziger Jahren begonnenen Reduktion der Einträge von sauerstoffzehrenden, biologisch leicht abbaubaren Verbindungen richtet sich im Untersuchungszeitraum das Augenmerk auf die Elimination von eutrophierend wirkenden Stickstoff- und Phosphorverbindungen und von biologisch schwer abbaubaren organischen Stoffen. Die 1988 in der Nordsee auftretende massive Algenblütenepisode, verbunden mit einem Robbensterben verstärkten diese Bemühungen noch. Der Gesetzgeber verschärfte Ende der achtziger, Anfang der neunziger Jahre in der Rahmenabwasserverwaltungsvorschrift die Anforderungen an kommunale Kläranlagen in mehreren Stufen. Auch internationale Vereinbarungen (Nordseeschutzkonferenzen, Internationale Kommission zum Schutz des Rheins) waren Ergebnis dieser Schutzbemühungen. 1986 wurde bei der 5. Novellierung des Wasserhaushaltsgesetzes der § 7a eingeführt. Er fordert die Einhaltung der allgemein anerkannten Regeln der Technik bei der Abwasserreinigung, bei gefährlichen Inhaltsstoffen die Anwendung des Standes der Technik. Weitere im Untersuchungszeitraum manifest werdende Probleme waren die Belastungen von Grund- und Oberflächengewässern mit Nitrat und Pestiziden, aber insbesondere die Nitratbelastung von Rohwässern für die Trinkwassergewinnung. Ferner die Substitution von Phosphaten in Wasch- und Reinigungsmitteln, verbunden mit der Frage nach der ökologischen Verträglichkeit der Ersatzstoffe wie EDTA und NTA. Als kostenintensives Problem wurde der Zustand der Abwässerkanäle und deren Sanierungsbedarf erkannt. Die Länder reagierten darauf mit dem Erlaß sogenannter Eigenkontroll-Verordnungen.

Der Schutzbereich **Abfallwirtschaft** und **Altlasten** gewann im Untersuchungszeitraum kontinuierlich an Bedeutung. Anlaß hierfür waren die sich erschöpfenden Deponiekapazitäten sowie gravierende Gefährdungen durch Altlasten, hervorgerufen durch unkontrollierte Abfallablagerungen und aufgelassene Industriestandorte. Über die Bildung von Dioxinen in Abfallverbrennungsanlagen, die in den sechziger und siebziger Jahren errichtet wurden, berichtete 1983 erstmals Benfenati aus Italien (Benfenati, 1983). Mitte der achtziger Jahre gerieten diese Emissionen in die öffentliche Diskussion, die bis heute anhält. Die Umweltpolitik reagierte 1990 mit der Verabschiedung der Abfallverbrennungs-Verordnung (17. BImSchV), welche die Emissionen an Dioxinen und Furanen aus Abfallverbrennungsanlagen auf den anspruchsvollen Wert von 0,1 ng TE pro m^3 Abgas begrenzt. Zur Eindämmung der Abfallmengen zielte die Umweltpolitik auf die Vermeidung am Ort der Entstehung (abfallarme Produktionsverfahren) und die Schließung von Stoffkreisläufen durch Recycling. Mit Beginn der neunziger Jahre rückten produktbezogene Anforderungen ins Zentrum der Diskussion, darunter Schadstofffreiheit, Recyclierbarkeit,

Dauerhaftigkeit und Wiederverwendbarkeit. Diese neue Qualität der Abfallpolitik wurde unter dem Leitprinzip *Produktverantwortung* im Kreislaufwirtschafts- und Abfallgesetz von 1994 festgeschrieben. Seine Konkretisierung durch freiwillige Vereinbarungen oder Verordnungen beginnt allmählich Konturen anzunehmen.

Im Untersuchungszeitraum wandelte sich das Verständnis von Umweltschutz. Es setzte sich die Erkenntnis durch, von der rein medialen Betrachtungsweise abzurükken und den technischen Umweltschutz in Richtung **prozeßintegrierter Schutzmaßnahmen** fortzuentwickeln. Zum einen um Belastungsverlagerungen zwischen den Medien so weit wie möglich auszuschließen, aber auch um einer Verschlechterung der betriebswirtschaftlichen Ressourceneffizienz zu begegnen, die mit nachgeschalteten Umweltschutzmaßnahmen stets einhergeht. Dies fand seinen Niederschlag in dem Förderkonzept "*Produktintegrierter Umweltschutz*" des BMBF.

4.1.3 Ökologische Wirkungen der operativen Projektförderung

Bei der Diskussion der Förderaktivitäten und ihres ökologischen Nutzens wird eine mediale Gliederung gewählt. Dies folgt der historischen Linie im Untersuchungszeitraum und mag einem modernen Verständnis von Umweltschutz, der ganzheitliche und medienübergreifende Ansätze verfolgt, als nicht angemessen erscheinen. Dem Einwand wird durch Querverweise und einen Exkurs über Integrierten Umweltschutz Rechnung getragen.

4.1.3.1 Luftreinhaltung und Klimaschutz

FCKW

Anfang der achtziger Jahre verdichteten sich die Hinweise, daß bei der beobachteten Ausdünnung der stratosphärischen Ozonschicht Fluor-Chlor-Kohlenwasserstoffe (FCKW) eine dominierende Rolle spielen. Das Umweltbundesamt faßte die Erkenntnisse in seinem Bericht "Luftreinhaltung 1981" folgendermaßen zusammen: "*Nach derzeitigem Erkenntnisstand liegt die größte Wahrscheinlichkeit für die Beeinträchtigung der stratosphärischen Ozonschicht bei dieser Verbindungsgruppe*" (Anmerkung des Verfassers: FCKW). Die wissenschaftlichen Erkenntnisse lösten internationale Aktivitäten zur Begrenzung der FCKW-Emissionen aus. Es begann mit dem Wiener Übereinkommen 1985 und dem Protokoll von Montreal 1987. Weitere Vereinbarungen folgten. Die nationale Umweltpolitik nahm sich des Problems vehement an und mündete in die 1991 in Kraft gesetzte FCKW-Halon-Verbotsverordnung. Sie verbietet die Nutzung der für den Ozonabbau besonders verantwortlichen vollhalogenierten FCKW je nach Anwendung spätestens seit 1995. Gleichzeitig wurde die 2. BImSchV, welche die Verwendung von Lösemitteln bei der Oberflächenreinigung, Textilreinigung und der Extraktion regelt, an den nationalen Ausstiegsplan angepaßt.

Die Förderung von Forschungs- und Entwicklungsarbeiten zur Bereitstellung technischer Alternativen zum FCKW wurde in den Jahren 1987/88 massiv hochgefahren. Dabei war es Ziel der Förderung, einen vollständigen FCKW-Ausstieg zu unterstützen, also auch die Nutzung des teilhalogenierten FCKW R22, dessen Ozonschädigungspotential nur ein Zwanzigstel der vollhalogenierten FCKW beträgt, zu beenden. In die Förderung nicht einbezogen wurden die Halone, die als **Feuerlöschmittel** zu einer breiten Anwendung gefunden hatten. Ersatzstoffe für Halone lagen bereits vor (CO_2, Löschpulver) und es zeigte sich, daß die Umstellung tatsächlich ohne die staatliche Förderung innerhalb der gesetzten Frist (31.12.1993) weitgehend gelungen ist. Die Förderung konzentrierte sich auf die Anwendungsbereiche Kältemittel, Schaumkunststoffe und Oberflächenreinigung.

Die Vorhaben zur **Kältetechnik** konzentrierten sich auf die Bereitstellung von Ersatzstoffen und die Prüfung geeigneter Schmiermittel. An Ersatzstoffen wurden die organischen chlorfreien und deshalb nicht ozonschädigenden Kältemittel R134a und R152a untersucht. R134a hat sich für eine Reihe von Anwendungen durchgesetzt, darunter bei Kfz-Klimaanlagen, Hausgeräten (zusammen mit dem brennbaren Propan-Butan-Gemisch) und Wärmepumpen für die Warmwasserbereitung. Es gelang, durch geförderte Vorhaben ein mit R134a verträgliches Schmiermittel bereitzustellen. Dies war für die technische Nutzbarkeit von R134a als Ersatz für vollhalogenierte Kältemittel, beispielsweise R12, entscheidend.

Auch das traditionelle anorganische Kältemittel Ammoniak (NH_3) war Gegenstand von FuE-Vorhaben. Ziel war es unter anderem, die Einsatzfelder für Ammoniakkälteanlagen zu erweitern. Wegen seiner toxischen und extrem reizenden Wirkungen verbietet sich der Einsatz von Ammoniak in Räumen mit Publikumsverkehr, zum Beispiel in Verkaufsräumen. Durch die Entwicklung und Erprobung von Zweikreis-Systemen konnte Ammoniak auch für diese Anwendungen erschlossen werden. Hierbei erfolgt die Kälteerzeugung zwar mit Ammoniak, für den Transport der Kälte zu den Kühleinrichtungen in den Verkaufsräumen wird jedoch ein ungefährlicher Kälteträger (z. B. Glykol-Wasser-Gemisch) genutzt. Zwischenzeitlich sind derartige Anlagen im Einsatz.

Bei der FCKW-Substitution für die Herstellung **geschäumter Kunststoffe** konzentrierte sich die Förderung auf die Bereitstellung von FCKW-freien Schäumverfahren und auf Verfahren zur umweltverträglichen Entsorgung von FCKW-haltigen Isolierschäumen aus gebrauchten Kühlgeräten am Ende ihrer Nutzung. Es wurde ein Verfahren zur Einsatzreife entwickelt, das sogenannte wassergetriebene PUR-Isolierplatten für den Baubereich herzustellen erlaubt. Als eigentliches Treibmittel wirkt bei diesem Prozeß CO_2, das durch Reaktion von Wasser mit der PUR-Komponente Isocyanat gebildet wird. Die Wärmeleitfähigkeit dieser Platten ist etwas höher als bei Schäumung mit FCKW, ebenso ihr Preis. Dies erschwert ihre Marktdiffusion. Auch für Integralschäume wurde die Entwicklung wassergetriebener Schäumverfahren gefördert.

Ein wichtiges Anwendungsgebiet war die Nutzung von FCKW für die **Oberflächenreinigung**. Mit einem Jahresverbrauch von 30.000 Tonnen (alte Länder) war dies auch mengenmäßig das größte Anwendungsgebiet. Auch hier konzentrierte sich die Förderung auf die Bereitstellung von Ersatzstoffen und -verfahren. Schwerpunkte bei der Oberflächenreinigung waren die Entwicklung von wasserbasierten Reinigungsverfahren. Ferner die Entwicklung von neuen Lötpasten und Flußmitteln für die Elektronikfertigung, die es erlauben, auf den bisher mit FCKW vorgenommenen Waschvorgang nach dem Löten zu verzichten (No-Clean-Verfahren). Wasserbasierte Waschverfahren haben in der Zwischenzeit einen erheblichen Marktanteil bei der Oberflächenreinigung erobert, trotzdem besteht noch ein großes Potential für den weiteren Ausbau dieses umweltfreundlichen Reinigungssystems (Angerer et al., 1996c).

Bei der **Textilreinigung** wurde für mit "F" gekennzeichnete Kleidungsstücke R113 als Lösungsmitel verwendet. Hier wurde die Weiterentwicklung und Adaption eines Reinigungsverfahrens auf Schwerbenzinbasis gefördert.

1986 wurden in Deutschland (alte Länder) 126.000 Tonnen FCKW hergestellt (Umwelt, 1996) und 90.000 Tonnen an FCKW und Halonen verbraucht (Angerer et al., 1990). Beim Verbrauch entfielen etwa 3.000 Tonnen auf das teilhalogenierte R22, dessen Nutzung als Kältemittel und Treibgas für Schaumkunststoffe aufgrund seines wesentlich geringeren ODP (5 % von R11 und R12) noch bis zum 31.12.1999 zugelassen ist. Die FCKW-Produktion im Inland sowie die Herstellung und der Vertrieb von Produkten, die vollhalogenierte FCKW enthalten, wurde im Verlaufe des Jahres 1994 eingestellt (Umwelt, 1994a, b). Der nationale Ausstieg aus der FCKW-Technologie erfolgte also vor Ablauf des in der FCKW-Halon-Verbotsverordnung festgelegten Termins (31.12.1994). An dem fristgemäßen Gelingen des Ausstiegs hatte die Forschungsförderung wesentlichen Anteil.

Halogenierte Kohlenwasserstoffe

Die bereits bei der Entwicklung von FCKW-Ersatzstoffen erwähnte Fortentwicklung von **wässrigen Reinigungsverfahren** zielte insbesondere auf die Substitution von chlorierten Lösungsmitteln bei der Oberflächenreinigung. Diese Entwicklungen waren erfolgreich. So hat die Nutzung wässriger Reinigungsverfahren stark zugenommen. Eine Studie kommt zu dem Ergebnis, daß die Zahl der CKW-Reinigungsanlagen zwischen 1986 und 1991 um 9.000 abnahm und im selben Zeitraum 5.000 wasserbasierte Anlagen hinzukamen (Leisewitz, 1994).

Parallel zur Lösungsmittelsubstitution wurde die Entwicklung einer neuen Generation von CKW-Reinigungsmaschinen gefördert. Es gelang mit einer **emissionsarmen Reinigungsmaschine,** die CKW-Emissionen auf weniger als 10 % der bisherigen Maschinen zu drücken. Die Emissionsstandards der neuen Maschinengeneration wurden bei der Novellierung der 2. BImSchV in der Verordnung verbindlich festgeschrieben. Durch die integrierte Lösemittelaufbereitung reduziert sich zugleich die Entstehung chlorierter Lösemittelrückstände, die als Sonderabfälle zu entsorgen sind.

Die verfügbaren Daten über die Emissionen an chlorierten Lösungsmitteln sind widersprüchlich. Die Enquete-Kommission des Bundestags *Schutz des Menschens und der Umwelt* gibt den Absatz von CKW-Frischware für das Jahr 1986 mit 180.000 Tonnen an. Nach der gleichen Quelle sei dieser bis 1993 auf 24.000 Tonnen, also um 76 %, gesunken (Enquete-Kommission, 1994). Die starke Minderung des Absatzes und damit der Emissionen an CKW ist wesentlich auf den Vormarsch der wässrigen Reinigungsverfahren und auf die neue emissionsarme Generation von Reinigungsmaschinen zurückzuführen. Nach dem Verbot der Nutzung des ozonschädigenden chlorierten Lösungsmittels 1,1,1-Trichlorethan werden heute Tetrachlorethen (PER), Trichlorethen (TRI) und Dichlormethan (MC) für Reinigungszwecke genutzt. PER und MC sind nach III B der MAK- und BAT-Werte-Liste der DFG eingestuft, das heißt, sie stehen im *begründetem Verdacht auf krebserzeugendes Potential*. TRI ist neuerdings sogar als *eindeutig krebserzeugender Arbeitsstoff* in Liste III A 1 aufgeführt (DFG, 1995). Die Emissionsminderung dieser Arbeitsstoffe hatte und hat daher gleichzeitig eine hohe gesundheitspolitische Bedeutung.

Dioxine und Furane

Wie schon erwähnt, gerieten im Untersuchungszeitraum die Emissionen an polychlorierten Dibenzodioxinen (PCDD) und -furanen (PCDF) in die Diskussion und in das Blickfeld der Umweltpolitik. Zunächst waren es die **Abfallverbrennungsanlagen**, später auch thermische Prozesse der Metallverhüttung, darunter Sinteranlagen von Hochöfen, die als potentielle Emissionsquellen Beachtung fanden. Die festgestellten Dioxinemissionen aus Abfallverbrennungsanlagen, die in den 60er, 70er und Anfang der 80er Jahre errichtet wurden, sind letztlich der Grund dafür, daß die thermische Behandlung von Abfällen in der Öffentlichkeit nach wie vor kontrovers diskutiert wird. Die Forschungsförderung hat sich der Problematik Dioxine und Furane massiv angenommen. Ab 1983 wurde die Projektförderung zur Aufklärung der Bildungsmechanismen und Entwicklung technischer Minderungsmaßnahmen massiv in Angriff genommen. Dies schloß auch die Minderung von Quecksilberemissionen ein. So wurde zwischen 1984 und 1990 ein bundesweites Meß- und Versuchsprogramm an Abfallverbrennungsanlagen durchgeführt. Gleichzeitig wurde die Abscheidetechnik fortentwickelt. Parallel zur Projektförderung ist in den Jahren 1985 und 1986 im Forschungszentrum Karlsruhe die halbtechnische Versuchsanlage TAMARA (**T**est**A**nlage zur **M**üllverbrennung, **A**bgasreinigung, **R**ückstandsverwertung, **A**bwasserbehandlung) errichtet und 1987 der Versuchsbetrieb aufgenommen worden (FZK, 1992). Diese Arbeiten verbesserten das Verständnis der Dioxinbildung wesentlich. Der Förderbereich Hausmüllverbrennung ist daher ein gelungenes Beispiel für das erfolgreiche Ineinandergreifen von Projektförderung und institutioneller Förderung. Es ist gelungen, die Technik der Abfallverbrennung gegenüber älteren Anlagen entscheidend zu verbessern und zu einem umweltverträglichen Behandlungsverfahren fortzuentwickeln. Unter anderem konnten die Dioxinemissionen moderner Abfallverbrennungsanlagen um mindestens zwei Größenordnungen (also auf ein Hundertstel) vermindert werden. Dies gilt sowohl für den Summenwert aller homologen Dibenzodioxine (PCDD) als auch für das besonders toxische Stellungsisomer 2,3,7,8-TCDD (**T**etra**C**hlor-**D**ibenzo**D**ioxin), das sogenannte "Seveso-Dioxin" (BMFT, 1990 b). Es ist nicht übertrieben, von einem technologischen Quantensprung zu sprechen, wenngleich dieser in der Öffentlichkeit noch zu wenig wahrgenommen wird. Die hier erzielte Problemlösung trug nicht nur zur Beherrschung von hochtoxischen luftgetragenen Emissionen bei, sie eröffnete zugleich der Abfallpolitik neue Handlungsspielräume. Darauf wird im Kapitel *Abfallwirtschaft und Altlasten* noch eingegangen. Die Forschungsförderung hatte an dieser Problemlösung wesentlichen Anteil.

Weitere Förderaktivitäten

Die zuvor diskutierten Förderbereiche sind aus Sicht der Bearbeiter deshalb hervorzuheben, weil dort die Förderung Problemlösungen besonders wirkungsvoll angestoßen hat. Darüber hinaus wurden Förderaktivitäten auch in zahlreichen anderen Feldern der Luftreinhaltetechnik entfaltet. Dazu zählen die Fortentwicklung **katalytischer**, **sorptiver** und **biologischer Reinigungsverfahren** für Luftschadstoffe, der Abscheidung von **Feinstäuben**, die **Luftmeßtechnik** und **Emissionsüberwachung** sowie die Weiterentwicklung von **Produktionsverfahren**, auf die im Exkurs über integrierte Verfahren eingegangen wird.

Fazit und Ausblick Luftreinhaltung und Klimaschutz

Tabelle 2 zeigt, wie sich die Emissionen im Untersuchungszeitraum veränderten. Nachrichtlich sind auch die Emissionen im Jahr 1966 aufgeführt. Angegeben sind die Emissionen aus stationären Quellen in den alten Bundesländern. Die Emissionen aus dem Verkehrsbereich sind nicht enthalten, da dieser nicht Gegenstand des Förderprogramms Umweltforschung und Umwelttechnologie ist. Die Zahlen lassen erkennen, daß die Belastungen der Luft mit **Massenschadstoffen** aus stationären Quellen im Untersuchungszeitraum deutlich rückläufig waren.

Tabelle 2: Emissionen luftgetragener Schadstoffe aus stationären Quellen (alte Länder. Quelle: BMU 1988 und 1992)

	Emissionen in kt			Änderung in %
	1966	1980	1990	1980-1990
Stickstoffoxide (gerechnet als NO_2)	1130	1340	700	- 48
VOC	1460	1470	1260	- 14
Kohlenmonoxid (CO)	5590	3200	2090	- 35
Schwefeldioxid (SO_2)	3190	3110	860	- 72
Staub	1710	630	380	- 40
Kohlendioxid (CO_2)	[1)] 650	670	560	- 17

[1)] Im Jahr 1970

Deutschland ist als erstes Land aus der FCKW-Nutzung und der FCKW-Produktion ausgestiegen und hat damit seinen Beitrag zur Eindämmung der Schäden durch diese ökotoxischen **Spurenschadstoffe** geleistet. Die nationalen Emissionsstandards, beispielsweise für Abfallverbrennungsanlagen und chlorierte Kohlenwasserstoffe aus Oberflächenreinigungsmaschinen, gelten weltweit als vorbildlich. Die Projektförderung im Bereich Luftreinhaltetechnik hat bei den drängendsten Problemen Lösungen wesentlich angestoßen.

1990 stammten 73 % der Gesamtemissionen an Stickstoffoxiden und 50 % der VOC-Emissionen aus dem Verkehrsbereich. Beide Verbindungen sind als Vorläufer der Ozonbildung entscheidend für die in den Sommermonaten auftretenden hohen Belastungen durch **bodennahes Ozon** verantwortlich. Mit der weiteren Marktdurchdringung des Drei-Wege-Katalysators für Ottomotoren und der Einführung von Reduktionskatalysatoren für Stickstoffoxide aus Dieselmotoren kann künftig mit einer spürbaren Entlastung gerechnet werden.

4.1.3.2 Gewässerschutz und Wasserversorgung

Abwasserreinigung

Über die Hälfte der im Untersuchungszeitraum geförderten Vorhaben ist den Förderbereichen Wasserschutztechnologie (Gewässerschutz, Wasserversorgung, Abwasserentsorgung) und Schlammbehandlung zuzurechnen. Das bedeutsamste Feld innerhalb dieses großen Förderbereichs war die industrielle und kommunale Abwasserreinigung (BMFT, 1990 a). Besonders hervorzuheben ist der ökologische Nutzen der Förderung bei der **Reinigung kommunaler Abwässer**. Bei der Elimination von biologisch leicht abbaubaren, sauerstoffzehrenden Verunreinigungen aus kommunalen Abwässern sind heute Wirkungsgrade von 95 % (gemessen als BSB_5) Stand der Technik, es werden sogar bis zu 98 % erreicht. Die Förderung von Verfahren zur Elimination dieser Verunreinigungen wurde schon in den siebziger Jahren begonnen und in den achtziger Jahren fortgesetzt. Schwerpunkt der Anstrengungen in den achtziger und neunziger Jahren war aber die sogenannte weitergehende Abwasserreinigung, also die Elimination von eutrophierenden und schwer abbaubaren organischen Verbindungen. An der Entwicklung der Reinigungstechnik zum heute erreichten Standard hatte die Förderung entscheidenden Anteil.

Die biologische Elimination von eutrophierend wirkenden **Stickstoffverbindungen** wurde im Untersuchungszeitraum zum Stand der Technik entwickelt. Hier wurden in geförderten Vorhaben Wirkungsgrade bei der Stickstoffelimination von 70 - 85 % erreicht. Daß die eutrophierend wirkenden **Phosphorverbindungen** aus Abwässern chemisch gefällt werden können, war schon am Beginn der 80er Jahre bekannt. Die chemische Fällung hat jedoch den Nachteil, in das zu behandelnde Abwasser ein chemisches Reagenz einzubringen, zudem führt die ausgelöste Reaktion zu einer Aufsalzung der gereinigten Abwässer und damit zu einem Salzeintrag in die Vorfluter. Die Förderung nahm sich daher der biologischen Elimination von Phosphorverbindungen an, welche die geschilderten Nachteile nicht aufweist. Es konnte großtechnisch demonstriert werden, daß es durch biologische Verfahren möglich ist, den Gehalt an Phosphorverbindungen im Ablauf kommunaler Kläranlagen unter günstigen Bedingungen unterhalb von 1 mg Gesamt-Phosphor pro Liter zu halten. Das Verfahren - es handelt sich um eine simultane Stickstoff- und Phosphorelimination - wird zwischenzeitlich großtechnisch angewendet. Diese Ergebnisse flossen auch in die Rahmen-Abwasserverwaltungsvorschrift und in ATV-Richtlinien ein.

Nach der 1988 in der Nordsee auftretenden Algenblütenepisode und dem massiven Robbensterben nahm der Problemdruck, die Einträge eutrophierend wirkender Stoffe im Rheineinzugsgebiet zu begrenzen, massiv zu. Die bei der Reinigungstechnik von kommunalen Kläranlagen erzielten Verbesserungen sind beinahe ausschließlich durch die staatliche Förderung bewirkt worden. Zwischenzeitlich betreiben alle kommunalen Kläranlagen mit Einwohnerwerten (EW) größer 5000, das sind über 95 % der Anlagenkapazität in Deutschland, eine Stickstoffelimination (Opitz, 1996). Nach verfügbaren Zahlen gingen die Stickstoffeinträge aus kommunalen Kläranlagen zwischen 1989 und 1995[1] von 319 kt auf 255 kt, also um 20 % und die Phosphoreinträge von 46 kt auf 26 kt, somit um 56 % zurück (UBA, 1994 a

1 1995 Prognosewert

und b). Die Fortschritte in der Reinigungstechnik fanden auch ihren Niederschlag in der Grenzwertsetzung in der Rahmen-Abwasserverwaltungsvorschrift (Tabelle 3).

Tabelle 3: Entwicklung der Grenzwerte für Inhaltsstoffe im Ablauf kommunaler Kläranlagen

Zulässige Stoffkonzentrationen im Ablauf in mg/l					
	BSB_5	CSB	NH_4-N	N_{ges}	P_{ges}
Bis 1982	20-45	100-180	keine Regel.	keine Regel.	keine Regel.
Derzeit	15-40	75-150	10 *	18 *	1-2 **

* ab GK 3 (95 % der Abwassermenge) ** ab GK 4 (80 % der Abwassermenge)

Breiten Raum nahm die Förderung der **industriellen Abwasserentsorgung** ein. Auch in diesem breiten, sehr heterogenen Bereich mit seinen je nach Branche stark schwankenden Abwasserzusammensetzungen konnten wesentliche Beiträge erzielt werden. So fand die sogenannte **Bio-Hochreaktortechnik** für Mischabwässer aus der chemischen Industrie im Untersuchungszeitraum großtechnische Anwendung. Es gelang, den CSB deutlich zu senken. Gleichzeitig konnten durch die Zudosierung von Aktivkohle 85 % der biologisch nicht abbaubaren toxischen Verbindungen abgeschieden werden, mit entsprechenden Auswirkungen auf den AOX-Wert im Kläranlagenablauf.

Die Einträge von **Quecksilberverbindungen** aus Zahnarztpraxen in die kommunalen Kläranlagen und von dort in die Gewässer gerieten im Untersuchungszeitraum in die öffentliche Diskussion. Auch hier setzte die Forschungsförderung an. Durch die zwischenzeitlich vorgeschriebene Filterung der Abwässer von Behandlungsstühlen kann das Problem als gelöst betrachtet werden. Durch geförderte Vorhaben wurde demonstriert, daß ein Abscheidegrad von 95 % der Amalgamfracht erreichbar ist.

Hervorzuheben ist auch die Reinigung von **Deponiesickerwässern**. Die Entwicklungen zur Aktivkohleadsorption und Umkehrosmose haben die Sickerwasserbehandlung wesentlich verbessert. Dies trug auch zur Festsetzung der Grenzwerte für AOX, Fischgiftigkeit und Schwermetalle im Anhang 51 der Rahmen-Abwasserverwaltungsvorschrift bei.

Bleiche von Sulfitzellstoff

Besonders erfolgreich war die Förderung der Substitution von Chlor durch sauerstoffhaltige Verbindungen in den Bleichstufen der **Papierzellstoffherstellung**. Bei der Zellstoffbleiche mit Elementarchlor und Chlorverbindungen gelangen die eingesetzten Stoffe in das Abwasser und können dort organische Chlorverbindungen bilden, die dann auch in die Gewässer gelangen. Chlororganische Verbindungen stehen im Verdacht, krebserzeugend zu sein und müssen aus den Rohwässern für die Trinkwassergewinnung entfernt werden. Bereits aus den siebziger Jahren sind Versuche zur Bleiche von Zellstoff mit Ozon und Wasserstoffperoxid bekannt. Es galt zu prüfen, wieweit sich dieses Verfahren für den großtechnischen Einsatz eignet, ob damit Papiere erzeugt werden können, die bezüglich Reißfestigkeit und Weißgrad die Qualitätsanforderungen erfüllen und zugleich der wirtschaftliche Aufwand für die Bleiche in vertretbaren Grenzen bleibt. Diese Fragen wurden in einem geförderten Vorhaben im Werk Kehlheim der Papierfabriken Waldhof-Aschaffenburg einer Klärung zugeführt. In einer errichteten großtechnischen Demonstrationsanlage konnte die Machbarkeit der Sauerstoffbleiche nachgewiesen werden. Es gelang, die Belastung des Zellstoffabwassers mit adsorbierbaren organischen Chlorverbindungen (AOX) um 90 % und die CSB-Belastung um 60 kg pro Tonne Zellstoff, das sind 20 %, zu reduzieren (PWA, 1995). Das Sauerstoffbleichverfahren wurde später weiterentwickelt und wird heute in allen deutschen Zellstoffwerken angewendet. Inzwischen werden in Deutschland ausschließlich chlorfrei gebleichte Papiere produziert. Dadurch wird die Einleitung von 5000 Tonnen AOX aus Zellstoffwerken in die Gewässer vermieden. Für den Rhein bedeutet dies beispielsweise einen Rückgang der AOX-Einleitungen um 2/3. Bemerkenswert ist, daß diese Minderungen duch die Verbesserung des Produktionsverfahrens und nicht durch eine nachgeschaltete Reinigungsstufe erzielt werden. Die Förderung hat hier die Einführung eines konkurrenzfähigen integrierten, emissionsarmen Produktionsverfahrens angestoßen.

Trinkwasserversorgung

Bei der Trinkwassergewinnung stellte sich im Untersuchungszeitraum das Problem der Belastung der Rohwässer mit **Nitrat** und **chlororganischen Verunreinigungen**. Zur Nitratentfernung wurden eine Reihe von physikalisch-chemischen und biologischen Verfahren mit staatlicher Hilfe entwickelt und in Demonstrationsanwendungen erprobt. Nachteil aller Verfahren sind die hohen Aufbereitungskosten. Der Belastung des Trinkwassers mit chlororganischen Verbindungen, zum Beispiel Pflanzenbehandlungsmittel, sind durch die Trinkwasserverordnung enge Grenzen gesetzt. Hier fehlten bislang schnelle, zuverlässige und zugleich kostengünstige **Nachweisverfahren** für die Vielzahl potentiell wassergängiger Verbindungen. Die Förderung der Bereitstellung von Nachweisverfahren war deshalb besonders hilfreich. Zur Abscheidung chlororganischer Verunreinigungen wurde ein kombiniertes Verfahren mit Ozonierung und nachgeschalteter Aktivkohlefiltration zur Anwendungsreife gebracht. Gleichzeitig wird mit diesem Verfahren der Ammoniumgehalt verringert.

Phosphatersatzstoffe

Massiv unterstützt wurde die Einführung von Phosphatersatzstoffen in Wasch- und Reinigungsmitteln. In mehreren Vorhaben wurde die aquatische Verträglichkeit der Phosphatersatzstoffe **EDTA** (Ethylendiamintetraessigsäure) und **NTA** (Nitrilotriacetat) untersucht. Es konnte nachgewiesen werden, daß NTA ökologisch tolerierbar ist, während EDTA persistent ist und aus dem Abwasser entfernt werden muß.

Fazit und Ausblick Gewässerschutz und Wasserversorgung

Der Gewässerzustand hat sich im Untersuchungszeitraum deutlich verbessert. Hierzu hat die Förderung wesentlich beigetragen. Insbesondere bei der kommunalen Abwasserreinigung sind die entscheidenden technologischen Innovationen beinahe ausschließlich von der staatlichen Forschungsförderung bereitgestellt worden. Verfügbare Zahlen über Einleitungen in den Rhein sind in Tabelle 4 zusammengestellt.

Tabelle 4: Gesamtfrachten im deutschen Rheineinzugsgebiet aus kommunalen und industriellen Quellen (Deutsche Kommission zur Reinhaltung des Rheins, 1993; IKSR, 1994)

Jährliche Einleitungen in t					
	NH_4-N	PO_4	AOX	C_2Cl_4	Cd
1985	181.000	23.600	4.500	12,3	4,2
1992	102.000	10.100	750	1,2	1,1

Abnahme der Einleitungen					
	NH_4-N	PO_4	AOX	C_2Cl_4	Cd
85 bis 92	44 %	57 %	83 %	90 %	74 %

Ein gravierendes Problem bilden nach wie vor die Einträge von Nährstoffen in die Fließgewässer aus landwirtschaftlichen Quellen. Das gleiche gilt für die Verunreinigung von Trinkwasserressourcen durch Nitrat und Pflanzenbehandlungsmittel. Landtechnik und Landwirtschaft sind jedoch nicht Gegenstand des Förderprogramms "Umweltforschung und Umwelttechnologie".

Deutschland gilt sowohl beim Stand der Abwassertechnologie wie bei dessen praktischer Anwendung als führend. Dies schlägt sich auch im Export von Abwassertechnologie nieder. Allerdings steht die flächendeckende Ausrüstung kommunaler Kläranlagen mit einer dritten Reinigungsstufe zur Phosphorelimination noch aus. Angesichts der finanziellen Lage der Kommunen sind die hiermit verbundenen Kosten ein großes Problem. Die Senkung des Investitionsaufwands durch Vereinfachung und Standardisierung der Verfahren ist deshalb die Herausforderung der kommenden Jahre. Eine ähnliche Situation findet sich bei der Sanierung der Abwasserkanäle. Auch hier ist die Bereitstellung kostengünstiger und trotzdem sicherer Sanierungstechniken das Gebot der kommenden Jahre.

Wenig Resonanz fand die Förderung bei der **rationellen Wassernutzung** in Haushalt und Gewerbe, sowie bei der betriebsübergreifenden **Mehrfachnutzung** von Produktionsabwässern. Dies hängt damit zusammen, daß Brauch- und Trinkwasser in Deutschland kein knappes Gut ist. Allerdings treten auch hierzulande regional gelegentlich Versorgungsengpässe auf.

Bei der Untersuchung der Einflüsse der Forschungsförderung auf die Gesetzgebung und Normenbildung im Umweltschutz fiel die hohe Zahl der erzielten Regelungseffekte im Bereich Wasserversorgung auf. Dies erklärt sich zum einen aus der speziellen Situation in diesem Untersuchungsbereich: Die Sicherung der Versorgung der Bevölkerung mit qualitativ höchstwertigem Trinkwasser zählt zu den essentiellen Aufgaben der staatlichen Vorsorge. Die staatliche Forschungsförderung unterstützt daher die überwiegend in öffentlicher Hand befindlichen Wasserversorgungsunternehmen bei der Wahrnehmung dieser Aufgaben, indem unmittelbar anwendbare Lösungen für die Bewältigung konkreter Betriebsprobleme bereitgestellt werden. Die hohe Regelungswirksamkeit ist andererseits aber auch ein Indikator für die Effizienz der Beiträge der Forschungsförderung zur Fortentwicklung des Standes der Technik.

4.1.3.3 Abfallwirtschaft und Altlasten

Hausmüllverbrennung

Die breit angelegte Förderung der Fortentwicklung der Hausmüllverbrennung und die erfolgreiche Vernetzung der Projektförderung mit den Arbeiten im Forschungszentrum Karlsruhe wurden schon im Abschnitt Luftreinhaltetechnik erwähnt. Die dadurch erschlossenen Potentiale zur Minderung der Emissionen von Dioxinen, Furanen und Quecksilber sind beachtlich. Die Verbesserung der Umweltverträglichkeit der Hausmüllverbrennung darf aber nicht nur unter dem Gesichtspunkt der Minderung von luftgängigen und mit den festen Rückständen ausgetragenen Emissionen gesehen werden. Mindestens ebenso bedeutsam war, daß dadurch die Handlungsspielräume der Abfallpolitik erheblich erweitert wurden.

Zwar hat sich in den achtziger Jahren das Hausmüllaufkommen nur unwesentlich verändert, dramatisch veränderten sich jedoch die Anforderungen an die Qualität von Deponien. Dies hat dazu geführt, daß die Zahl der Hausmülldeponien von 4415 Anlagen im Jahre 1975 auf 263 in 1995 zurückging. Von diesen 263 Zentraldeponien weisen jedoch weniger als 80 Restkapazitäten auf, die über 2006 hinausreichen (UBA, 1994 b). Diese Zahlen zeigen, in welche Sackgasse die Abfallwirtschaft bei der Entsorgung von Siedlungsabfällen geraten wäre, wenn die Potentiale zur Minderung des Volumens abzulagernder Abfälle nicht konsequent genutzt würden. Die Abfallpolitik setzte dabei zum einen auf das Recycling und die Kompostierung der biologisch abbaubaren Fraktion, also die Ausschleusung von verwertbaren Stoffen aus den Abfallströmen und ihre Rückführung in den Wirtschaftskreislauf. Zum anderen auf eine Vorbehandlung (noch) nicht verwertbarer, abzulagernder Abfälle, um deren Reaktionsfähigkeit und Volumen herabzusetzen.

Die Verbesserung der Umweltverträglichkeit der Abfallverbrennung hat es ermöglicht, dieses Verfahren in der Abfallgesetzgebung aufzuwerten. Es ist in die TA Siedlungsabfall als Referenzverfahren für die Abfallbehandlung vor der Deponierung aufgenommen worden. Die Abfallwirtschaft wäre vermutlich in einen Entsorgungsnotstand geraten, wenn der Pfad in die thermische Hausmüllbehandlung aus ökologischen Gründen verschlossen geblieben wäre. Bei einer unterbliebenen Fortentwicklung hätten die in Betrieb befindlichen Abfallverbrennungsanlagen geschlossen werden müssen.

Es scheint, als sei in jüngster Zeit eine gewisse Entspannung bei der Entsorgung von Hausmüll eingetreten. Einige Müllverbrennungsanlagen sind unzureichend ausgelastet. Über die Gründe hierfür liegen keine gesicherten Erkenntnisse vor. Ohne Zweifel zeigen die Erfolge beim Recycling bestimmter Müllfraktionen (Verpackungen, Bio- und Grünabfälle) Wirkung. Aber auch die gezielte Akquisition von Hausmüll durch Deponiebetreiber trägt zum gegenwärtigen Überangebot an Verbrennungskapazitäten bei. Hinzu kommen Exporte von Hausmüll in dänische Müllverbrennungsanlagen und in belgische sowie französische Zementwerke. Diese Exporte haben ein Ausmaß erreicht, welche die EU-Kommission zu einer Initiative veranlaßte, eine grenzüberschreitende Müllverbringung, die als thermische Verwertung deklariert wird, zu untersagen (EWWE, 1996).

Je nachdem, ob die bei der Hausmüllverbrennung anfallende Schlacke verwertet werden kann oder deponiert werden muß, ist mit diesem Verfahren eine 80 - 90 prozentige Volumenreduktion erreichbar. Gleichzeitig wird der Abfall mineralisiert, also in einen inerten Zustand überführt, in dem keine Abbaureaktionen auftreten. 1995 wurden in Deutschland beim biologischen Abbau von nativ-organischen Stoffen in Abfalldeponien fast 3 Mio Tonnen Methan gebildet und davon 1,5 Mio Tonnen in die Atmosphäre entlassen. Diese Emissionen entsprechen der Klimawirksamkeit von 37 Mio Tonnen CO_2, also gut 4 % der Gesamtemissionen an CO_2 in Deutschland. Durch die spätestens ab dem Jahr 2005 in der TA Siedlungsabfall geforderte Inertisierung des zu beseitigenden Hausmülls kommen diese Emissionen allmählich zum Erliegen. Abbildung 13 zeigt den prognostizierten Verlauf. Danach nehmen bis zum Jahr 2005 die Methanemissionen um zwei Drittel ab und erreichen 2010 20 % des Ausgangswerts, mit anhaltend fallendem Trend.

Abbildung 13: Prognose der Methanemissionen aus Hausmülldeponien in Deutschland (Angerer, Kalb 1996 b)

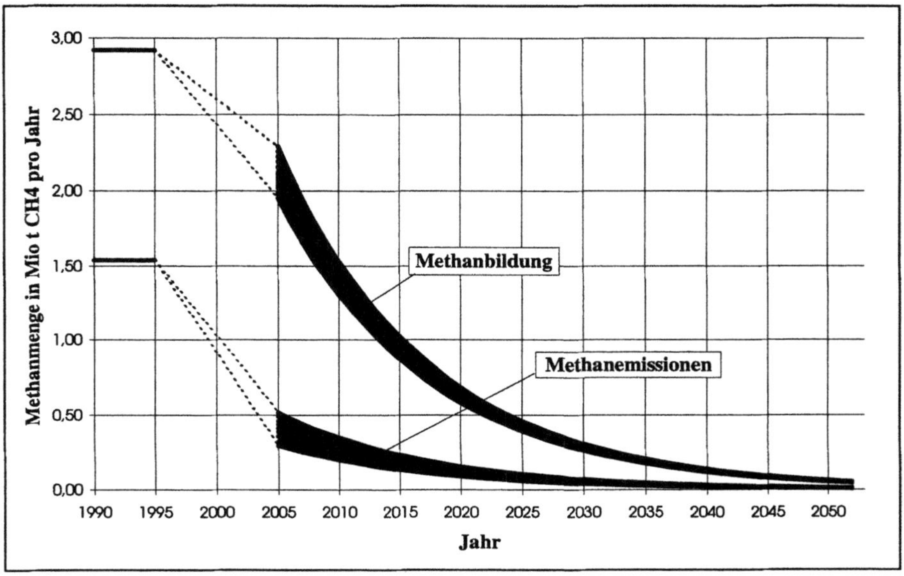

Abfallvermeidung und -verwertung

Abfallvermeidung und Recycling wird im umweltpolitischen Regelwerk die höchste ökologische Wertigkeit zugewiesen. Auch in der Projektförderung spiegelt sich diese Priorisierung wider. Einige Förderaktivitäten seien im folgenden besonders hervorgehoben.

Bei der **Unterhaltsbaggerei** von Häfen fallen große Mengen an Hafenschlick an, die traditionell zum Teil auf Hoher See verklappt wurden. Durch die Förderung ist es gelungen, ein Verfahren zu entwickeln, das es ermöglicht, eine nicht kontaminierte Sandfraktion aus der Schlammsuspension abzutrennen, die in der Bauwirtschaft verwertet werden kann. Durch das Verfahren wird die zu beseitigende Menge an Hafenschlick um die Hälfte reduziert. Sie wird in der Zwischenzeit nicht mehr auf Hoher See verklappt, sondern an Land deponiert. Ähnlich erfolgreich waren geförderte Vorhaben, die auf die Verwertung von Dünnsäure aus der **Titandioxidproduktion** zielten. Titandioxid wird als weißes Pigment für Farben, Lacke und Kunststoffe in großen Mengen hergestellt. Die bei der Produktion anfallende Dünnsäure wurde bis 1989 auf Hoher See verklappt. Geförderte Vorhaben haben die Grundlagen für ein heute großtechnisch genutztes Verfahren gelegt, bei dem die Dünnsäure im Kreislauf geführt wird. Diese prozeßinterne Verwertung machte die ökologisch problematische Verklappung auf See entbehrlich. Deutschland stellte 1989 als erstes Land die Verklappung von Dünnsäure ein.

Neben diesen spektakulären Erfolgen unterstützte die Förderung auch eine Reihe von Arbeiten, die Grundlagen schufen, auf die spätere Weiterentwicklungen zu großtechnischen Anwendungen aufsetzten. Zur Trennung von **Metall-Kunststoff-Verbünden** wurde ein Wirbelstromabscheideverfahren entwickelt, das heute breit genutzt wird. Ferner wurde gezeigt, daß aus Gipsrückständen aus der **Rauchgasentschwefelung** Bauprodukte, darunter gipsgebundene Spanplatten, herstellbar sind. Mehrere Vorhaben beschäftigten sich mit der Regenerierung von **Gießereialtsanden**. Die dabei gewonnenen Erkenntnisse flossen auch in LAI-Musterverwaltungsvorschriften ein. Das gleiche gilt für die Vermeidung und Verwertung von Abfällen aus **Lackieranlagen**. Die Projekte zielten auf die Verringerung des Lackoversprays automatischer Spritzanlagen durch ein konturnahes Spritzen und Anpassung der Sprühstrahlgeometrie, die Weiterentwicklung von Wasserlacken, die kathaphoretische Tauchlackierung nach der Galvanisierung, die Verwertung von naß abgeschiedenen Lackschlämmen und die Optimierung von Vorrichtungen zum Auffangen des Lackoversprays für dessen Wiederverwendung. Bei der **Getränkeherstellung** werden große Mengen an Filterhilfsmitteln, vor allem Kieselgur, benötigt. Die verbrauchten, BSB-beladenen Filter müssen beseitigt werden. Rückspülbare, regenerierbare Membranfilter entschärfen das Entsorgungsproblem wesentlich. Die Anpassung und Erprobung dieser sogenannten Crossflow-Technologie (CMF) an die Anforderungen in der Getränkeindustrie (Wein, Fruchtsäfte, Bier) wurde gefördert. Zwischenzeitlich werden diese Anlagen bereits in der Getränkeproduktion eingesetzt (BMFT, 1994).

Vorangebracht hat die Förderung auch die biologische Behandlung von Bioabfällen, insbesondere die **Kompostierung**, die heute in zahlreichen großtechnischen Anlagen angewandt wird. Die Kompostierung und Vergärung sind in der TA Siedlungsabfall als Verwertungsverfahren für die nativ-organische Abfallfraktion vorgesehen. Die entsorgungspflichtigen Körperschaften sind gehalten, schon ab dem 1. Juni 1999 den Gehalt an nativ-organischen Bestandteilen in den abzulagernden Abfällen zu reduzieren. Die Förderung hat zur Umsetzbarkeit dieser Anforderung beigetragen.

Altlasten

Im Zeitraum der Untersuchung wurde eine rasch wachsende Anzahl von Boden- und Grundwasserkontaminationen erfaßt, die von Altablagerungen und Altstandorten ausgehen. Bis 1985 wurden z. B. ca. 35.000 Altlastenverdachtsflächen identifiziert, bis zum Jahr 2000 werden es nach derzeitigen Schätzungen ca. 240.000 sein. Zur Entschärfung der Altlastenproblematik galt es, potentielle Altlastenverdachtsflächen kartographisch zu erfassen, deren Gefährdungspotential zu erkunden, Sanierungs- und Sicherungspläne aufzustellen sowie standardisierte Methoden und Verfahren für die Erkundung, Gefährdungsabschätzung, Sicherung, Dekontamination und Überwachung zu entwickeln.

Mitte der achtziger bis Anfang der neunziger Jahre beteiligte sich die staatliche Förderung finanziell massiv an Maßnahmen zur Sicherung und Sanierung von Altablagerungen. Darunter waren die Deponien Gerolsheim, Georgswerder und Münchehagen. Forschungsschwerpunkte bildeten die Schaffung sicherer und unter aggressiven Bedingungen langzeitstabiler Einkapselungsmaßnahmen. So wurden z. B. in Gerolsheim als neuer Stand der Technik zur Verhinderung des anhaltenden Abfließens umweltgefährdender Sickerwässer erstmals bis zu 48 m hohe senkrechte Dichtwände bis in den tertiären Schluffhorizont niedergebracht, der als geologische Barriere dient. Die Forschungsförderung hat aber auch zur Bereitstellung leistungsfähiger Bodenreinigungsverfahren wesentlich beigetragen. Es wurden thermische, physikalisch-chemische und biologische Verfahren entwickelt, welche die technologische Basis für die in Deutschland vorhandenen fast 90 Bodenrecyclingzentren bilden.

Im Rahmen der Anfang der neunziger Jahre begonnenen Fördermaßnahme "Modellhafte Sanierung von Altlastenstandorten" wird am Beispiel von ehemaligen Chemiestandorten, Gaswerksgeländen, Metallhütten und Chemiealtablagerungen die Tauglichkeit kompletter Sanierungstechnologien unter realen Bedingungen demonstriert. Neben praktischen Erfahrungen für die Durchführung von Sanierungsmaßnahmen und die Weiterentwicklung der Technik werden wichtige Erkenntnisse für die Formulierung der Technischen Anleitungen Altlastensanierung gewonnen, die gemäß Bundesbodenschutzgesetz vorzubereiten sind.

Vor allem aber bestand ein großer Bedarf an Verfahren und Technologien für die Dekontamination, Sicherung und Überwachung von Altstandorten und Altablagerungen. Bei allen diesen Aufgaben hat sich die Forschungsförderung entschlossen engagiert und zur fachlichen Ausformung des Technikfeldes wesentlich beigetragen. Die Anforderungen an Deponien wie sie in der TA Siedlungsabfall spezifiziert sind, beispielsweise an den Deponieuntergrund sowie die Basis- und Oberflächenabdichtung, fußen zum großen Teil auf Grundlagen, die durch die Förderung erarbeitet wurden.

Fazit und Ausblick Abfallwirtschaft und Altlasten

Der Förderbereich **Altlastensanierung** ist ein gelungenes Beispiel dafür, wie die staatliche Förderung zur fachlichen Ausgestaltung eines neuen Technikfelds beitragen kann. Es handelt sich hierbei ohne Zweifel um eine essentielle Aufgabe der staatlichen Technologieförderung. Es ist gelungen, zur Entschärfung der Altlastenproblematik und zur Beherrschung konkreter Gefährdungen wesentlich beizutragen.

Bei der **Abfallbehandlung** hatte die Forschungsförderung wesentlichen Anteil an der Aufklärung der Bildungsmechanismen von Dioxinen und Furanen. Sie hat ferner die technologische Verbesserung des Verfahrens zur Verbrennung von Siedlungsabfällen wirksam angestoßen. Durch die Öffnung der Abfallverbrennung als umweltverträgliche Behandlungs- und Verwertungspfade für Siedlungsabfälle ist es gelungen, einen drohenden Entsorgungsnotstand abzuwenden.

Deutschland gilt bei der Nutzung von Technologien zur **Abfallvermeidung und Abfallverwertung** international als führend. Hierzu hat auch die Förderung beigetragen. Große technologische und wirtschaftliche Probleme bereitete lange Zeit das Recycling von Kunststoffen. Erst die Erschließung des Potentials, Verpackungskunststoffe über die Hochofenblasformen als Substitut für Kohlenstaub oder Schweröl zu entsorgen, hat die Entsorgungssituation bei dieser Kunststoffverwendung nachhaltig entspannt. In welchem Ausmaß der Entsorgungsweg auch für additivierte technische Kunststoffe offensteht, läßt sich noch nicht abschließend beurteilen. Die geförderte Hydrierung von Kunststoffen als rohstoffliches Verwertungsverfahren zur Rückgewinnung der Monomere war zwar technisch erfolgreich, jedoch zu teuer. Das Beispiel zeigt: Für die Bereitstellung einer Problemlösung ist der technische Erfolg allein nicht hinreichend, es kommt gleichzeitig darauf an, die Wirtschaftlichkeit zu beachten. Nur wirtschaftlich vertretbare Verfahren kommen zum Einsatz, und nur eingesetzte Verfahren tragen zur Problemlösung bei.

4.1.3.4 Exkurs: Integrierter Umweltschutz

Bei der medialen Betrachtungsweise können Techniken, die in den Prozeß selbst eingreifen, um von diesem ausgehende Belastungen zu mindern, nicht adäquat dargestellt werden, weil in der Regel gleichzeitig mehrere Umwelteffekte auftreten. Man spricht in diesem Fall von *prozeßintegrierten* oder einfach *integrierten* Techniken, um sie von den nachgeschalteten (additiven) Minderungstechniken, die an den Prozeß angefügt werden, abzuheben.

Von integrierten Techniken wird meist bei Verfahren gesprochen, zum Beispiel den Prozessen der industriellen Produktion. Grundsätzlich können jedoch auch produktbezogene Techniken, die geeignet sind, Menge und Schädlichkeit zu beseitigender Altprodukte zu vermindern, als integriert bezeichnet werden. Dazu zählen die Erhöhung der Lebens- und Nutzungsdauer, die Wiederverwendung von gebrauchten Produkten und Baugruppen sowie die Herabsetzung des Schadstoffgehalts. Eine Zwischenstellung nimmt das Recycling ein. Es ist auch in seiner ökologischen Wertigkeit zwischen den integrierten und den nachgeschalteten Techniken einzustufen.

Gerade die produktbezogenen Maßnahmen werden von der Umweltpolitik seit Beginn der neunziger Jahre besonders priorisiert. Seinen sichtbaren Niederschlag fand dies unter anderem in der im Kreislaufwirtschafts- und Abfallgesetz als Leitprinzip verankerten Produktverantwortung. Es heißt dort: "*Die Produktverantwortung umfaßt insbesondere die Entwicklung, Herstellung und das Inverkehrbringen von Erzeugnissen, die* ***mehrfach verwendbar, technisch langlebig*** *und nach Gebrauch zur ordnungsgemäßen und schadlosen Verwertung und umweltverträglichen Beseitigung geeignet sind*". Die Priorisierung produktbezogener Maßnahmen spiegelt sich in den Förderaktivitäten des Untersuchungszeitraums (1980 - 1992) allerdings noch nicht wider. Im neuen Umweltforschungsprogramm, das voraussichtlich Anfang 1997 veröffentlicht werden wird, sollen nach den vorliegenden Informationen produktbezogene Maßnahmen einen hohen Stellenwert erhalten.

Umweltfreundliche Produkte

Im Untersuchungszeitraum gefördert wurde die Entwicklung eines **entsorgungsfreundlichen Farbfernsehgeräts**. Es ist dabei gelungen, eine kunststoff- und flammschutzmittelfreie Platine für die Flachbaugruppen des Geräts aus keramikbeschichtetem Stahlblech zu realisieren und insgesamt die Menge und Sortenvielfalt der im Gerät verwendeten Kunststoffe drastisch herabzusetzen. Ein Marktpotential für diese Platinen wird bei Geräten gesehen, die in Kleinserien hergestellt werden, zum Beispiel bei Meßgeräten (Loewe, 1995). In der Zwischenzeit sind die Arbeiten an einem großen geförderten Verbundvorhaben mit dem Titel "*Beiträge zur Entwicklung einer Kreislaufwirtschaft am Beispiel des komplexen Massenprodukts TV-Gerät*" angelaufen, das die begonnenen Entwicklungen fortsetzt.

Ein weiteres Beispiel für ein komplexes technisches Endprodukt ist die Förderung eines entsorgungsfreundlichen **Rasenmähers**. Das Vorhaben zielte auf den Einsatz gut recycelbarer Werkstoffe, die Vereinfachung der Demontage und die Entwicklung eines umweltfreundlichen Verpackungskonzepts. Es ist gelungen, die Demontagezeit um 20 % zu verkürzen und die Zahl der Werkstoffklassen von 8 auf 5 zu reduzieren.

Beiden Vorhaben ging eine orientierende Untersuchung voraus, die zum Ziel hatte, komplexe technische Massenprodukte zu identifizieren, deren Entsorgung Probleme bereitet, wie sie auch für andere Produkte typisch sind. Anschließend sollten Pilotvorhaben zur Verbesserung der Entsorgungsfreundlichkeit in Angriff genommen werden. Im Ergebnis wurden die zuvor genannten beiden Vorhaben bewilligt und mit zusammen 2,5 Mio DM gefördert.

Andere Vorhaben zielten auf die Verringerung des Gehalts von kritischen Stoffen in Produkten. Darunter befinden sich cadmiumfreie Werkstoffe für **elektrische Kontakte**, cadmiumfreie Stabilisatoren für **PVC** und die Herstellung sauerstoffhaltiger **Antiklopfmittel** (Oxigenate) als Ersatz für chlorierte organische Verbindungen in unverbleiten, hochoktanigen Ottokraftstoffen. Mehrere Vorhaben hatten die Entwicklung von **biologisch abbaubaren Kunststoffen**, zum Beispiel für Verpackungen, und **Schmierölen** zum Gegenstand [2].

Gefördert wurde auch die Entwicklung eines halogen- und antimontrioxidfreien, flammwidrigen Polymerwerkstoffs für **Leiterplattenflachbaugruppen**. Antimontrioxid ist nach III A 2 der MAK-Liste eingestuft, also als im Tierversuch krebserzeugend (MAK, 1991). Noch kritischer werden die bromierten organischen Flammschutzadditive eingeschätzt, darunter polybromierte Diphenylether (PDBE), aus denen sich im Brandfall hochtoxische Dioxine und Furane bilden können. Ziel der Förderung war die Entwicklung eines duroplastischen Polymers, das die für elektronische Flachbaugruppen geforderte Flammwidrigkeitsprüfung nach UV 94 V-0 ohne die genannten kritischen Additive besteht. Der Kunststoff sollte sowohl als Schichtpressstoff für Leiterplatten und auch für Formmassen zur Umhüllung der Bauelemente geeignet sein. Die Ziele des Vorhabens wurden erreicht. Der Flammschutz der Epoxidharzmatrix wird durch den Einbau phosphorhaltiger Verbindungen, flammwidriger heterocyclischer stickstoffhaltiger Strukturelemente und von Aluminiumhydroxid erreicht. Der Werkstoff wird heute beim Auftragnehmer des Forschungsvorhabens bereits bei den meisten neuentwickelten Flachbaugruppen eingesetzt (SIEMENS, 1996). Die Produktionskosten dieser Flachbaugruppen werden bei einer Massenproduktion nicht höher sein als für das konventionelle FR 4-Material. Der neue Werkstoff ist recycelbar. Das mit bromhaltigem Flammschutz ausgerüstete Leiterplattenbasismaterial darf demgegenüber wegen seines Schadstoffgehalts nicht recycelt werden, sondern ist als Sonderabfall zu beseitigen. In Deutschland fallen jährlich bei der Entsorgung gebrauchter elektrischer und elektronischer Geräte über 25.000 Tonnen Platinenschrott an, dessen Basismaterial Sonderabfall darstellt (Angerer et al., 1993). Weltweit werden 30.000 bis 35.000 Tonnen Brom zur Ausrüstung von Epoxidharzwerkstoffen für elektronische Baugruppen eingesetzt (SIEMENS, 1995). Diese Zahlen charakterisieren das umweltentlastende Potential des entwickelten neuen Werkstoffs.

Produktionsintegrierte Verfahren

Bei der Förderung integrierter, emissionsarmer Verfahren wurden spektakuläre Erfolge erzielt. Auf die Entwicklung eines chlorfreien Bleichverfahrens für **Papierzellstoff** zur großtechnischen Reife wurde schon eingegangen. In Deutschland werden heute ausschließlich TCF-Papiere (Total Chlorine Free) hergestellt. Die vollständige Einstellung der Produktion chlorgebleichter Papiere wurde durch die Förderung angestoßen.

Gefördert wurde auch die Entwicklung einer neuen rekuperativen Schmelzwanne für die Herstellung von **Hohlglas**. Diese Technologie (LoNOx®) besitzt das Poten-

---

2 Vorhaben zu biologisch schnell abbaubaren Kunststoffen und Schmierölen wurden zwar im Untersuchungszeitraum (1980-1992) begonnen, aber zum Teil erst nach 1992 abgeschlossen

tial, ohne nachgeschaltete Maßnahmen die Stickstoffoxidemissionen unterhalb von 400 mg/m^3 zu halten und halbiert damit die Emissionen der konventionellen regenerativ beheizten U-Flammenwanne ohne nachgeschaltete Rauchgasreinigung. In Deutschland werden jährlich etwa 25.000 Tonnen Stickstoffoxide beim Glasschmelzen emittiert. Ein Anschlußvorhaben zur Demonstration der großtechnischen Reife dieses Verfahrens ist angelaufen.

Auch die Entwicklung eines emissionsarmen Verfahrens (QSL) zur Verhüttung von **Blei** war technisch erfolgreich. Das QSL-Verfahren wird in der Bleihütte Stolberg großtechnisch genutzt. Ferner wurde je eine Anlage nach China, Südkorea und Kanada exportiert. Die ökologischen Vorteile der QSL-Technologie sind beträchtlich: Minderung der SO_2-Emissionen um über 90 %, der Bleiemissionen um knapp 80 % und des Energieverbrauchs um 50 %.

Vorhaben in der **Zementindustrie** zielten auf die Minderung der Stickstoffoxidbildung in Drehrohrofen und Kalzinator sowie die Aufklärung des Thalliumverhaltens bei der Filterstaubrückführung in den Brennprozeß.

Hervorzuheben ist auch die Förderung der Entwicklung von emissionsarmen Verfahren zur **Oberflächenreinigung**. Sie führte zum einen zur Bereitstellung einer neuen Generation von Reinigungsmaschinen für chlorierte Lösungsmittel (Bosch-Dürr-Verfahren), aber auch zur Weiterentwicklung und zur anhaltenden Verbreiterung des Einsatzspektrums wässriger Reinigungstechniken. Auf diese Entwicklungen wurde schon im Abschnitt Luftreinhaltung eingegangen. Als integrierte Techniken zählen ferner geförderte Entwicklungen bei industriellen **Lackieranlagen**. Sie zielten auf die Erhöhung des Auftragswirkungsgrads durch die Optimierung der Sprühstrahlparameter, die Nutzung elektrostatischer Felder zur Lackpartikelführung, die Entwicklung lösemittelarmer Lacke, Pulverlacke und von Wasserlacken.

Die Entwicklung einer Crossflow-Filtration zur Verminderung des Anfalls verbrauchter Filtermassen bei der **Getränkeherstellung** wurde schon erwähnt. Auch die Minderung von Wasserbedarf und Abwasseranfall beim **Galvanisieren** war Gegenstand zahlreicher Vorhaben.

Zum Stellenwert integrierter Techniken

Integrierte Umwelttechniken besitzen den Vorteil, im Zuge der Erneuerung von Anlagen und Geräten in den Markt zu diffundieren. Es bedarf oft keiner gesetzlichen oder untergesetzlichen Regelungen, um ihre Anwendung zu erzwingen. Nicht selten sind die Produktions- oder Betriebskosten der neuen umweltschonenden Anlagen sogar günstiger. In diesen Fällen kann mit Recht von einer Versöhnung von Ökonomie und Ökologie gesprochen werden. Demgegenüber verursachen an bestehende Produktionsanlagen angefügte Umweltschutzeinrichtungen stets zusätzliche Kosten und verschlechtern deren Ressourceneffizienz und Wirtschaftlichkeit. Die im Wettbewerb stehenden Unternehmen trachten aus wirtschaftlichen Gründen, deren Einsatz zu vermeiden.

Bei den Vorteilen integrierter Umwelttechniken darf nicht übersehen werden, daß es Anwendungen gibt, wo die Leistungsfähigkeit aber auch die Wirtschaftlichkeit nachgeschalteter Verfahren (noch) bei weitem jene übertrifft, die mit integrierten Techniken erzielbar ist. Es sei nur auf die Beispiele Rauchgasreinigung, Abwasserreinigung oder den Drei-Wege-Katalysator in Kraftfahrzeugen hingewiesen. Nachgeschaltete Umwelttechniken haben also durchaus für bestimmte Aufgaben ihre Berechtigung. Es ist auch nicht richtig, davon zu sprechen, daß nur integrierte Techniken dem vorbeugenden Umweltschutz dienen. Jede Technik, ob integriert oder nachgeschaltet, welche einen umweltfreundlichen Betrieb von Anlagen oder Produkten ermöglicht, trägt dazu bei, die Entstehung von Schäden zu vermeiden, die später zu sanieren sind. Das Primat des vorbeugenden Umweltschutzes gegenüber dem reparierenden-sanierenden ist auf beiden Pfaden umzusetzen.

Die Umwelttechnikförderung ist gut beraten, wenn sie die Förderung von integrierten Techniken nicht zum Dogma erhebt. Es kommt darauf an, fallspezifisch, unter Berücksichtigung der Entwicklungspotentiale, die ökologisch und ökonomisch optimale Lösung ins Auge zu fassen. Im Untersuchungszeitraum ist den prozeßintegrierten Verfahren zunehmende Beachtung geschenkt worden. Die Priorisierung integrierter Techniken fand ihren Niederschlag in dem Förderkonzept *Produktionsintegrierter Umweltschutz,* das 1994 veröffentlicht wurde (BMFT, 1994). Angesichts der Tatsache, daß 80 % der Umweltschutzinvestitionen in nachgeschaltete Einrichtungen fließen und nur 20 %[3] für integrierte Techniken aufgewendet werden (Zimmermann, 1990; Breitbarth, 1995), ist diese Schwerpunktsetzung durchaus verständlich und sinnvoll.

4.1.4 Bewertung des ökologischen Nutzens der Förderung

Die Umweltsituation im Untersuchungszeitraum von 1980 bis 1992 ist weiter vorne skizziert worden. Die drängendsten **ökologischen Probleme** seien nochmals knapp zusammengefaßt:

- Neuartige Waldschäden
- Smogepisoden in den Wintermonaten
- Luftverunreinigungen durch toxische Spurenstoffe (darunter Dioxine, Furane, Schwermetalle, chlorierte Lösungsmittel)
- Ausdünnung der stratosphärischen Ozonschicht
- Sommersmogepisoden

---

3 Wenngleich diese Zahlen mit Vorbehalten zu interpretieren sind, da Analysen, die integrierte Techniken einigermaßen vollständig erfaßt haben, nicht vorliegen

- Globale Erwärmung
- Eutrophierung der Gewässer durch Nährstoffeinleitungen
- Verunreinigung von Gewässern mit toxischen Stoffen (darunter Schwermetalle, AOX)
- Verunreinigung von Trinkwasserressourcen durch Nitrat und Pestizide
- Mißparität zwischen den Abfallmengenströmen und der Reichweite erschließbarer Deponiekapazitäten
- Mangelnde Akzeptanz der Abfallverbrennung
- Altlasten durch unkontrollierte Abfallablagerungen, aufgelassene Industrie- und Militärstandorte.

Die Projektförderung des BMBF im Programm "Umwelttechnologie" hat innerhalb ihrer fachlichen Abgrenzung auf die ökologische Problemlage adäquat und in der Regel auch frühzeitig reagiert. Durch die Förderung wurden bei den drängendsten Problemen technische **Lösungen wirksam angestoßen** und zum Teil über Demonstrationsanlagen bis zur großtechnischen Anwendungsreife geführt. Auf einige besonders erfolgreiche Demonstrationsvorhaben sei hingewiesen: Die chlorfreie Bleiche von Papierzellstoff, das QSL-Verfahren zur Verhüttung von Blei, das LoNOx®-Schmelzverfahren für Hohlglas, die neue Generation von Oberflächenreinigungsmaschinen für chlorierte Lösungsmittel (Bosch-Dürr-Maschine), die weitergehende Reinigung kommunaler Abwässer (insbesondere die simultane biologische Elimination von Stickstoff- und Phosphorverbindungen) und die Niederbringung hoher senkrechter Dichtwände zur Einkapselung von Altlasten.

Die Förderung hat das Primat des **vorbeugenden Umweltschutzes** beachtet, obwohl es im Untersuchungszeitraum zugleich galt, das Technikfeld Altlasten fachlich zu strukturieren und beispielhafte technische Lösungen zu entwickeln. Den **integrierten Techniken** wurde im Verlaufe des Untersuchungszeitraums zunehmende Beachtung geschenkt.

Die betriebsinterne Wiederverwendung von **Brauchwasser** ist im Untersuchungszeitraum ausgebaut worden. Auf wenig Resonanz stieß die Förderung allerdings bei der betriebsübergreifenden Mehrfachnutzung von Produktionsabwässern und bei der rationellen Wassernutzung. Dies hängt auch damit zusammen, daß, abgesehen von wenigen regionalen und zeitlichen Ausnahmen, Wasser in Deutschland kein knappes Gut ist und deshalb kostengünstig bereitgestellt wird.

Die Teilnahme der **Chemischen Industrie** an den Förderprogrammen "Umwelttechnologie" entsprach in keiner Weise der Bedeutung dieses Sektors für die Wirtschaft. Die Gründe für diese Zurückhaltung konnten nicht ermittelt werden. Es wird hier eine gezielte Akquisition von Forschungsthemen und Forschungsnehmern seitens der Projektträger empfohlen.

Erhebliche Belastungen gingen und gehen von **Verkehr** und **Landwirtschaft** aus. Nachdem nun beinahe alle neu zugelassenen Fahrzeuge mit Ottomotor mit einem geregelten Drei-Wege-Katalysator ausgerüstet sind und das Emissionsverhalten neuer Dieselfahrzeuge merklich verbessert wurde, zeichnet sich hier eine gewisse Entspannung ab. Fahrzeugtechnik, Verkehrstechnik und Landtechnik sind ebensowenig Gegenstand des Programms "Umwelttechnologie" wie das Bedürfnisfeld **Bauen und Wohnen**. Da Umweltschutz als Querschnittsaufgabe alle Bedürfnisfelder und alle Sektoren einschließt, ist die traditionelle Zersplitterung der umweltbezogenen Innovationsförderung kontraproduktiv. Es dürfte kein Zufall sein, daß die technologischen Standards in den Kernfeldern des Programms weiter entwickelt sind, als in den zuvor genannten, nicht eingeschlossenen Verursachungsbereichen. Eine Verzahnung läßt sich sowohl auf organisatorischer als auch auf programmatischer Ebene herbeiführen.

Produktbezogene Maßnahmen, darauf wurde schon hingewiesen, sind gegen Ende des Untersuchungszeitraums zu einem zentralen Thema der Umweltpolitik geworden. Die Verankerung der **Produktverantwortung** im Kreislaufwirtschafts- und Abfallgesetz ist Teil der Operationalisierung des Leitbilds eines nachhaltigen, umweltverträglichen Wirtschaftens. Produktverantwortung wird heute noch zu sehr unter dem Gesichtspunkt des **Materialrecyclings** gesehen. Ökologisch höherwertiger ist jedoch das Produktrecycling. Erst nach Ausschöpfung der Potentiale für das Produktrecycling sollten Produkte dem Materialrecycling zugeführt werden. Mit Produktrecycling ist die Verfügbarmachung eines gebrauchten, technisch komplexen Endprodukts für eine erneute Nutzung gemeint, unter möglichst weitgehendem Erhalt der Produktgestalt. Um dieses Potential zu erschließen, bedarf es gestaltungstechnischer Voraussetzungen. Dazu zählen eine weitgehende Modularisierung des Produktaufbaus, eine demontage- und reparaturgerechte Gestaltung, innovative Verbindungs- und Fügetechnik, die Normung von Schnittstellen und der Einsatz dauerhafter Komponenten. Benötigt werden ferner eine schnelle und trotzdem aussagensichere Prüftechnik, eine weitgehend mechanisierte Demontagetechnik sowie Austauschteilefertigungen. Neue Vermarktungskonzepte, beispielsweise Vermietung oder Sharing, schaffen Anreize, Produkte mehrere Nutzungsschleifen durchlaufen zu lassen, so wie dies bei Kopierern heute schon mit Erfolg praktiziert wird.

Produktrecycling von technisch komlexen Endprodukten war in den abgelaufenen beiden Förderprogrammen noch kein Thema. Zwar ist schon 1988 eine orientierende Untersuchung mit dem Titel "Entsorgungsfreundliche Gestaltung komplexer Produkte" in Angriff genommen worden, die Analyse blieb jedoch auf das Materialrecycling beschränkt, und selbst dazu kamen nur zwei Vorhaben zur Förderung. Die seit Anfang der neunziger Jahre zu beobachtende Priorisierung produktbezogener Maßnahmen, als Beitrag zur Operationalisierung eines nachhaltigen Wirtschaftens, spiegelte sich in den Förderaktivitäten des Untersuchungszeitraums (1980-1992) noch nicht wider. Das 1994 veröffentlichte Förderkonzept "*Produktionsintegrierter Umweltschutz*" erklärt komplexe technische Endprodukte ausdrücklich zum Fördergegenstand und deutet auch in Richtung Produktrecycling eine Änderung der Förderpolitik an. 1995 wurde das fachübergreifende Rahmenkonzept "*Produktion 2000*" veröffentlicht (BMBF, 1995). Es fördert Vorhaben komplementär zu den Fachprogrammen. Die **strategische** Konzeption des Förderschwerpunkts "*Wirtschaften in Kreisläufen*", die Teil des Rahmenkonzepts *Produktion 2000* ist, verkennt die Potentiale des Produktrecyclings und zielt ausschließlich auf das Materialrecycling (siehe Textfenster *Wirtschaften in Kreisläufen*). In der Zwischenzeit sind allerdings auch Vorhaben bewilligt worden, die sich mit den Aspekten einer modernisierungsgerechten Produktauslegung, der Integration von Neuproduktion und Austauschteilefertigung, der Rückführungslogistik gebrauchter Produkte und produktbegleitenden Informationssystemen beschäftigen.

Wirtschaften in Kreisläufen: Innovative Verwertungstechniken

"Innovative Verwertungstechniken umfassen alle Maßnahmen zum Nutzbarmachen gebrauchter Erzeugisse, von der verwertungsgerechten Konstruktion bis zur Demontage, Sortierung, Energierückgewinnung einschließlich einer im Verwertungsprozeß integrierten Qualitätssicherung. Zu den Forschungsaufgaben gehören hier:

- *Verfahren und Einrichtungen zur Verwertung von Altprodukten, gebrauchten Werkstoffen, Produktionsreststoffen und Problemstoffen, z. B. neue Trenntechniken für Mischfraktionen und Schlämme, Verfahren zur Verwertung von Lacken, Pigmentierungen und anderen Zusätzen oder Verfahren der energetischen (thermischen) Verwertung.*
- *Anwendungsuntersuchungen für Sekundärrohstoffe, Entwicklung von Verfahren zur Mischverarbeitung von Rezyklat und Neuware sowie Untersuchung des Verhaltens von Sekundärrohstoffen in daraus gefertigten Produkten.*
- *Ganzheitliche Bewertung von kreislaufwirtschaftlichen Zielsetzungen mit den Methoden der Ökobilanzierung und Aufbereitung des Wissens zu einer für Konstrukteure leicht zugänglichen Dokumentation bzw. Datenbank."*

(Rahmenkonzept "Produktion 2000", S 16 ff).

Besonders hervorzuheben sind die Förderschwerpunkte **FCKW**-Substitution, Reinigung kommunaler **Abwässer** und Fortentwicklung der **Abfallverbrennung**. Deutschland ist als erstes Land aus der FCKW-Nutzung und der FCKW-Produktion ausgestiegen. Die technischen Standards bei der Abwasserreinigung und Abfallverbrennung gelten international als führend. Auch die Anstrengungen beim **Recycling** werden international stark beachtet.

Die insgesamt adäquate Reaktion der Forschungsförderung auf die Problemlage im Umweltschutz und die Wirksamkeit ihrer Beiträge zu Problemlösungen kann auch aus ihrem Einfluß auf die Festsetzung der materiellen Inhalte von gesetzlichen, untergesetzlichen und anderen Regelungen mit normativem Charakter abgelesen werden. Die wesentlichen Ergebnisse einer Analyse der **Regulierungseffekte** der Förderung finden sich in einem nachfolgenden Kapitel.

4.2 Ökonomische Wirkungen

4.2.1 Förderpolitische Zielsetzungen in bezug auf ökonomische Wirkungen

Von der Programmintention her waren im Untersuchungszeitraum wirtschaftliche Wirkungen der Förderung eher Nebeneffekte. Die Förderung intendierte auch im Umweltbereich, subsidiär zu sein, d.h. nur dort einzugreifen, "... wo bei umweltpolitisch wichtigen Aufgaben wesentliche Forschungsdefizite erkennbar sind, die durch Forschungsvorhaben von anderer Stelle nicht ausreichend aufgegriffen werden" (BMFT 1991, S. 33). Dabei zielte die Förderung auf die noch vermarktungsferneren Innovationsphasen, indem sie sich die "prototypische Entwicklung, Erprobung und Erstinnovation der besten Technologien" zum Ziel setzte.

Gleichwohl waren Wirtschaftlichkeit und die wirtschaftliche Umsetzung der angestrebten Lösungen ein wichtiges Nebenziel:

- generell, weil ökologische Wirkungen am leichtesten erzielt werden können, wenn sie sich aus ökonomischen Gründen quasi "von selbst" durchsetzen;
- im öffentlichen Bereich gilt das Wirtschaftlichkeitsgebot aufgrund der politischen Erwägung, die Steuerlast der Bürger so gering wie möglich zu halten, ebenso aufgrund der faktischen Belastung der öffentlichen Haushalte, und schließlich aufgrund der rechtlichen Bestimmungen der Haushaltsordnungen;
- für die Anwendung in der Wirtschaft gibt es wiederum zwei Zielsetzungen:
  - so sollen umweltentlastende Lösungen zu möglichst geringen (Kosten-) Belastungen führen, um die internationale Wettbewerbsfähigkeit der Unternehmen nicht zu gefährden,
  - andererseits können mit technisch avancierten, umweltentlastenden Lösungen, die gleichzeitig wirtschaftlich attraktiv sind, auch internationale Wettbewerbserfolge erzielt werden; auf diesem Markt haben sich die deutschen Unternehmen bereits in den vergangenen zwei Jahrzehnten eine hervorragende Marktstellung erarbeitet (vgl. NIW/ISI 1996); insofern kann das Nebenziel der wirtschaftlichen Verwertung auch generell zur Standortsicherung beitragen.

4.2.2 Methodische Bemerkungen und Überblick über dieses Kapitel

Als ökonomische Wirkungen der Förderung werden jene Wirkungen behandelt, die sich aus der Anwendung der Ergebnisse der geförderten Projekte ergeben - entweder intern bei den Zuwendungsempfängern bzw. den mit ihnen verbundenen wirtschaftlichen Einheiten (z. B. Unternehmensgruppe, Konzern) oder extern bei Kunden oder anderen Anwendern der geförderten Technik. Gemessen werden ökonomische Wirkungen vor allem an Umsätzen aus Transaktionen (Verkauf), zum Teil auch an Absichtserklärungen der Geförderten in bezug auf die Anwendung der geförderten Technik. Bei den befragten Anwendern wurde die Wirtschaftlichkeit der geförderten Technik ermittelt.

Die geförderten Forschungseinrichtungen haben einerseits ihre intrinsischen Zielsetzungen (Erwerb zusätzlichen Grundlagenwissens und damit Verbesserung der wissenschaftlichen Leistungsfähigkeit, Grundlage für erweiterte Lehrangebote, bessere Personalqualifikation, wissenschaftliche Publikationen), bei denen es meistens nicht in erster Linie auf ökonomische Wirkungen ankommt, andererseits ist die Erzielung ökonomischer Effekte bei ihren privatwirtschaftlichen Auftraggebern bzw. Kooperationspartnern häufig eine wesentliche Voraussetzung, um über die Einwerbung von Drittmitteln auf Dauer die eigenen, nicht-ökonomischen Ziele der Institute sichern oder erreichen zu können. Insofern kann über die Erfassung solcher Sekundärziele bei Forschungseinrichtungen ein zusätzlicher Erklärungsbeitrag für die ökonomischen Wirkungen der Förderung gewonnen werden.

Wie in Kapitel 3 ausgeführt, werden in den meisten Auswertungen die verschiedenen Empfängergruppen (Unternehmen, Öffentliche Einrichtungen, Forschungseinrichtungen/Institute) getrennt betrachtet, weil sie unterschiedliche Motivationen und, damit verbunden, unterschiedliche Vorgehensweisen bei der Durchführung und Nutzung der Vorhaben haben. Das trifft natürlich ganz besonders auf die hier behandelten ökonomischen Wirkungen zu.

Ökonomische Wirkungen sind von solchen geförderten Vorhaben zu erwarten, deren strategische Zielsetzungen wirtschaftlich relevant sind und die darauf abzielten, unmittelbar anwendbare bzw. vermarktbare Lösungen hervorzubringen. Abbildung 14 illustriert den Auswahlprozeß der hier zu behandelnden Projekte gemäß den Analyseschritten dieses Kapitels. Analytisch sind hierbei zwei Maßstäbe zu unterscheiden, die in ihren Aussagen auf unterschiedliche Sachverhalte zielen und daher klar voneinander getrennt werden müssen:

- Der Anteil der Vorhaben, deren Zielsetzungen wirtschaftlich relevant waren und die unmittelbar anwendbare bzw. vermarktbare Lösungen hervorbringen sollten, an allen geförderten Vorhaben ist ein Indikator für die operative Umsetzung der förderpolitischen Zielsetzung, über Marktwirkungsmechanismen eine schnelle und effiziente Anwendung der umweltentlastenden Techniken zu erreichen; dieser Sachverhalt wird im Abschnitt 4.2.3 behandelt.
- Der Anteil wirtschaftlich umgesetzter, d.h. intern angewandter oder bei anderen Anwendern verbreiteter oder extern vermarkteter Ergebnisse, die für die Geförderten wirtschaftlich relevant waren und unmittelbar anwendbare bzw. vermarktbare Lösungen hervorbringen sollten, ist dagegen ein Effizienzindikator für die Zielerreichung einer auf (marktwirtschaftliche) Umsetzung zielenden FuE-Förderung; darauf wird im Abschnitt 4.2.4 eingegangen.

Abbildung 14: Selektionsweg zur Analyse ökonomischer Wirkungen

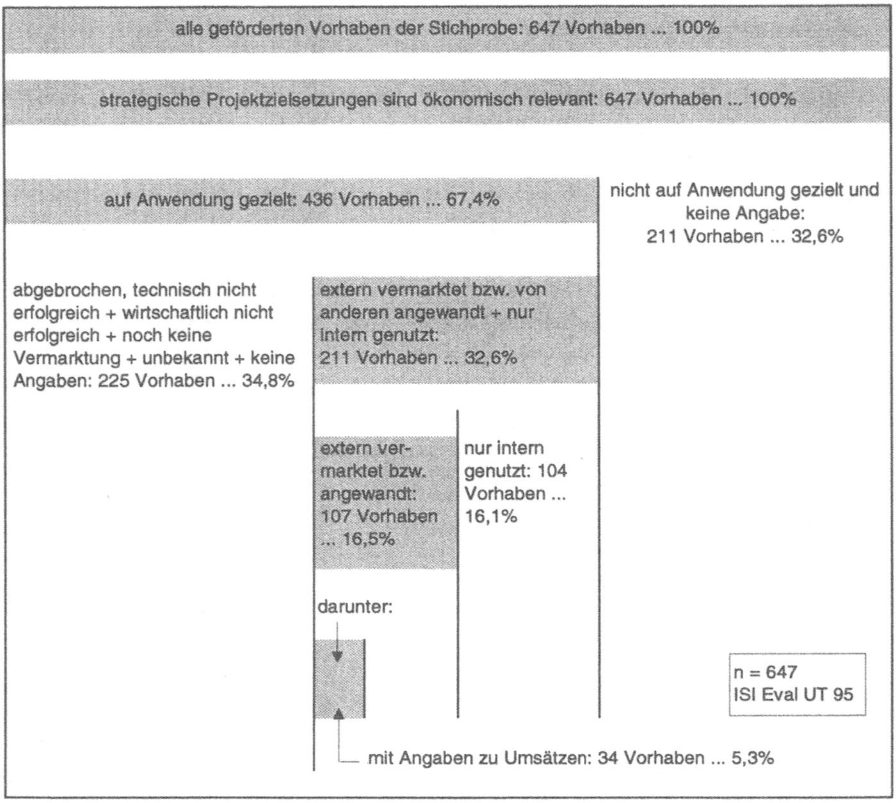

Abschnitt 4.2.5 behandelt die Wirtschaftlichkeit der aus den geförderten Vorhaben stammenden Produkte bzw. Prozesse aus der Sicht der Anwender. Die Hemmnisse für die Vermarktung bzw. Verbreitung der geförderten Produkte bzw. Prozesse werden in Abschnitt 4.2.6 diskutiert. Abschnitt 4.2.7 zieht schließlich ein Fazit in bezug auf die ökonomischen Wirkungen der geförderten Vorhaben.

Der Aspekt der auf staatlicher Regulierung beruhenden Marktdurchsetzung wird hier, obwohl gerade im Bereich von Umwelttechniken von besonderer Bedeutung, nicht gesondert behandelt. Die Effekte der FuE-Förderung im Bereich von Umwelttechniken auf die Definition und Durchsetzung staatlicher Regulationen wurde ausführlich in der ersten Phase unserer Untersuchung behandelt, deren Ergebnisse in Kapitel 4.4 dieser Veröffentlichung zusammengefaßt sind (ausführlich vgl. Angerer et al., 1996 a).

4.2.3 Projektzielsetzungen und Anwendungsnähe

Strategische Projektzielsetzungen

Als strategische Projektzielsetzungen werden hier solche Ziele bezeichnet, die über die unmittelbaren operativen Projektziele (wie z.B. Erreichung eines bestimmten technischen Standards) hinaus als wichtig für die längerfristige Tätigkeit der Empfänger zu betrachten sind. Dazu gehören die Sicherung bzw. Erweiterung bestehender bzw. der Eintritt in neue Geschäftsfelder (Diversifikation), Ausbau von bzw. Einstieg in Umwelt-FuE-Aktivitäten, die Starthilfe für neu gegründete Unternehmen, Imageverbesserung, die Einstellung auf zu erwartende gesetzliche Vorschriften, Kostensenkung sowie die Lösung akuter Umweltproblemlagen.

Betrachtet man die Rangfolge der (als mäßig/bedeutend/sehr bedeutend gewichteten) Nennungen der strategischen Projektzielsetzungen, so verdeutlicht sie die unterschiedliche Interessenlage bei den verschiedenen Gruppen von Zuwendungsempfängern:

- Für Unternehmen war das wichtigste strategische Ziel der Projekte die Sicherung bestehender Geschäftsfelder (56 % der Projekte von Unternehmen).
- Bei Öffentlichen Einrichtungen stand die Lösung eines akuten Umweltproblems im Vordergrund (66 % der Projekte).
- Das wichtigste strategische Ziel der Projekte von Forschungseinrichtungen war der Erwerb zusätzlichen Grundlagenwissens (88 %).

Über 60 % der Projekte von **Unternehmen** zielten auf die Sicherung/Erweiterung bestehender Geschäftsfelder oder auf den Eintritt in neue, umweltrelevante Geschäftsfelder (Diversifikation) oder auf beides. Vorrangig genannt wird das Doppelziel Sicherung/Erweiterung bestehender und Erschließung neuer Geschäftsfelder, das von 31 % der Unternehmen genannt wird, also der Hälfte der Unternehmen, die überhaupt diese Ziele verfolgten. Daß ein so nennenswerter Anteil dieser Vorhaben dieses Doppelziel nennt, weist auf eine beträchtliche thematische Breite der Vorhaben von Unternehmen hin, die neben der Sicherung bestehender Geschäftsfelder auch den Aufbau neuer Kompetenzbereiche ermöglichen soll. Entsprechend den Erkenntnissen der Innovationsforschung (Meyer-Krahmer 1989; Becher u.a. 1989) ist diese Mehrfunktionalität der Vorhaben besonders für kleine und mittlere Unternehmen (bis 500 Beschäftigte) von großer Bedeutung: Dementsprechend zielten 44 % der Vorhaben dieser Unternehmen auf diese kombinierte Unternehmensstrategie. Bei den Vorhaben größerer Unternehmen war es dagegen nur rund ein Viertel, das beide strategischen Ziele gleichzeitig verfolgte. Dieses Ergebnis entspricht den Erkenntnissen, daß größere Unternehmen bereits in erheblichem Ausmaß diversifiziert sind, so daß ein weitergehender

Diversifizierungsbedarf nur bei wenigen Unternehmen besteht. Abbildung 15 gibt die statistische Auswertung der Antworten des Fragebogens wieder.

Abbildung 15: Bedeutung strategischer Projektzielsetzungen bei Vorhaben von **Unternehmen**[1]

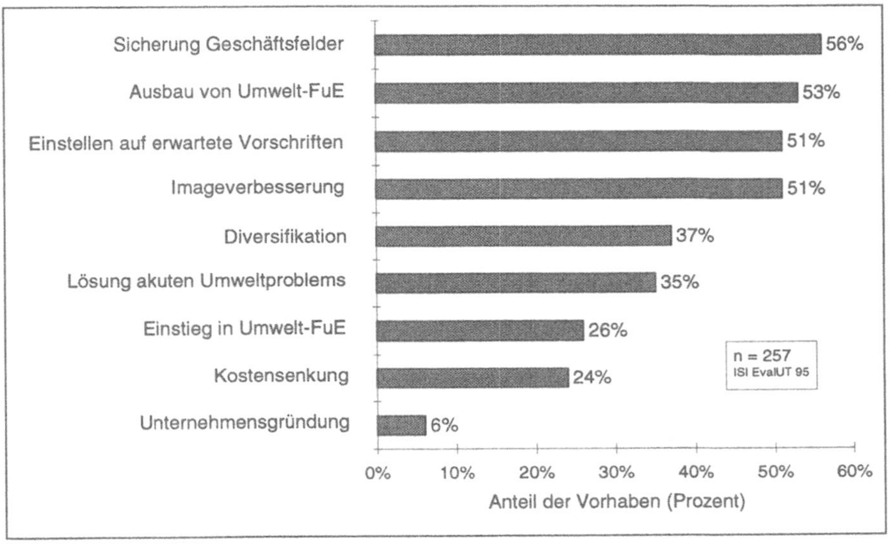

Im Zeitverlauf der Förderung wächst die Bedeutung dieser beiden strategischen Projekt-Zielsetzungen bei Unternehmen. Hier konvergieren zwei Entwicklungen, die diesen Effekt erklären. Zum einen nehmen zunehmend mehr kleine und mittlere Unternehmen - und für diese sind, wie oben gezeigt, diese Ziele besonders wichtig - an der Projektförderung von Umwelttechnologien teil, was regelmäßig ein Zeichen für die zunehmende Reife eines Technikfeldes ist. Zum anderen spiegelt diese Entwicklung auch die wachsende Bedeutung wider, die diesen Zielen auf der politischen Agenda zukam, und die damit auch in die Praxis der Förderung einfloß.

Entsprechend dem Niveau der Nennungen des Hauptziels Sicherung/Erweiterung bestehender Geschäftsfelder (56 % der Vorhaben von Unternehmen) liegen auch die dazugehörigen instrumentellen Ziele "Ausbau von FuE im Umweltbereich" (53 %) sowie "Imageverbesserung" (51 %) auf diesem Niveau. Daß jedes zweite Vorhaben als strategisches Projektziel auch die Imageverbesserung nennt, zeigt den erheblich

1 Die Frage lautete: "Welche Bedeutung hatten die folgenden Zielsetzungen des geförderten Projektes für Ihr Unternehmen?" Die Befragten konnten auf einer Skala von 1 ("kleine") bis 4 ("große") werten. Dargestellt sind die Antworten der Stufen 3 und 4. Mehrfachnennungen waren zugelassen.

gestiegenen Stellenwert des Umweltschutzes für die Wettbewerbsposition der Unternehmen.

Das Einstellen auf erwartete gesetzliche Vorschriften (51 % der Vorhaben von Unternehmen) kann als Ziel sowohl der Sicherung bestehender Geschäftsfelder als auch dem Eintritt in neue umweltrelevante Geschäftsfelder dienen. An dem hohen Niveau der Nennungen für dieses Projektziel (die Hälfte aller Vorhaben von Unternehmen) wird noch einmal der hohe Stellenwert von gesetzlichen Vorschriften als Anstoß für technische Entwicklungen im Umweltbereich deutlich (vgl. auch Abschnitt 4.4).

Der Einstieg in FuE-Aktivitäten im Umweltbereich wird als Ziel für ein Viertel der Vorhaben von Unternehmen angegeben; dies ist ein sehr hoher Prozentsatz von Vorhaben, für die ein solcher Initialeffekt genannt wird (vgl. auch Abschnitt 4.5). Allerdings wird dieses Bild durch eine Analyse der Mehrfachnennungen etwas relativiert: Fast zwei Drittel der Vorhaben von Unternehmen, die Einstieg in FuE im Umweltbereich als strategisches Projektziel angeben, nennen gleichzeitig auch den Ausbau von FuE im Umweltbereich als Ziel. Daraus ergibt sich, daß es sich wohl nur um einen partiellen Einstieg handelt, wohl in neue FuE-Gebiete, die bisher in den Unternehmen nicht bearbeitet wurden, nicht jedoch um die erstmalige Aufnahme von umweltbezogener Forschung und Entwicklung überhaupt. Ähnlich ist zu interpretieren, daß die Hälfte der Vorhaben, die als strategisches Ziel den Einstieg in Umwelt-FuE genannt haben, angibt, damit die Sicherung oder Erweiterung eines Geschäftsfeldes angestrebt zu haben: Dabei handelt es sich typischerweise um eine "ökologische Erweiterung" eines bestehenden Geschäftsfeldes, d. h. um die Berücksichtigung von Umweltaspekten in der traditionellen Geschäftstätigkeit der Unternehmen. In die gleiche Richtung weist auch der mit 47 % fast gleich hohe Anteil von Vorhaben, die gleichzeitig mit dem Einstieg in Umwelt-FuE eine Imageverbesserung anstrebten.

Im Zusammenhang mit der hier zur Analyse anstehenden Frage nach den ökonomischen Wirkungen ist hervorzuheben, daß von den Vorhaben mit den bisher beschriebenen Zielen potentiell eine wirtschaftliche Umsetzung der Vorhabensergebnisse zu erwarten ist. Andere Zielkombinationen hingegen umfassen ein deutlich höheres Realisations- und Marktrisiko. Das betrifft beispielsweise solche Projekte, die auf Diversifikation, also den Einstieg in neue Geschäftsfelder, und gleichzeitig den Einstieg in Umwelt-FuE abzielen, das betrifft rund ein Achtel der Vorhaben von Unternehmen.

Als hoch-riskant, bezogen auf den kommerziellen Erfolg, sind insbesondere auch solche Vorhaben einzustufen, deren strategisches Ziel die Starthilfe für ein neugegründetes Unternehmen war: das trifft für 3,5 % der Vorhaben von Unternehmen, Öffentlichen Einrichtungen und Instituten zu. Daß die Förderung im Bereich Umwelttechnologie so viele entsprechende Projekte umfaßt, ist angesichts vorliegender Vergleichszahlen aus der Wirkungsanalyse der fachprogrammbezogenen Projektförderung bei kleinen und mittleren Unternehmen (2 %, Siegert u.a. 1985) oder der jährlich entstehenden technologieorientierten Unternehmen in Relation zu allen FuE-treibenden KMU (1 - 2 %, Kulicke u.a. 1993) als eher bedeutsam zu bewerten. Noch deutlicher wird dieses Ergebnis, wenn man berücksichtigt, daß der Anteil entsprechender Vorhaben bei den Projekten von Unternehmen 6 % beträgt. Dabei muß allerdings berücksichtigt werden, daß es sich bei Unternehmensgründungen im Bereich der Umwelttechnologie häufig nicht um echte Gründungen im Sinne zusätzlicher Marktteilnehmer handelt. Seit etwa Anfang der 1980er Jahre hat es im Zuge der Etablierung der damit verbundenen Geschäftsfelder häufig Ausgründungen von bestehenden Geschäftsfeldern aus (Groß-)Unternehmen oder Umgründungen aufgrund von Übernahmen von (häufig kleinen und mittleren) Unternehmen gegeben. Die durch die Förderung der Vorhaben erfolgte Unterstützung solcher Gründungen mag im einzelwirtschaftlichen Sinne - und ggf. auch zur Realisierung der ökologischen Entlastungspotentiale - positiv bewertet werden. Damit ist jedoch nicht unbedingt auch ein gesamt-gesellschaftlicher Nutzen verbunden, da die oben erwähnten Aus- und Umgründungen netto keinen positiven, insbesondere arbeitsplatzschaffenden, Effekt verursachen.

Bei **Öffentlichen Einrichtungen** spielen die ökonomisch und wettbewerblich motivierten Projektzielsetzungen erwartungsgemäß eine weniger bedeutsame Rolle (Abbildung 16), statt dessen stehen Ziele im Vordergrund, die mit der Ver- bzw. Entsorgungsaufgabe in Zusammenhang stehen, allem voran die Lösung einer akuten Umweltproblemlage sowie die Einstellung auf die Einhaltung erwarteter gesetzlicher Vorschriften. Der hohe Anteil von Nennungen des Projektziels "Imageverbesserung für unser Unternehmen/unsere Einrichtung" (51 % der Vorhaben von Öffentlichen Einrichtungen) erstaunt nur auf den ersten Blick. Die Erfüllung ihrer Dienstleistungsaufgaben ist mit zunehmender Liberalisierung von Märkten und Privatisierung von Aufgaben verstärkt marktwirtschaftlichen Verhaltensweisen unterworfen. Darüber hinaus wird das Ziel "Imageverbesserung" weit überwiegend gemeinsam und gleichwertig mit anderen strategischen Projektzielen genannt. Natürlich gibt es auch bei Öffentlichen Einrichtungen eine Vielfalt an Zielsetzungen. Und gerade bei jenen Einrichtungen, die aufgrund des öffentlichen Haushaltsrechts weniger von den marktwirtschaftlichen Erfolgsmechanismen motiviert werden (können), mag der Imagegewinn ein durchaus wirksamer und im Ergebnis für Umweltentlastungen positiver Handlungsanreiz sein.

Abbildung 16: Bedeutung strategischer Projektzielsetzungen bei Vorhaben von **Öffentlichen Einrichtungen**[2]

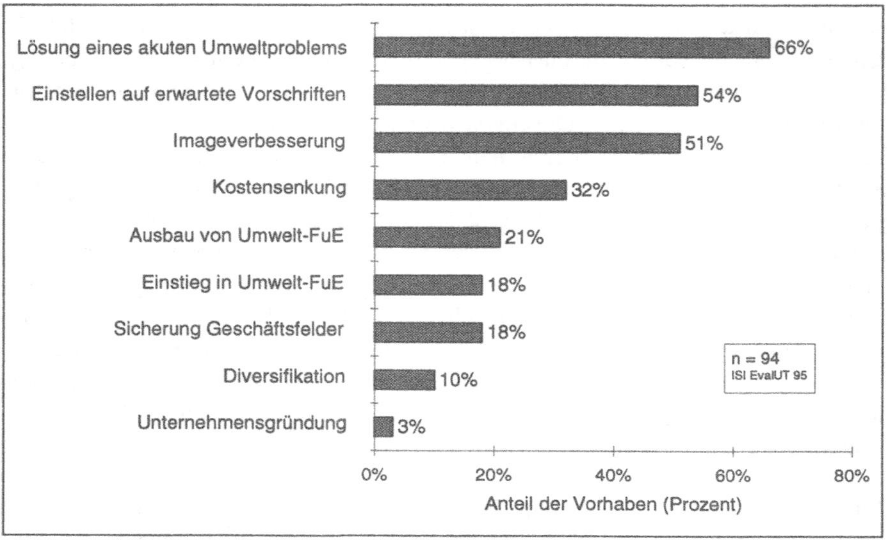

Für **Forschungseinrichtungen** steht das Ziel des Erwerbs zusätzlichen Grundlagenwissens bei fast 90 % der Projekte im Vordergrund (Abbildung 17). Immerhin drei Viertel der Vorhaben von Forschungseinrichtungen zielen auf die (Hilfe zur) Lösung einer akuten Umweltproblemlage. Hierzu muß man berücksichtigen, daß drei Viertel der Vorhaben von Instituten Kooperationsprojekte sind und damit für die Vorhaben nicht nur eigenmotivierte Zielsetzungen entscheidend sind, sondern auch solche, die wesentlich von den Projektpartnern (mit-)bestimmt werden.

Faßt man die ökonomischen Motivationen und Zielsetzungen zusammen, um zu bestimmen, welche von ihnen als relevant für die Ermittlung ökonomischer Effekte der Förderung von umwelttechnischen FuE-Vorhaben in Frage kommen, so ergeben sich folgende Schlüsse:

- Für Unternehmen sind im Prinzip alle abgefragten Projektzielsetzungen ökonomisch bedeutsam, wenn auch zum Teil nur indirekt, wie z. B. die Imageverbesserung oder die Einstellung auf die Einhaltung erwarteter gesetzlicher Vorschriften.

2 Siehe Fußnote zu Abbildung 15

Abbildung 17: Bedeutung strategischer Projektzielsetzungen bei Vorhaben von **Forschungseinrichtungen**[3]

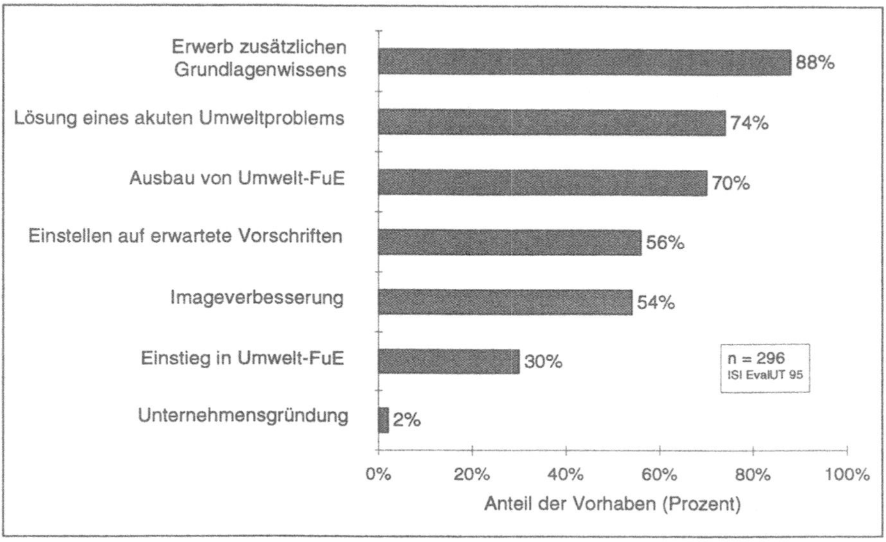

- Angesichts der Konkurrenzsituation, in der Öffentliche Einrichtungen aufgrund der Privatisierungsdiskussion bzw. tatsächlich bereits bestehender Wettbewerbsverhältnisse stehen, werden auch für die Öffentlichen Einrichtungen ökonomische Zielsetzungen immer bedeutsamer.
- Bei Erwägung des hohen Anteils von in Kooperation mit Unternehmen oder Öffentlichen Einrichtungen durchgeführten Vorhaben von Forschungseinrichtungen muß zumindest als Sekundärzielsetzung auch für die Vorhaben von Forschungseinrichtungen eine ökonomische Relevanz generell unterstellt werden.

Zur Identifikation der Gesamtheit von ökonomisch relevanten Vorhaben, für die auch ökonomische Wirkungen der Förderung gemessen werden sollten, sind daher gemäß den vorstehenden Argumenten alle geförderten Vorhaben einzubeziehen.

Anwendungsnähe der Vorhaben

Eine Einschränkung der Analyse ökonomischer Wirkungen auf solche Projekte, die auch auf eine unmittelbare Anwendbarkeit der Ergebnisse zielten, ist insbesondere aus methodischen Gründen geboten. Zwar können auch solche Vorhaben von hoher ökonomischer Relevanz sein, die nicht unmittelbar anwendbare Lösungen erbringen sollten, z. B. Vorhaben, die auf die Vorbereitung eines Einstiegs in ein spezifisches

3 Siehe Fußnote zu Abbildung 15

Marktsegment zielten oder Zugang zu strategischem Know-how zur Marktsicherung erarbeiten sollten. Da die ökonomische Bedeutung solcher Vorhaben allerdings äußerst schwierig zu ermitteln ist, wurden sie in der folgenden Auswertung der ökonomischen Wirkungen der Projekte nicht berücksichtigt.

Bei Unternehmen und Öffentlichen Einrichtungen zielen rund 74 % der Vorhaben auf unmittelbar anwendbare oder vermarktbare Lösungen (Abbildung 18 differenziert die Antworten nach diesen Gruppen), bei Forschungseinrichtungen (Abbildung 19) sind es rund 60 % (bezogen auf den Anteil an den BMBF-Zuwendungen bzw. den Gesamtprojektkosten liegen diese Werte zwischen 65 % bei Forschungseinrichtungen und 85 % in Unternehmen). Bezogen auf alle Geförderten zielten somit rund zwei Drittel der Vorhaben (bezogen auf das Fördervolumen: 76 %) auf unmittelbar anwendbare bzw. vermarktbare Lösungen. Entsprechend der Eingangsfragestellung in Abschnitt 4.2.2 ist daher zu konstatieren, daß die förderpolitische Zielsetzung, über Marktwirkungsmechanismen eine schnelle und effiziente Anwendung der umweltentlastenden Techniken zu erreichen, offenbar weitgehend mit den Intentionen der Geförderten übereinstimmte.

Abbildung 18: Projektziel unmittelbar anwendbare bzw. vermarktbare Lösungen bei Vorhaben von **Unternehmen** und **Öffentlichen Einrichtungen**

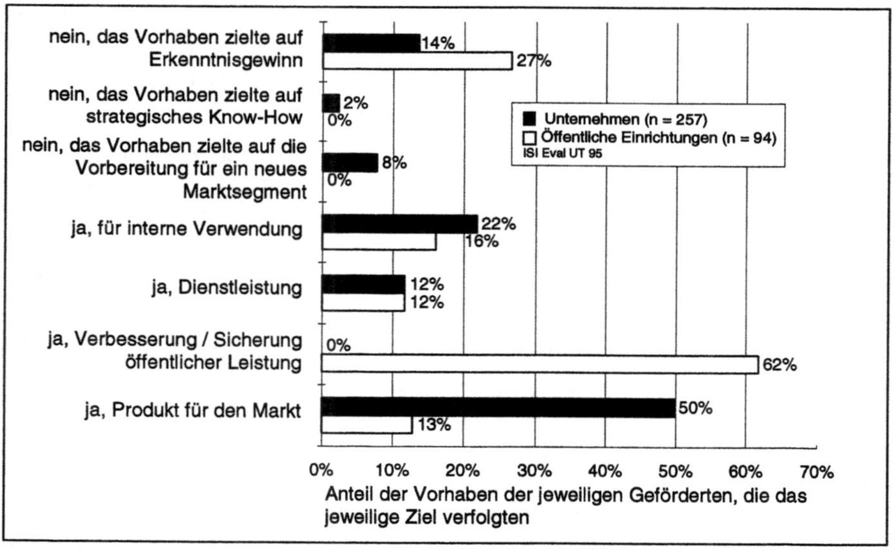

Abbildung 19: Projektziel unmittelbar anwendbare bzw. vermarktbare Lösungen: Vorhaben von **Forschungseinrichtungen**

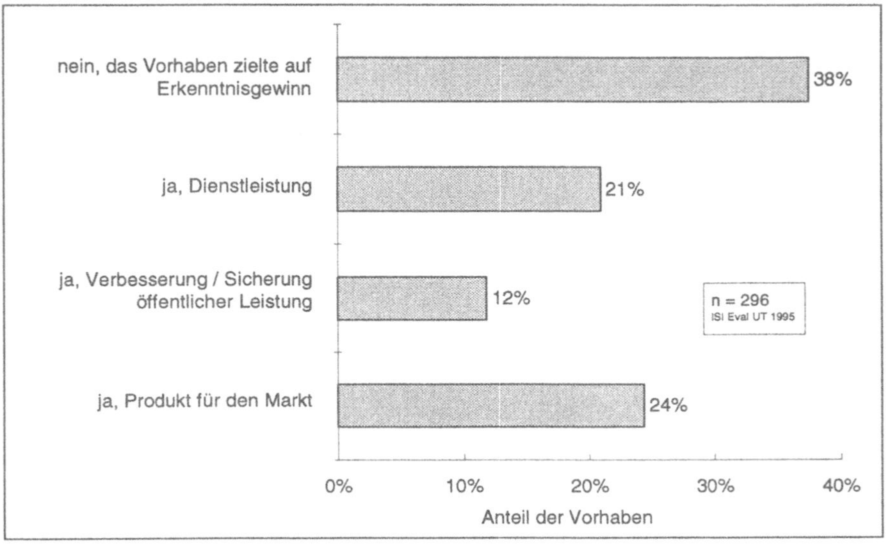

4.2.4 Vermarktung und Verbreitung der Projektergebnisse, interne Nutzung

Die in diesem Abschnitt referierten Ergebnisse zur wirtschaftlichen Umsetzungseffizienz der geförderten Vorhaben beziehen sich auf die rund zwei Drittel aller Vorhaben, die auf ökonomisch relevante und unmittelbar anwendbare bzw. vermarktbare Lösungen zielten (vgl. Abbildung 20). Die angegebenen Anteile beziehen sich also auf diese 436 Vorhaben.

Davon blieben 18 % deshalb *ohne ökonomische Wirkung*, weil die Vorhaben vorzeitig abgebrochen wurden bzw. technisch nicht erfolgreich waren (12 %) oder aus wirtschaftlichen Gründen eine Vermarktung/externe Anwendung nicht möglich war (6 %). Diese Zahlen sind in Abbildung 21 nach Gruppen von Geförderten differenziert dargestellt. Bei 19 % der Vorhaben war bis zum Ende der Erhebung noch keine Vermarktung erfolgt, bzw. es gab noch keine weiteren Anwendungen. Projekte, die abgebrochen wurden bzw. technisch nicht erfolgreich waren, entfallen überwiegend auf größere Unternehmen, dort insbesondere auf Hersteller; der Anteil solcher Projekte ist überdurchschnittlich hoch im Bereich Abfallwirtschaft, was durch die erhobenen Informationen nicht erklärbar ist.

Abbildung 20: Wirtschaftliche Umsetzung der ökonomisch relevanten und auf unmittelbar anwendbare bzw. vermarktbare Lösungen zielenden Vorhaben

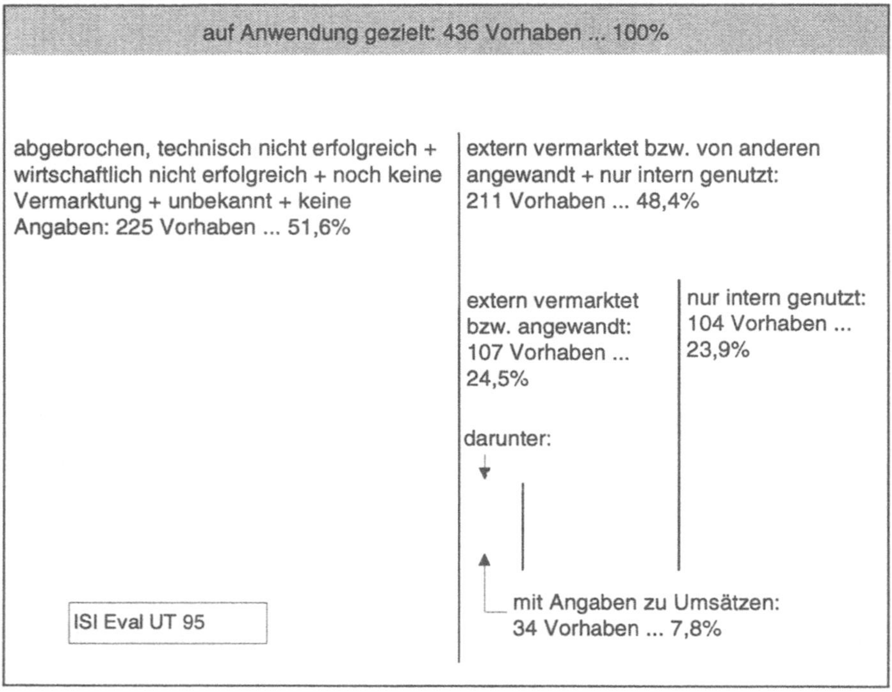

Im zeitlichen Verlauf der Förderung ergibt sich, daß bei den jüngeren Projekten ein geringerer Anteil von abgebrochenen/technisch nicht erfolgreichen Vorhaben zu verzeichnen ist. Auch der Anteil als wirtschaftlich nicht erfolgreich beurteilter Vorhaben nimmt ab, während ein höherer Anteil von Vorhaben (erwartungsgemäß) bisher noch nicht verwertet worden ist.

Insgesamt ist somit bis zum Zeitpunkt der Erhebung 1995, d.h. innerhalb von drei und mehr Jahren nach Abschluß der geförderten Projekte, bei gut der Hälfte der auf ökonomische Effekte zielenden Vorhaben (noch) keine kommerzielle Nutzung erfolgt. Die andere (knappe) Hälfte der Vorhaben (48 %) gibt an, daß ökonomische Effekte durch interne Nutzung (24 %) bzw. eine Vermarktung der Ergebnisse der geförderten Vorhaben in Form von Produkten oder Verfahren bzw. eine Verbreitung der Technik bei anderen Anwendern erfolgte (25 %).

Abbildung 21: Gibt es eine Vermarktung der Ergebnisse bzw. Verbreitung der Technik bei anderen Anwendern? (Bezugsbasis: Vorhaben, die auf Anwendung zielten)

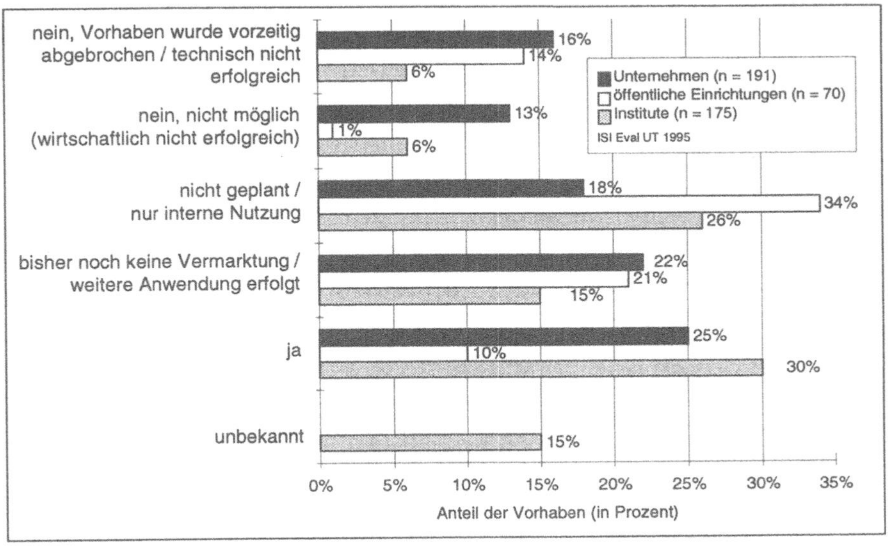

Außer durch externe Vermarktung werden ökonomische Wirkungen auch durch die *interne Nutzung der Projektergebnisse* erzielt. Der Anteil solcher nur auf die interne Nutzung von Ergebnissen zielenden Projekte beträgt insgesamt 24 %. Um unter diesen näherungsweise den Anteil der Vorhaben bestimmen zu können, der auch tatsächlich in die Anwendung gelangte und damit ökonomische Wirkungen entfalten konnte, beschränken wir die Analyse auf solche Vorhaben, die sich bei Projektende in anwendungsreifem Stand ("in Produktion integrierte Pilotanlage") befanden. Das sind bei Unternehmen 9 % der auf Anwendung zielenden Vorhaben und bei Öffentlichen Einrichtungen 17 %. Die Bedeutung dieser Wirkungskategorie für Öffentliche Einrichtungen wird zusätzlich betont bei Betrachtung der finanziellen Gewichtung: 30 % der BMBF-Zuwendungen und sogar 46 % der Gesamtprojektkosten entfallen auf diese auf interne Nutzung zielenden Projekte. Die auf interne Nutzung zielenden Projekte von Forschungseinrichtungen werden dagegen hier nicht betrachtet, da deren ökonomische Bedeutung nicht mit der der anderen hier analysierten Vorhaben vergleichbar ist.

Eine *externe Vermarktung bzw. die Nutzung der geförderten Technik durch andere Anwender* wird angegeben für *insgesamt* 25 % der auf Anwendung zielenden Vorhaben. Im einzelnen sind das (Abbildung 21) bei Vorhaben von Unternehmen 25 %, bei Vorhaben von Öffentlichen Einrichtungen sind es 10 %, während für 30 % der bei Forschungseinrichtungen geförderten Vorhaben eine Vermarktung der Ergebnisse durch ein Herstellerunternehmen erfolgte. Die Betrachtung der entsprechenden Anteile der BMBF-Zuwendungen bzw. der Gesamt-Projektkosten liefert im wesentlichen gleiche Ergebnisse.

Aus der Addition der beiden Wirkungsarten "extern vermarktet bzw. von anderen Anwendern genutzt" und "interne Nutzung der Ergebnisse" ergibt sich somit das tatsächlich *realisierte Ausmaß der ökonomischen Verwertung*: dazu zählen 31 % der auf Anwendung zielenden Vorhaben mit 33 % der BMBF-Zuwendungen und 40 % der Gesamt-Projektkosten (vgl. die nachstehende Tabelle 5).

Tabelle 5: Realisierte Verwertung (durch externe Vermarktung bzw. Nutzung von anderen Anwendern oder durch interne Nutzung) der Ergebnisse geförderter Vorhaben durch die Geförderten[4]

	Vorhaben		BMFT-Förderung		Gesamt-Projektkosten	
	Anzahl	%	Mio DM	%	Mio DM	%
auf Anwendung zielende Vorhaben	436	100	409,4	100	813,6	100
extern vermarktete bzw. von anderen Anwendern genutzte Ergebnisse	107	24,5	86,2	21,1	146,3	18
interne Nutzung der Ergebnisse (anwendungsreif bei Projektende)	29	6,7	47,6	11,6	175	21,5
insgesamt: realisierte Verwertung	136	31,2	133,8	32,7	321,3	39,5

ISI EvalUT 95
n=647

Bei weiteren 22 % der auf Anwendung gezielten Vorhaben besteht darüber hinaus ein *ökonomisches Potential:* bei diesen war die Vermarktung der Technik bzw. ihre Verbreitung bei anderen Anwendern nach Angaben der Geförderten bis Mitte 1995 noch nicht erfolgt. Eine Nachfrage Anfang 1996 ergab, daß von diesen Vorhaben von Unternehmen und Öffentlichen Einrichtungen

- 5 % ihre Vermarktungsabsicht aufgegeben hatten,
- bei 35 % eine Verwertung noch nicht absehbar war,
- 14 % inzwischen vermarktet wurden [5],
- bei weiteren 28 % eine sichere Planung für die Nutzung bestand (innerhalb der nächsten zwei Jahre) bzw. die Ergebnisse an Andere zur Nutzung weitergegeben worden waren,
- bei 18 % keine oder keine klare Auskunft zu erhalten war.

---

4 Die Angaben beziehen sich auf die durch den Rücklauf in der schriftlichen Befragung erfaßten 647 Vorhaben (die als repräsentativ für die insgesamt analysierten Vorhaben gelten, vgl. Kapitel 1.3).

5 Diese Vorhaben sind in Tabelle 5 bereits berücksichtigt

Insgesamt können somit 42 % dieser Vorhaben als wirtschaftlich verwertet angesehen werden. Dieser Anteil soll analog auch für die bei Forschungseinrichtungen geförderten Vorhaben angewandt werden.

Daraus ergibt sich, daß damit insgesamt zur *Quote der wirtschaftlich verwerteten Vorhaben*
25 % bereits vermarktete Vorhaben
7 % Vorhaben mit interner Nutzung
5 % Vorhaben mit sicherer Verwertungsabsicht
gehören.

Diese Ergebnisse entsprechen recht gut der in der Literatur zur Innovationsforschung üblicherweise berichteten Größenordnung von ca. einem Drittel "erfolgreich vermarkteter" Projekte. Unter Berücksichtigung der Tatsache, daß für die Forschungsförderung, wie in Abschnitt 4.2.1 dargestellt, die Erreichung ökonomischer Wirkungen nur ein Nebenziel war, kann diese Größenordnung der ökonomischen Verwertung der geförderten umwelttechnologischen Vorhaben als gutes Ergebnis bewertet werden.

Von Unternehmen und Öffentlichen Einrichtungen, deren Vorhaben extern vermarktet wurden, wurden Angaben zu den *Umsätzen aus der Verwertung der Ergebnisse der geförderten Vorhaben* erfragt. (Die bei Forschungseinrichtungen geförderten Vorhaben, die eine Vermarktung der Projektergebnisse durch ein Herstellerunternehmen angaben, wurden aus methodischen Gründen nicht nach entsprechenden Umsatzzahlen gefragt.) Für einen Teil der von Unternehmen und Öffentlichen Einrichtungen vermarkteten Vorhaben mit externer Vermarktung wurden entsprechende Umsatzangaben gemacht. Auf dieser Grundlage ergibt sich, daß aus Vorhaben, die mit rd. 38 Mio DM vom BMBF gefördert wurden, in der Zeit ihrer wirtschaftlichen Verwertung (nach Projektende bis 1994) rd. 1,47 Mrd DM Umsatz erzielt wurden (vgl. Tabelle 6).

Tabelle 6: Vorhaben von Unternehmen und Öffentlichen Einrichtungen, die extern vermarktet bzw. von anderen Anwendern genutzt wurden und Umsätze angegeben haben

	Insgesamt	Durchschnittlich pro Vorhaben
Anzahl der Vorhaben	34	-
BMBF-Förderung (Mio DM)	38	1,1
Gesamt-Projektkosten (Mio DM)	73	2,1
über die jeweilige Laufzeit kumulierter Umsatz (MioDM)	1.466	43,1
kumulierte Laufzeit in Jahren	204	6
Gesamt-Umsatz je Laufzeit-Jahr (Mio DM)	7,2	-

Der genannte Umsatz von 1,47 Mrd DM aus der Vermarktung geförderter Forschungsergebnisse ist ein schwierig zu interpretierendes Aggregat, in das viele methodische Entscheidungen eingeflossen sind, die das Ergebnis substantiell beeinflussen:

Umsatzangaben wurden erfragt für das erste Jahr nach Abschluß des Vorhabens und das Jahr 1994. Aus diesen Angaben wurde der mittlere Jahresumsatz und daraus der kumulierte Umsatz über die Zeit nach Projektabschluß bis 1994 errechnet. Der kumulierte Umsatz umfaßt somit je nach Fall sehr unterschiedlich lange Laufzeiten, tatsächlich zwischen 13 Jahren (1982 - 1994) und 2 Jahren (1993 - 1994).

In zwei Fällen mußte ein hypothetischer kumulierter Umsatz errechnet werden: 1. Wenn ein Umsatz zwar für das erste Jahr nach Abschluß des Vorhabens angegeben wurde, für das Jahr 1994 jedoch als Umsatz "0" angegeben bzw. keine Angabe gemacht wurde. 2. Wenn ein Umsatz zwar für das Jahr 1994 angegeben wurde, jedoch für das erste Jahr nach Abschluß des Vorhabens als Umsatz "0" angegeben bzw. keine Angabe gemacht wurde. Als kumulierter hypothetischer Umsatz über die Laufzeit wurde in diesen Fällen das Produkt aus dem angegebenen Umsatz und der halben Anzahl der Laufzeitjahre seit erstem Jahr nach Abschluß des Vorhabens bis 1994 angesetzt.

Insbesondere bei längeren Laufzeiten seit Abschluß des Vorhabens ist es fraglich, ob die angegebenen Umsätze tatsächlich noch den Ergebnissen des geförderten Vorhabens zurechenbar sind oder inwieweit es sich um ein in der Zwischenzeit (evtl. substantiell) verändertes Produkt oder Verfahren handelt. Bei rund 22 % der Vorhaben, für die Umsatzangaben gemacht wurden, gaben die Geförderten an, daß der aktuelle Umsatz mit einem modifizierten Nachfolgeprodukt erzielt werde. Da es allerdings für eine solche Fragestellung keine allgemein eingeführte Terminologie gibt, ist das tatsächliche Ausmaß des mit veränderten Produkten erzielten Umsatzes sicher in einem Korridor um diesen Prozentsatz herum zu erwarten.

Selbst nach einer zusätzlichen Nachfrageaktion Anfang 1996 hat immerhin ein Drittel der Unternehmen und Öffentlichen Einrichtungen, die angeben, daß die Ergebnisse aus den geförderten Vorhaben extern vermarktet bzw. von anderen Anwendern genutzt werden, *keine Angaben zu den damit erzielten Umsätzen* gemacht. Die wichtigsten Gründe dafür sind:

- insbesondere bei älteren Projekten (der Befragungszeitraum reichte immerhin 14 Jahre zurück) wurde es z.T. als zu mühsam empfunden oder es war aufgrund mangelnder Aufzeichnungen schlicht unmöglich, die zugehörigen Umsatzzahlen zusammenzustellen;
- die Ermittlung des zurechenbaren Umsatzes ist schwierig, wenn die Projektergebnisse als Teil eines komplexeren Produktes/einer Anlage mitvermarktet

werden oder die darauf beruhenden Produkte/Verfahren inzwischen erheblich modifiziert wurden;

- bei Öffentlichen Einrichtungen, z.T. auch bei Konzerndienstleistern (die für die FuE, nicht aber für die Vermarktung der Produkte zuständig sind), ist zwar vielfach bekannt, ob die Ergebnisse der geförderten Vorhaben in Form von Produkten oder Verfahren extern vermarktet bzw. auch von anderen Anwendern genutzt werden, es fehlt ihnen jedoch an Informationen über den quantitativen Umfang, so daß sie keine Umsatzangaben machen können.

Ein unmittelbarer Vergleich dieser Ergebnisse mit den von Ecotec (1988) vorgelegten Zahlen zum ökonomischen Nutzen der Förderung läßt sich aus methodischen Gründen nicht durchführen. Jedoch müssen insbesondere zwei Aussagen der Ecotec-Untersuchung hier diskutiert werden: der privatwirtschaftliche Ertrag der geförderten Projekte sowie der Multiplikatoreffekt der öffentlichen Fördermittel. Den privatwirtschaftlichen Ertrag beziffert Ecotec für die 57 ausgewählten Vorhaben mit 573 Mio DM; er setzt sich zusammen aus den bis Ende 1987 erzielten kumulierten Umsätzen mit Investitionsgütern, Produktionsgütern und (zu einem geringen Anteil) Dienstleistungen. Angesichts der oben geschilderten methodischen Schwierigkeiten bei der Ermittlung von Umsatzzahlen für die vorliegende Untersuchung, die einen Umsatz von 1,47 Mrd DM ermittelte, halten wir eine direkte Bewertung im Sinne von "besser" oder "schlechter" für nicht geboten. Das ist auch der Grund, warum hier kein Multiplikatoreffekt als Verhältnis der erzielten privatwirtschaftlichen Erträge zu den eingesetzten öffentlichen Mitteln der Forschungsförderung präsentiert wird. Dagegen spricht zusätzlich noch das Argument, daß dieses Ergebnis aufgrund der Kumulierung der Erträge durch die Wahl eines veränderten Untersuchungszeitraumes leicht manipulierbar wäre.

Neben der Nutzung der Projektergebnisse durch die Geförderten selbst (intern oder durch externe Vermarktung) werden durch ein gefördertes Vorhaben Parallel-, Nach- und Weiterentwicklungen bei den nicht Geförderten angestoßen.

Nach den Ergebnissen der schriftlichen Umfrage ergibt sich (vgl. Abbildung 22), daß 62 % aller auf Anwendung gezielten Vorhaben Verbreitung gefunden haben. Rund drei Fünftel davon befinden sich im Stadium "Beginn der Markteinführung bzw. Anwendung", können also noch ein Verbreitungspotential ausschöpfen. Eine breite Marktdurchdringung bzw. Anwendung wird in rund 10 % der auf Anwendung gezielten Vorhaben genannt. Eine Interpretation, inwieweit die in Abbildung 22 dargestellte Verbreitung von Techniken durch geförderte Entwicklungen bewirkt wurde, erfordert eine detaillierte techno-ökonomische Vorhabensklassifikation, die nicht zur Verfügung steht.

Abbildung 22: Gegenwärtige Verbreitung der geförderten Technik (Bezugsbasis: Vorhaben, die auf Anwendung zielten) [6]

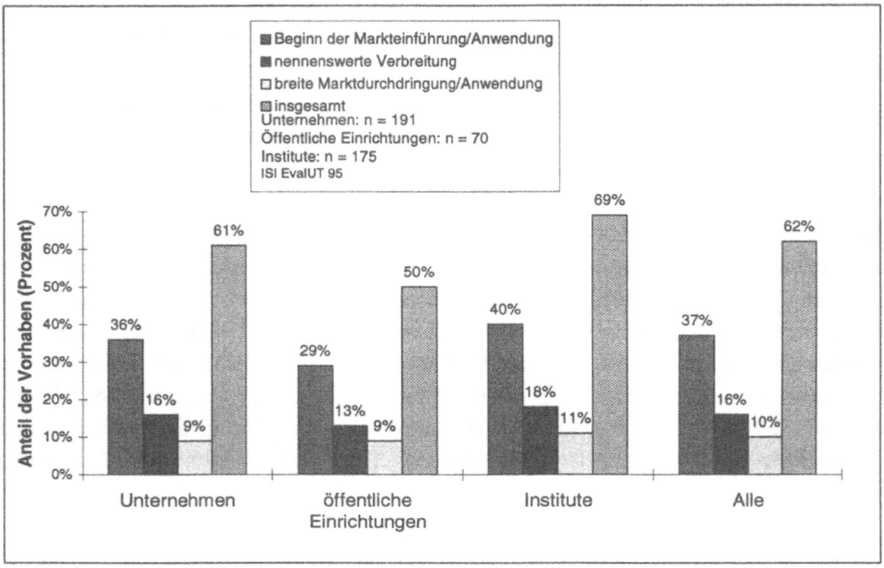

4.2.5 Wirtschaftlichkeit der geförderten Techniken

Ökonomische Wirkungen von Techniken können nicht nur am Nutzen für die Innovatoren gemessen werden, d.h. für diejenigen, die die Technik entwickelt und auf den Markt gebracht haben, sondern sie müssen auch den *Nutzen für die Anwender der geförderten Techniken* einbeziehen. In einer beträchtlichen Anzahl von Fällen wurden bei der Förderung von umwelttechnologischen FuE-Vorhaben Technikanwender als Zuwendungsempfänger gefördert. Dahinter steht ein plausibles Kalkül: ein Unternehmen oder eine Öffentliche Einrichtung, die eine technische Lösung für ein konkretes, bei ihnen bestehendes Umweltproblem sucht, ist wohl am besten in der Lage, die technischen Anforderungen an eine benötigte umweltentlastende Lösung präzise zu formulieren. Eine von einem kooperierenden Technikanbieter erarbeitete Lösung sollte also ideale Voraussetzungen dafür mitbringen, die entsprechenden Umweltprobleme bedarfsgenau zu lösen und damit durch günstige Diffusionsbedingungen auch für eine schnelle und breite Adaption der geförderten Lösungen bei anderen Anwendern und damit für schnellstwirksame Umweltentlastungen zu sorgen.

6 Die Frage lautete: "Welche Verbreitung hat die in dem geförderten Vorhaben entwickelte Technik heute? (Bitte berücksichtigen Sie den Gesamtstand, nicht nur Ihren Marktanteil dabei)"

Rund ein Drittel der Unternehmen und Öffentlichen Einrichtungen gab an, in seinem Vorhaben als Anwender gefördert worden zu sein (18 % der Vorhaben von Unternehmen, 79 % der Vorhaben von Öffentlichen Einrichtungen). Die Antworten dieser Gruppe von Befragten dienen als Grundlage für die weitere Auswertung.

Die Wirtschaftlichkeit der neu entwickelten Verfahren wird von 57 % der Anwender im Vergleich zum vorher realisierten Stand als höher beurteilt. 36 % der Anwender schätzen die Wirtschaftlichkeit sogar deutlich höher ein. Dagegen hat sich bei 17 % der Anwender die Wirtschaftlichkeit nach eigener Einschätzung verschlechtert, während sie nach Meinung von 15 % gleich geblieben ist. Für fast drei Viertel der bei Anwendern geförderten Vorhaben sind die ökonomischen Wirkungen also als positiv zu bewerten (erhöhte oder zumindest gleich gebliebene Wirtschaftlichkeit).

Eine "etwas niedrigere" Wirtschaftlichkeit nannten 8 % der Anwender als Ergebnis der in den geförderten Vorhaben entwickelten Verfahren. Solange dies mit ökologischen Entlastungspotentialen einhergeht, wie Kapitel 4.1 verdeutlicht, mag eine geringe Einbuße an Wirtschaftlichkeit bei einem relativ kleinen Anteil geförderter Vorhaben hinnehmbar sein. Lediglich in 9 % der bei Anwendern geförderten Vorhaben wird angegeben, daß die Wirtschaftlichkeit des entwickelten Verfahrens "deutlich niedriger" im Vergleich zum vorher realisierten Stand sei. Bei Berücksichtigung der Tatsache, daß im hier analysierten Zeitraum der Förderung (Abschluß der Vorhaben zwischen 1980 und 1992) ein noch beträchtlicher Anteil geförderter Vorhaben end-of-pipe-Lösungen betraf, ist das Gesamtergebnis dieser Analysen zur Wirtschaftlichkeit der geförderten Vorhaben durchaus positiv. Bei dem inzwischen intensivierten Ansatz der Förderung produktions- und produktintegrierter Umweltschutzlösungen ist daher ein eher besseres Ergebnis zu erwarten.

Zur Beurteilung der Ursachen für die veränderte Wirtschaftlichkeit ist festzustellen, daß die geförderten Vorhaben häufiger mit höheren Investitionskosten verbunden sind. Dies wird jedoch in vielen Fällen durch Einsparungen bei Materialien, Hilfs- und Betriebsstoffen sowie Energie (35 % der Anwender), aber auch bei Kosten/Gebühren (z.B. für Abwasser und Entsorgung, 31 % der Anwender) kompensiert. In bezug auf die Personalkosten ergibt sich ein neutrales Ergebnis, bei dem sich der Anteil der Vorhaben mit höheren Kosten (20 %) dem Anteil mit niedrigeren Kosten (16 %) tendenziell die Waage hält, während bei 22 % der Vorhaben die Auswirkungen auf Personalkosten "eher gleich" bleiben.

Die finanzielle Bedeutung des geförderten Vorhabens wird von 37 % der Anwender als weniger wichtig eingestuft, da es sich um weniger zentrale Produkte bzw. Verfahrensstufen handelte. Bei 29 % der Anwender wird der Umsatzanteil der betroffenen Produkte bzw. Verfahrensstufen jedoch als erheblich bewertet.

Nach der Weiternutzung der Anlage gefragt, geben 43 % der Anwender an, daß sie die Anlage weiter nutzen, 23 % nutzen sie in modifizierter Form weiter und 23 % nutzen sie gar nicht weiter. Die Weiternutzung von Anlagen ist, wie zu erwarten, sehr stark abhängig vom Alter der in den geförderten Vorhaben erarbeiteten Ergebnisse: während 31 % der im Zeitraum 1980 - 1984 abgeschlossenen Projekte nicht weitergenutzt werden, sind es bei den zwischen 1990 und 1992 abgeschlossenen Vorhaben nur 8 %. Auch die weitergenutzten Techniken sind erwartungsgemäß nicht einfach den Ergebnissen aus den geförderten Vorhaben zuzurechnen. Die Ergebnisse von 23 % der geförderten Vorhaben werden zwar weitergenutzt, allerdings in modifizierter Form, so daß sich der auf die Förderung entfallende Anteil kaum identifizieren läßt. Daß sich in den Zeiträumen 1980 - 1984, 1985 -1989 und 1990 - 1992 ein kontinuierlich von 19 % auf 33 % steigender Anteil solcher Vorhaben ergibt, ist mit den erhobenen Informationen nicht erklärbar.

4.2.6 Vermarktungs- und Verwertungshemmnisse

Die Geförderten wurden nach der Bedeutung einer Reihe von Gründen gefragt, die eine Vermarktung der Ergebnisse aus dem geförderten Vorhaben bzw. die Verbreitung bei anderen Anwendern hemmen. Die Auswertung in diesem Abschnitt bezieht sich auf solche Vorhaben, die auf Vermarktung bzw. Anwendung bei anderen Anwendern zielten und weder vorzeitig abgebrochen wurden noch technisch nicht erfolgreich waren.

Als wichtigste Vermarktungshemmnisse (mit mittlerer bis großer Bedeutung) ergeben sich nach den Angaben der Geförderten, daß die Produkte/Verfahren von den Abnehmern als zu teuer bewertet werden (30 %), 29 % seien technologisch noch nicht marktfähig und bei 28 % wurden Informationsdefizite bei potentiellen Anwendern als Hemmnis für die Vermarktung bzw. Verbreitung der Ergebnisse der geförderten Vorhaben genannt.

Unterschiede zwischen den Gruppen von Geförderten entsprechen im wesentlichen ihren unterschiedlichen Marktfunktionen und den daraus folgenden Wahrnehmungen von Vermarktungs-/Verwertungshemmnissen (Abbildung 23).

Unternehmen geben als wichtigste Hemmnisse an, daß die neuen Produkte/Verfahren zu teuer (37 %) bzw. technologisch noch nicht marktfähig seien (27 %). Probleme durch neu angebotene technische Konkurrenzlösungen (24 %) bzw. aufwendige/langwierige Genehmigungsverfahren (24 %) folgen dichtauf.

Abbildung 23: Hemmnisse für die Vermarktung der Projektergebnisse bzw. die Verbreitung bei anderen Anwendern [7]

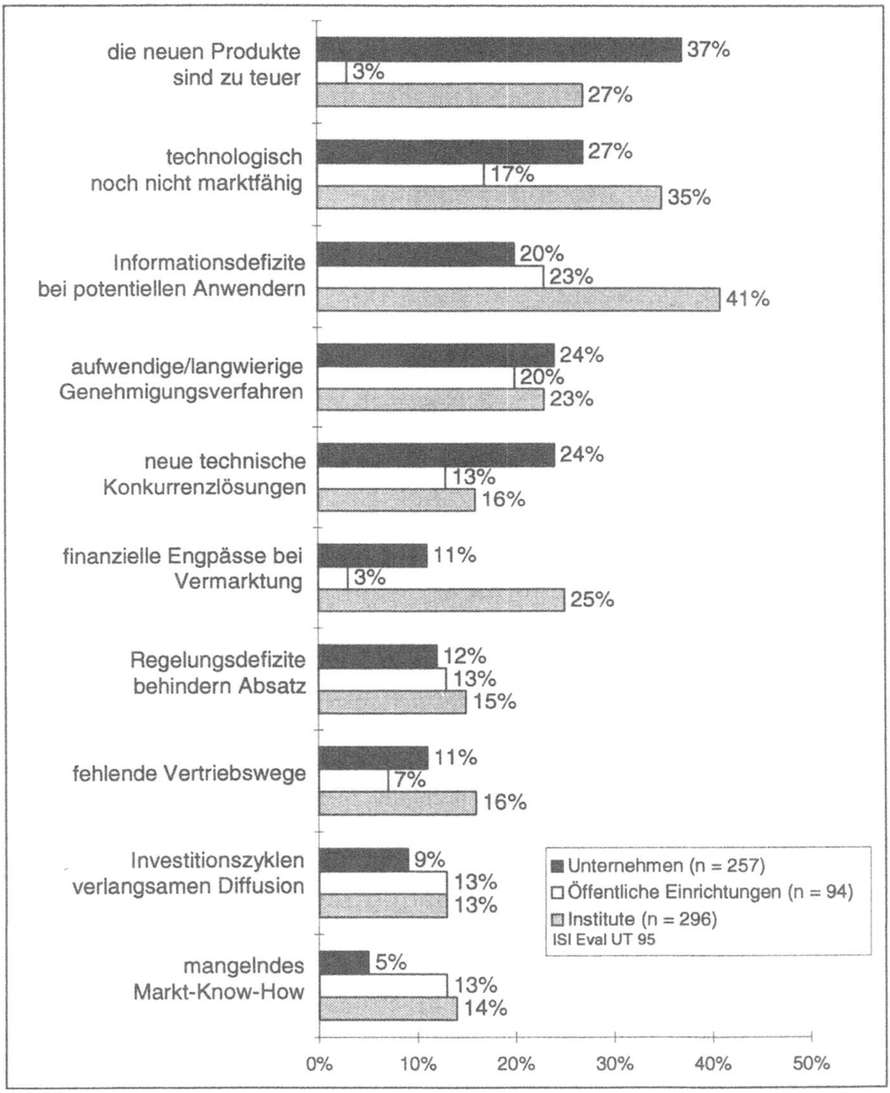

Bei Vorhaben von **Instituten** ergibt sich als Rangfolge für die drei wichtigsten als bedeutend oder sehr bedeutend gewichteten Hemmnisse: Bei 41 % der Vorhaben

7 Die Befragten konnten auf einer vierstufigen Skala von 1 ("keine Bedeutung") bis 4 ("große Bedeutung") werten. Dargestellt sind die Antworten der Stufen 3 und 4. Mehrfachnennungen waren zugelassen

sehen die Geförderten Informationsdefizite bei potentiellen Anwendern, bei 35 % der Vorhaben wird diagnostiziert, daß die Produkte/Verfahren technologisch noch nicht marktfähig seien und einer Weiterentwicklung bedürften, 27 % urteilen, daß die neuen Produkte/Verfahren zu teuer seien.

Auch bei **Öffentlichen Einrichtungen** gehören die diagnostizierten Informationsdefizite bei potentiellen Anwendern (23 %) und die fehlende technologische Entwicklungsreife (17 %) zu den wichtigsten Hemmnissen. Sie zählen jedoch auch aufwendige/langwierige Genehmigungsverfahren (20 %) und, anders als Unternehmen und Institute, auch den Absatz der Produkte behindernde Regelungsdefizite (13 %) zu den wichtigsten Hemmnissen.

Insgesamt sind hierbei folgende Ergebnisse hervorzuheben:

- Die in der Öffentlichkeit breit diskutierten "rechtlichen Diffusionshemmnisse" gehören nach den Angaben der Befragten nicht in die oberste Spitze der als Vermarktungs-/Verwertungshemmnisse diagnostizierten Probleme. Zwar geben die Geförderten bei rund 23 % der auf Verwertung zielenden Vorhaben an, daß aufwendige/langwierige *Genehmigungsverfahren* eine mittlere bis große Bedeutung als Hemmnis bei der Vermarktung/Verbreitung der Ergebnisse der geförderten Vorhaben hatten, dieses Hemmnis steht allerdings erst an vierter Stelle der zehn zur Auswahl genannten Probleme.
- In vielen Fällen werden Marktbedingungen durch umweltpolitische Regelungen verändert. Die Tatsache, daß *Regelungsdefizite* den Absatz der Produkte behindern, steht zwar erst an siebter Stelle der zehn vorgegebenen Vermarktungshemmnisse, immerhin geben aber 13 % der Geförderten diesen Grund an, so daß erkennbar ist, daß eine nicht unerhebliche Anzahl umwelttechnischer Innovationen aufgrund mangelnder Regelungen in ihrer Diffusion behindert wird.
- *Informationsdefizite bei potentiellen Anwendern* werden insgesamt an dritter Stelle der Verwertungshemmnisse genannt (28 % der Vorhaben), mit 41 % bei Forschungseinrichtungen, 23 % bei Öffentlichen Einrichtungen und 20 % bei Vorhaben von Unternehmen. Diese Unterschiede legen es nahe, eine Korrelation zu fehlenden Marktkontakten zu vermuten. Zwar sind fehlende Informationen bei potentiellen Anwendern ein wichtiges Diffusionshemmnis bei umweltentlastenden Innovationen (vgl. beispielsweise Gruber/Brand 1990, Gruber u.a. 1994), jedoch zeigt der gegenüber Forschungseinrichtungen nur halb so große Anteil von Nennungen dieses Hemmnisses bei Unternehmen, daß diese ihre auf Marktdurchsetzung gerichtete Aufgabe auch dadurch erfüllen, daß sie mit markterschließenden Maßnahmen Hemmnisse abbauen.
- *Investitionszyklen* verlangsamen die Diffusionsgeschwindigkeit: dieser Grund wird mit 11 % der Nennungen beinahe an letzter Stelle der Verwertungshemmnisse angegeben. Es muß davon ausgegangen werden, daß ein erheblicher Teil umweltentlastender Techniken bei produktionsintegrierten Lösungen aus dem

Grunde verzögert zum Einsatz kommt, weil die bestehenden steuerlichen Abschreibungsregelungen und die üblichen Investitionskalküle zu einer verzögerten Adaption umweltentlastender Techniken führen. Daß der Anteil der Nennungen dieses Vermarktungshemmnisses so niedrig ist, mag mit der hohen Regelungsdichte auf den entsprechenden Märkten zusammenhängen, aber auch damit, daß der Anteil produktionsintegrierter Entwicklungen an den geförderten Vorhaben im hier analysierten Zeitraum noch nicht sehr hoch war.

4.2.7 Kritische Würdigung des ökonomischen Nutzens der Förderung

Von der Programmintention her waren im Untersuchungszeitraum wirtschaftliche Wirkungen der Förderung eher Nebeneffekte. Gleichwohl waren Wirtschaftlichkeit und die wirtschaftliche Umsetzung der angestrebten Lösungen ein wichtiges Nebenziel der Förderung, weil ökologische Wirkungen am leichtesten erzielt werden können, wenn sie sich aus ökonomischen Gründen quasi "von selbst" durchsetzen. Gleichzeitig werden mit technisch avancierten umweltentlastenden Lösungen, die gleichzeitig wirtschaftlich attraktiv sind, auch internationale Wettbewerbserfolge erzielt. Insofern kann das Nebenziel der wirtschaftlichen Verwertung auch generell zur Standortsicherung beitragen.

Die förderpolitische Zielsetzung, über Marktwirkungsmechanismen eine schnelle und effiziente Anwendung der umweltentlastenden Techniken zu erreichen, stimmte weitgehend mit den Intentionen der Geförderten überein.

Das tatsächlich *realisierte Ausmaß der ökonomischen Verwertung* umfaßt die interne Nutzung der Projektergebnisse sowie eine Vermarktung der Ergebnisse der geförderten Vorhaben in Form von Produkten oder Verfahren bzw. eine Verbreitung der Technik bei anderen Anwendern: dazu zählen 32 % der auf Anwendung zielenden Vorhaben mit 33 % der BMBF-Zuwendungen und 40 % der Gesamt-Projektkosten. Bei weiteren 5 % der Vorhaben, bei denen die Vermarktung der Technik bzw. ihre Verbreitung bei anderen Anwendern noch nicht erfolgt war, bestand eine sichere Verwertungsabsicht, also ein weiteres *ökonomisches Potential.*

Diese Ergebnisse stimmen recht gut mit empirischen Ergebnissen der Innovationsforschung überein, wonach etwa ein Drittel der FuE-Projekte erfolgreich vermarktet werden. Unter Berücksichtigung der Tatsache, daß für die Forschungsförderung die Erreichung ökonomischer Wirkungen nur ein Nebenziel war, kann dieses Niveau als gutes Ergebnis bewertet werden.

Fast zwei Drittel der Techniken aus auf Anwendung gezielten Vorhaben haben zusätzlich oder neben den Aktivitäten der Geförderten Verbreitung gefunden, befinden sich also im Stadium des Beginns der Markteinführung bzw. Anwendung oder in späteren Diffusionsphasen.

Der *kommerzielle Nutzen der geförderten Techniken für die Anwender* ist für fast drei Viertel der geförderten Vorhaben als positiv zu bewerten (erhöhte oder zumindest gleich gebliebene Wirtschaftlichkeit). Bei Berücksichtigung der Tatsache, daß im hier analysierten Zeitraum der Förderung (Abschluß der Vorhaben zwischen 1980 und 1992) ein noch beträchtlicher Anteil geförderter Vorhaben end-of-pipe-Lösungen betraf, kann das Gesamtergebnis dieser Analysen zur Wirtschaftlichkeit der geförderten Vorhaben durchaus als positiv bewertet werden. Bei dem inzwischen intensivierten Ansatz der Förderung produktions- und produktintegrierter Umweltschutzlösungen ist daher ein eher besseres Ergebnis zu erwarten.

Als wichtigste Hemmnise für eine Vermarktung der Ergebnisse aus den geförderten Vorhaben bzw. die Verbreitung bei anderen Anwendern wurden Informationsdefizite (30 %), mangelnde technische Reife (29 %) und ungünstige Wirtschaftlichkeit (28 %) genannt. Dies unterstreicht die Bedeutung informatorischer Maßnahmen für die Ausschöpfung umweltentlastender Potentiale als Ergänzung zur FuE-Förderung. Die in der Öffentlichkeit breit diskutierten Innovationshemmnisse durch langwierige Genehmigungsverfahren (23 %) treten demgegenüber ebenso zurück wie Regelungsdefizite (13 %).

4.3 Technisch-wissenschaftliche Wirkungen

Wissenschaftliche und technologische Erkenntnisse über umweltbezogene Wechselwirkungen stellen eine grundlegende Voraussetzung zur Erreichung umweltpolitischer Ziele dar. Dabei stehen Forschung und Entwicklung (FuE) vor der Aufgabe, komplexe Probleme des Umweltschutzes rechtzeitig zu analysieren und adäquate Lösungen bereitzustellen. Dies kann nur gelingen, wenn verschiedene Wissenschaftsdisziplinen zusammenarbeiten und eine Vernetzung zwischen Grundlagenforschung und angewandter Forschung stattfindet.

Durch die seit 1970 vom Bundesminister für Forschung und Technologie durchgeführten Programme zur Förderung von FuE im umwelttechnologischen Bereich sollte der jeweils neueste wissenschaftlich-technische Erkenntnisstand für die Entwicklung vorbeugender Maßnahmen und verläßlicher Rahmenbedingungen verfügbar gemacht werden (vgl. BMFT 1991, S. 7-10 und Kapitel 2 des vorliegenden Berichts). Die Programme zielen auf eine systematische, interdisziplinäre und intermediäre Erforschung ökologischer Systeme und Strukturen sowie auf eine darauf abgestimmte Entwicklung umweltfreundlicher Technologien. Des Weiteren wird davon ausgegangen, daß die in den geförderten Projekten gewonnenen wissenschaftlich-technischen Erkenntnisse in umweltpolitisch wirksame Maßnahmen und Rahmenbedingungen umgesetzt werden können.

Das folgende Kapitel verdeutlicht den Zusammenhang zwischen der Förderung von umwelttechnologischer FuE und deren Wirkungen im wissenschaftlich-technischen Umfeld. Für seine Förderung fordert das BMBF eine "*frühzeitige und enge Verzahnung von ökologischer Forschung und technologischer Umsetzung*" (BMFT 1991, S. 38). Da in dieser Untersuchung nur Projekte aus dem umwelttechnologischen Förderschwerpunkt betrachtet wurden, wird hier von der anwendungsorientierten Seite der Einfluß auf das wissenschaftlich-technische Umfeld und damit die Verzahnung mit anderen Wissenschaftsdisziplinen sowie der grundlagenorientierten Forschung genauer analysiert.

Der erste Abschnitt beschreibt die Probleme der Förderempfänger bei der Durchführung von FuE und die sich daraus ergebenden Erwartungen an die Unterstützung (Kapitel 4.3.1). Im zweiten Abschnitt werden die wissenschaftlich-technischen Wirkungen der FuE-Förderung analysiert (Kapitel 4.3.2 bis 4.3.7), d.h. die Bedeutung der Fördervorhaben für die Forschungseinrichtungen, der Zuwachs an Erkenntnissen, die Weiterführung von FuE, der Output an Patenten und Lizenzen und die Bedeutung von Spin-off Effekten sowie die interdisziplinären und intermediären Wirkungen im Rahmen von FuE-Kooperationen und Forschungsverbünden. Abschließend (Kapitel 4.3.8) wird eine Zusammenfassung und Wertung der wissenschaftlich-technischen Wirkungen vorgenommen.

Als **methodische Grundlage** dienen die Ergebnisse der schriftlichen Befragung, der durchgeführten Interviews mit Geförderten, der Literaturauswertung sowie vergleichender Studien. Da der Fragebogen nur einen Teil der wissenschaftlich-technischen Wirkungsdimensionen abdecken konnte, wurden beispielsweise in Abschnitt 4.3.5 Patentstatistiken aus dem umwelttechnologischen Bereich zusätzlich analysiert und integriert. Die Bewertung der wissenschaftlich-technischen Wirkungen beruht auch auf Aussagen in den Interviews sowie der Auswertung von Studien, um die quantitativen Ergebnisse der schriftlichen Befragung zu untermauern und Kausalzusammenhänge herzustellen.

4.3.1 Probleme der Forschungs- und Entwicklungsarbeit sowie die Erwartungen der Geförderten

In diesem Abschnitt werden die Programmannahmen hinsichtlich der vorliegenden Probleme bei der Durchführung von FuE (z.B. hohe technische Risiken, finanzielle Engpässe bei aufwendigen FuE-Vorhaben etc.) mit den Ergebnissen der Befragung verglichen und Schlußfolgerungen für die Erwartungen der Geförderten gezogen.

Probleme der Forschungs- und Entwicklungsarbeit

Die Programme "Umweltforschung und Umwelttechnologie" orientieren sich an folgenden Leitlinien:

- Analyse ökologischer Zusammenhänge und kausaler Ursachen-/Wirkungsnetze durch systematische, medienübergreifende Forschung;
- Prototypische Entwicklung, Erprobung und Erstinnovation der besten Technologien;
- Entwicklung und Erprobung umweltentlastender Sanierungstechnologien.

Zur Erfüllung dieser Aufgabe müssen FuE-Defizite erkannt und mit Hilfe von Fördermaßnahmen gelöst werden. Ein Instrument der Förderung von Forschung, Entwicklung und Innovation ist die **Verbundforschung**. Ziel ist es, die vorhandenen FuE-Kapazitäten effizienter einzusetzen, die Kräfte schwerpunktorientiert zu bündeln und die Voraussetzung für einen fruchtbaren Technologietransfer zwischen Forschung und Industrie zu schaffen. Hinter diesem Instrument steht die Annahme, daß in Verbünden einerseits Unternehmen vom wissenschaftlichen Know-how der Institute profitieren können und andererseits die Institute für praktische Probleme sensibilisiert werden. Die Umsetzung wissenschaftlich-technischen Know-hows in praxisnahe Anwendungen (Prototypen, Erstinnovationen) soll damit ermöglicht bzw. beschleunigt werden. Zudem wird eine Stärkung der interdisziplinären und querschnittsorientierten Zusammenarbeit angenommen, was eine Voraussetzung zur Lösung komplexer Fragestellungen im Umweltbereich darstellt. **Die direkte Pro-**

jektförderung im Bereich "Umweltforschung und -technologie" unterstellt, daß ein bestimmter wissenschaftlicher Sachverstand ausgebaut werden muß oder daß technische oder wirtschaftliche Risiken einer speziellen Entwicklung so hoch sind, daß sie nicht von einem oder mehreren Unternehmen aus allein getragen werden. Hierzu zählt auch ein Ausgleich für strukturell benachteiligte Unternehmen (z.B. KMU), die sich aufwendige FuE-Vorhaben nicht leisten können.

Über die Hälfte der befragten **Unternehmen** sehen Engpässe bei der Finanzierung von FuE als großes oder sehr großes Problem an, gefolgt von Unsicherheiten über die Entwicklung der Umweltpolitik (48 % der Unternehmen; vgl. Abbildung 24). Ungewißheit über Märkte und mangelnde Rentabilität sahen mehr als 40 % der Unternehmen problematisch. Keine Schwierigkeit stellt dagegen fehlendes technologisches Know-how im Umweltbereich (5 %) oder auf anderen Technikfeldern (7 %) dar.

Abbildung 24: Probleme der FuE-Tätigkeit im Bereich Umwelt[1]

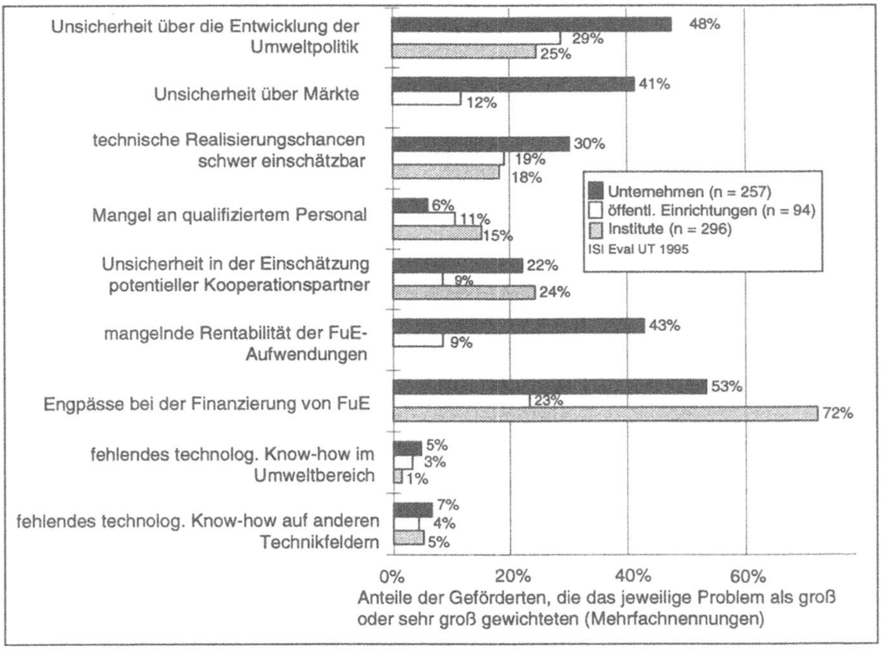

1 Die Grafik zeigt Ergebnisse der schriftlichen Befragung Geförderter. Jede der auf der Ordinate aufgetragenen Antworten konnte von den Befragten auf einer Skala von 1 (keine Bedeutung) bis 4 (sehr große Bedeutung) bewertet werden. In der Grafik sind die Antworten "große Bedeutung" und "sehr große Bedeutung" zusammengefaßt worden. In jedem der angegebenen Probleme wurden die Befragten um ihre Einschätzung gebeten. Die Summe der Prozentanteile jeder Gruppe Geförderter liegt deshalb in der Regel über 100%.

Unterteilt nach Größenklassen wird deutlich, daß finanzielle Probleme und mangelnde Rentabilität bzw. Unsicherheit über Märkte verstärkt bei Unternehmen mit weniger als 100 Mitarbeitern auftreten. Firmen mit mehr als 500 Beschäftigten zeigen eine andere Rangfolge. Dort stehen Unsicherheiten über die Entwicklung der Umweltpolitik mit 61 % an erster Stelle. Doch auch diese Großunternehmen sehen in mehr als der Hälfte der Fälle finanzielle Probleme. Im Zeitverlauf (1980 bis 1992) nahmen Finanzierungsengpässe, die mangelnde Rentabilität der FuE-Aufwendungen sowie die Unsicherheit über technische Realisierungschancen zu. Unsicherheit über die Entwicklung der Umweltpolitik ist auf relativ hohem Niveau leicht rückläufig.

Dieser Überblick verdeutlicht, daß die Mehrheit der **Unternehmen** mit Schwierigkeiten im FuE-Bereich zu kämpfen hat. Die Programmannahme der direkten Projektförderung hinsichtlich finanzieller Enpässe (v.a. bei KMU) läßt sich damit bestätigen. Die Unsicherheit über die weitere Entwicklung umweltpolitischer Regelungen hat jedoch fast die gleiche Bedeutung. Im Umweltbereich wirken Regulierung und öffentliche Nachfrage nachfragestimulierend und können neue Märkte eröffnen (vgl. Meyer-Krahmer 1990, S. 222). Ist die umweltpolitische Entwicklung aber nicht absehbar, so entstehen Unsicherheiten über die Marktaussichten (41 % der Vorhaben von Unternehmen), die zu einer Zurückhaltung in den FuE-Aktivitäten der Unternehmen führen, was unterbliebene oder verzögerte umwelttechnologische Innovationen und damit auch das Ausbleiben ökologischer Entlastungwirkungen zur Folge hat. Fehlendes Know-how im Umweltbereich und in anderen Fachgebieten wird von den befragten Unternehmen nicht als Problem der FuE-Tätigkeit identifiziert.

Öffentliche Einrichtungen zeigen eine ähnliche Problemhierarchie wie Unternehmen. Doch insgesamt geben sie weit weniger Schwierigkeiten im FuE-Bereich an. Beispielsweise gaben nur 29 % der Befragten Unsicherheiten über die Entwicklung der Umweltpolitik an und nur knapp ein Viertel verzeichnete Engpässe bei der Finanzierung von FuE (vgl. Abbildung 24). Interessant ist die zeitliche Entwicklung bestimmter Problembereiche. Die Unsicherheit in der Einschätzung von Kooperationspartnern und das fehlende umwelttechnische Know-how stiegen zwischen 1980 und 1992 überproportional an. Dies verdeutlicht, daß sich öffentliche Einrichtungen verstärkt in der umwelttechnologischen FuE im Rahmen von Kooperationen und Verbünden engagieren (vgl. Kapitel 4.3.7). Der gleichzeitig festzustellende Anstieg des Mangels an qualifiziertem Personal verdeutlicht, daß Know-how-Zuwachs nicht zwangsläufig durch neue Mitarbeiter realisiert werden kann und muß. In Querschnittsbereichen wie der Umweltforschung und der Umwelttechnologie müssen je nach Projekt ganz neue Kompetenzen integriert werden, die in dieser Vielfalt und Komplexität einzelne Mitarbeiter nicht abdecken können. Dies bestätigt die Programmannahme hinsichtlich der Bedeutung von Kooperationen und Verbünden für die wissenschaftlich-technischen Wirkungen.

Für 72 % der **Institute** ist die Finanzierung der FuE ein großes bzw. sehr großes Problem. Dieser Anteil ist zwischen 1980 und 1992 kontinuierlich angestiegen. Andere Problembereiche sind dagegen weit weniger bedeutend. Beispielsweise folgt mit nur 25 % an zweiter Stelle die Unsicherheit über die Entwicklung der Umweltpolitik und mit 24 % die Einschätzung der Eignung potentieller Kooperationspartner (vgl. Abbildung 24). Die Ausprägung der Problemlage bei Instituten ist unter dem Aspekt der wirtschaftlichen Entwicklung und der staatlichen Sparmaßnahmen zu betrachten. Die hohe Wissenschaftsbasierung des umwelttechnischen Wandels sowie die Notwendigkeit, verschiedene Disziplinen zu verflechten, steigern den Forschungsaufwand. Förderprogramme können helfen, diese Situation zu entspannen. Durch den verstärkten Einsatz der Förderung von Verbundforschung werden Institute vermehrt gezwungen, ihr wissenschaftlich-technisches Know-how mit anderen Partnern auszutauschen und weiterzuentwickeln. Der finanzielle Druck kann demnach zu einer Förderung des angestrebten Technologietransfers und zu einem vermehrt interdisziplinären Forschen führen. In Kapitel 4.3.7 wird dieser Befund noch vertiefend analysiert.

In über 60 % der Projekte betreiben **Unternehmen** anwendungsorientierte Forschung und Entwicklung. Dabei geht es konkret um die Entwicklung von Produkten, Verfahren oder Meßtechniken. An zweiter Stelle steht die Aufdeckung grundlegender technischer/naturwissenschaftlicher Zusammenhänge mit 26 % (vgl. Abbildung 25).

Abbildung 25: Fachliche Projektziele

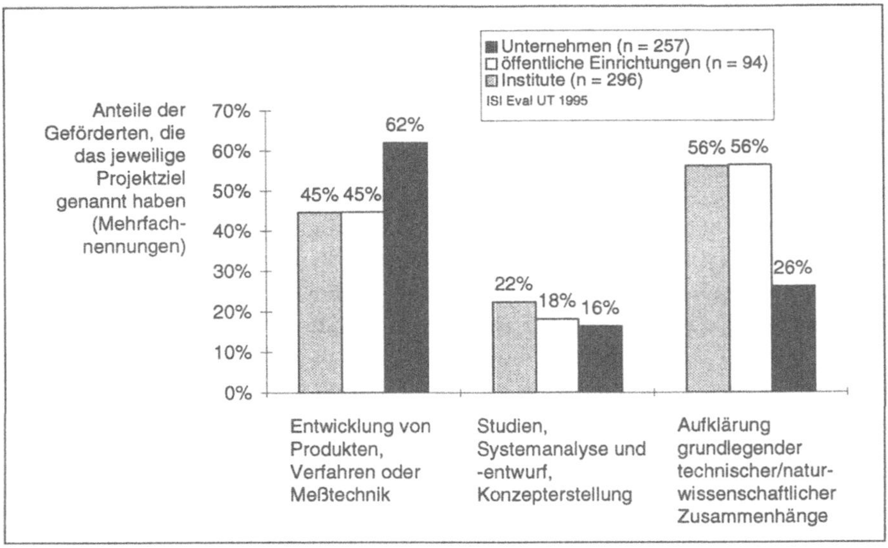

Wie Kapitel 4.2.3 gezeigt hat, sind Unternehmen in erster Linie daran interessiert, ihre FuE im Umweltbereich auszubauen, um neue Produkte zu entwickeln. Dies geschieht, um bestehende Geschäftsfelder zu sichern und zu erhalten sowie um die Einhaltung erwarteter gesetzlicher Vorschriften vorzubereiten. Die Erwartungen der Geförderten entsprechen somit weitgehend den Programmzielen, nämlich der Unterstützung anwendungsorientierter Forschungs- und Entwicklungstätigkeiten.

Mehr als die Hälfte der Vorhaben von **Öffentlichen Einrichtungen** und **Instituten** zielte auf die Aufklärung grundlegender technischer und naturwissenschaftlicher Zusammenhänge. 45 % ihrer Vorhaben zielten auf die Entwicklung von Produkten, Verfahren oder Meßtechniken ab (vgl. Abbildung 25). Dies zeigt, daß Institute und Öffentliche Einrichtungen sowohl grundlagenorientierte Fragestellungen behandeln als auch den Bezug zu konkreten Anwendungen herstellen, was ebenfalls den Programmannahmen entspricht. Die Motivationen der Öffentlichen Einrichtungen und Institute sind allerdings unterschiedlich. Während Institute ein "natürliches" Interesse an der Aufklärung allgemeiner Umweltprobleme haben, sind Öffentliche Einrichtungen vorrangig bestrebt, konkrete Betriebsprobleme der eigenen Einrichtung zu lösen. Hierfür ist aber bei vielen Vorhaben noch die Aufklärung naturwissenschaftlich-technischer Zusammenhänge nötig. Weil zu diesem Zweck nicht ausreichend Know-how vorhanden ist, werden FuE-Projekte häufig in Zusammenarbeit mit wissenschaftlichen Instituten und anderen Einrichtungen durchgeführt (siehe auch Kapitel 4.3.7). Auch Institute sind häufig in Forschungsprojekte integriert, die gemeinsam mit Unternehmen durchgeführt werden. Zusätzlich zu einer anwendungsorientierten Entwicklung von Produkten, Verfahren und Meßtechniken sind mit diesen Vorhaben häufig akademische Bildungsziele (z.B. Promotion) verbunden. Somit sind Öffentliche Einrichtungen und Institute neben dem Ausbau ihrer FuE-Tätigkeit auch an der Unterstützung von Kooperationen interessiert.

Zusammenfassend läßt sich feststellen, daß die tatsächlichen FuE-Probleme der Befragten mit den Programmannahmen weitgehend übereinstimmen. Finanzielle Engpässe der FuE bei den Geförderten sind das vorrangige Problem, vor allem auch bei KMU (unter 100 Mitarbeiter). Auch die unterschiedlichen Forschungsebenen, von der Grundlagenforschung bis hin zur anwendungsorientierten Forschung wurden durch die Geförderten abgedeckt. Zudem kann die Forschung in Kooperationen zu einer Unterstützung des Technologietransfers[2] beitragen. Die Erwartungen der Geförderten richten sich aber auch auf klare und verlässliche umweltpolitische und technologische Ziele, um erforderliche umwelttechnologische Investitionen (Anwender) bzw. zukünftige Marktchancen (Hersteller) besser beurteilen zu können.

---

2 Unter Technologietransfer wird hier der Austausch von Know-how verstanden, der zur Umsetzung von FuE in marktfähige Produkte dient.

4.3.2 Bedeutung der Fördervorhaben für die Forschungseinrichtungen (Institute)

Unter dem Sammelbegriff Forschungseinrichtungen (Institute) wurden (Fach-) Hochschuleinrichtungen, öffentliche FuE-Institute, gemischt-finanzierte FuE-Institute und private FuE-Institute zusammengefaßt.

Die Zielsetzung der Institute richtet sich in erster Linie auf eine Weiterentwicklung ihrer wissenschaftlichen Erkenntnisse. Dementsprechend bewirkten 59 % der Vorhaben nach Angaben der Institute eine Erhöhung der wissenschaftlichen Leistungsfähigkeit. In jeweils der Hälfte der Fälle konnten Grundlagen für eine Anschlußforschung erarbeitet und neue technische Lösungen entwickelt werden (vgl. Abbildung 26).

Abbildung 26: Projektauswirkungen bei Instituten[3]

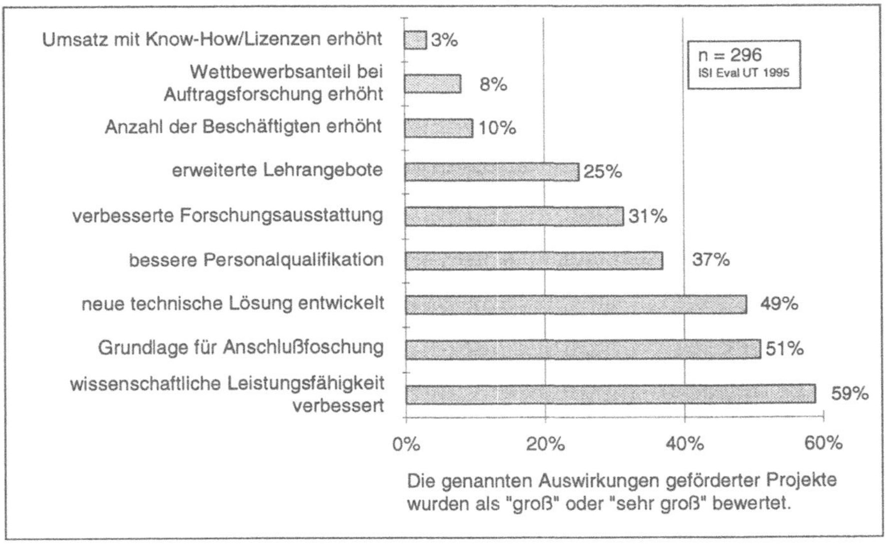

Die Erhöhung des Wettbewerbsanteils auf dem Markt für Auftragsforschung durch die geförderten Projekte ist bei einer Gesamtbetrachtung eher unwichtig (8 % der Vorhaben). Eine zeitliche Analyse zeigt jedoch, daß zwischen 1980 und 1984 abgeschlossene Projekte noch in weniger als 2 % der Fälle "große" oder "sehr große" Auswirkungen auf den Wettbewerbsanteil bei der Auftragsforschung hatten, wäh-

3 Institute wurden nach den Auswirkungen des geförderten Vorhabens befragt. Jede hier genannte Aussage konnte von den Befragten auf einer Skala von 1 (keine Bedeutung) bis 4 (sehr große Bedeutung) bewertet werden. Für die Abbildung wurden alle Befragten, die einer Aussage sowohl große als auch sehr große Bedeutung beimaßen, zusammengefaßt.

rend es bei zwischen 1990 und 1992 abgeschlossenen Projekten schon 16 % waren. Eine Aufgliederung der Institute nach (Fach-) Hochschulen und übrigen Forschungseinrichtungen verdeutlicht den Stellenwert der angewandten (Auftrags)Forschung: während bei Fachhochschulen und Universitäten nur 5 % der Projekte "große" oder "sehr große" Auswirkungen auf den Wettbewerbsanteil für Auftragsforschung hatten, sind es bei den außeruniversitären Instituten über 15 %. Somit wird deutlich, daß die angewandte Forschung und die Entwicklung von Umwelttechnologien - zumindest bei den außeruniversitären Instituten - an Bedeutung gewonnen haben.

Die Forschungseinrichtungen stellen die wissenschaftlich-technischen Effekte der Förderung in den Mittelpunkt (d.h. verbesserte wissenschaftliche Leistungsfähigkeit, Schaffung von Grundlagen für Anschlußforschung etc.). Die ihnen zugedachte Rolle im Rahmen der institutionellen Arbeitsteilung in der Forschung wird somit offenbar erfüllt und durch die Förderung unterstützt. Weniger bedeutend sind die geförderten Projekte für die Erhöhung der Anzahl der Beschäftigten (zum Teil nur temporär) oder den Umsatz mit Know-how/Lizenzen. Somit treten bei Instituten bedeutende wissenschaftliche Wirkungen als Begleiteffekt der Entwicklung konkreter technologischer Problemlösungen auf.

4.3.3 Zuwachs an Erkenntnissen bzw. Fortschritt in der technischen Realisierung

Der Zuwachs an Erkenntnissen bzw. der Fortschritt in der technischen Realisierung durch die geförderten Vorhaben wird bei über 50 % aller Projekte als "groß" bzw. als "sehr groß" bezeichnet (vgl. Abbildung 27). Um für diese Frage eine gewisse Vereinheitlichung des Verständnisses bei den Antwortenden zu erreichen, wurden für die Bewertungsskala "bescheiden - mittel - groß - sehr groß" Definitionen für die Eckwerte vorgegeben. So sollte der Erkenntniszuwachs bzw. Realisierungsfortschritt als "bescheiden" bewertet werden bei Anpassungen vorhandener Lösungen an lokale Gegebenheiten oder minderen Effizienzfortschritten. "Sehr großen" Erkenntniszuwachs stellen völlig neue Lösungsprinzipien, eine drastische Effizienzsteigerung oder eine weltweite technische bzw. wissenschaftliche Spitzenstellung dar.

Eine differenzierende Betrachtung zeigt, daß im Förderbereich Luftreinhaltung die Einschätzung eines großen Erkenntniszuwachses/technischen Fortschritts etwas unterhalb, im Bereich schadstoffarme Produkte und Verfahren etwas oberhalb des Mittelwerts liegt. Eine Verschiebung der Bewertung im Zeitverlauf läßt sich feststellen. Der Erkenntnisgewinn wird bei Projekten, deren Ende zwischen 1990 und 1992 liegt, etwas positiver beurteilt als im davor liegenden Zeitraum. Gleichzeitig verringerte sich jedoch der Anteil der Projekte, deren Erkenntniszuwachs als "sehr groß" bezeichnet wurde.

Abbildung 27: Zuwachs an wissenschaftlichen Erkenntnissen und Fortschritt in der technischen Realisierung[4]

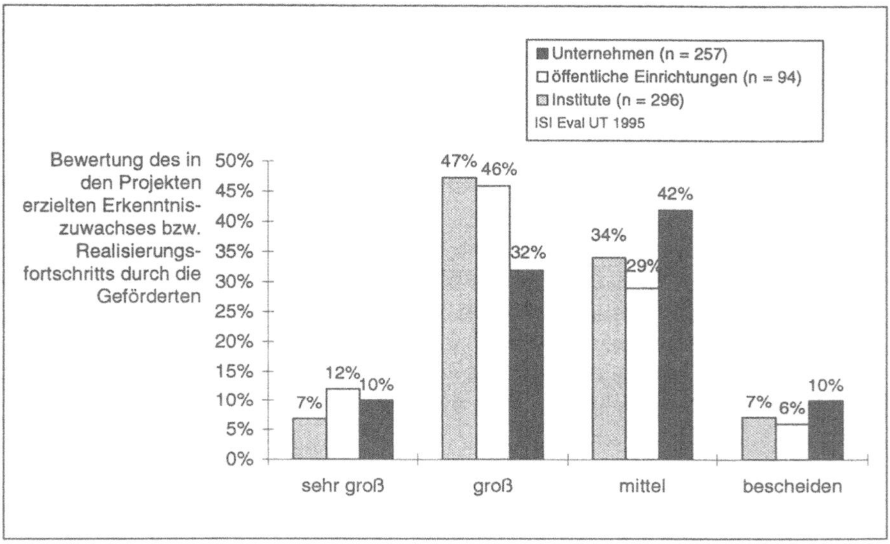

Unternehmen bewerten den Erkenntniszuwachs/Fortschritt bei der technischen Realisierung zurückhaltender als Öffentliche Einrichtungen und Institute. Unternehmen mit mehr als 500 Mitarbeitern zeigen den niedrigsten Anteil von Projekten mit sehr guter Beurteilung und den höchsten Anteil mit bescheidenen Ergebnissen. Dies suggeriert, daß neben Öffentlichen Einrichtungen und Instituten vor allem kleine und mittlere Unternehmen den erzielten Fortschritt sehr hoch einschätzen. Die empirische Sozialforschung weist darauf hin, daß solche Selbsteinschätzungen tendenziell zu positiv ausfallen. Eine vertiefende Untersuchung von 57 Projekten, deren Erkenntniszuwachs als "sehr groß" bezeichnet wurde, sowie die durchgeführten Interviews bestätigten dies.

Wenn auch der Zuwachs an Erkenntnissen bzw. der Fortschritt in der technischen Realisierung überwiegend positiv beurteilt wurde, so verdeutlicht jedoch der relativ geringe Anteil von Angaben über sehr großen Erkenntniszuwachs - der im Zeitverlauf sogar rückläufig war - daß wenig wirklich neue und bahnbrechende Ergebnisse im Umweltbereich erzielt werden konnten. Somit treiben die geförderten Vorhaben - vom technischen Standpunkt aus gesehen - eher die anwendungsorientierten Ver-

4 Es wurden Unternehmen, Öffentliche Einrichtungen und Institute nach deren Einschätzung hinsichtlich des Zuwachses an Erkenntnissen bzw. des Fortschritts in der technischen Realisierung durch das geförderte Vorhaben befragt. Die Befragten konnten wählen zwischen "bescheiden", "mittel", "groß" und "sehr groß". Bei dieser Frage war nur eine Antwort möglich. Fehlende Aussagen sind die Ursache dafür, daß sich die einzelnen Prozentzahlen nicht auf 100% addieren.

fahren voran, die sich im Umfeld vorhandener Technologien bewegen. Die Förderung unterstützt also weniger Spitzentechnologie, sondern eher die Integration von Technologien zu Systemlösungen. Das Ergebnis wird gestützt durch Grupp, Münt, Schmoch (1995, Teil E, S. 3 ff), die die Umwelttechnologie mit Hilfe von Patentstatistiken als Querschnittstechnologie identifizieren konnten. Gleichzeitig wird jedoch auf die erforderliche hohe Forschungsintensität in diesem Bereich hingewiesen, um den vorhandenen technischen Vorsprung an patentrechtlich geschütztem Know-how gegenüber den USA und Japan zu halten. Hierbei stellt sich die Frage, ob das Primat der anwendungsnahen FuE in den angebotenen Förderprogrammen (BMBF, UBA etc.) auch künftig eine hohe Forschungsintensität gewährleisten kann. Meyer-Krahmer (1990) zeigt zwar, daß eine direkte Projektförderung (z.B. für KMU) eine Verstärkung der FuE-Orientierung sowie einen hohen Anteil risikoreicher, aufwendiger und längerfristiger FuE-Projekte bedeuten kann. Gleichzeitig weisen jedoch Grupp, Münt, Schmoch (1995, Teil A, S. 78) darauf hin, daß beispielsweise die Hochschulforschung sich immer mehr einer konkreten Technikerzeugung öffnet, was nicht ihre zentrale Aufgabe darstellt.

4.3.4 Weiterführung von Forschung und Entwicklung nach Projektende

Fast bei der Hälfte der Projekte wurden nach Abschluß der Förderung die FuE-Arbeiten weitergeführt, um ein anwendungsreifes/marktfähiges Produkt bzw. Verfahren zu erreichen. Dieser Anteil ist im Bereich der Luftreinhaltetechnik besonders hoch. Über 60 % der Vorhaben von Unternehmen (v.a. Unternehmen mit mehr als 500 Mitarbeitern) und die Hälfte der Öffentlichen Einrichtungen finanzierten die weiterführende FuE selbst. Insofern haben öffentliche Fördergelder dazu beigetragen, weitere FuE im Umweltbereich anzustoßen. Etwa ein Viertel aller Anschlußprojekte werden mit weiterer staatlicher Finanzierung durchgeführt. Hauptsächlich kleine Unternehmen mit weniger als 100 Beschäftigten (bei diesen 57 % der Vorhaben) und 73 % der Institutsprojekte erhielten eine Anschlußfinanzierung durch die öffentliche Hand.

Die Ursachen für die weiterführenden FuE-Arbeiten sind vielfältig, wie Interviews ergaben:

- Anschluß-FuE, um Marktreife der Verfahren/Produkte zu erreichen;
- Kompensation von Verzögerungen im Projekt, die sich durch neue, unvorhergesehene technologische Entwicklungen ergeben haben;
- bewußter Aufbau von Wissen in angrenzenden technologischen Gebieten, um die Voraussetzung für Innovationen zu schaffen.

Die Ergebnisse der Interviews zeigen, daß neben der angestrebten Marktreife die

Geförderten auch an einer systematischen Weiterentwicklung ihres Know-hows interessiert sind. Dazu werden häufig ganz bewußt thematisch zusammengehörige Projektgruppen gebildet, um über einen längeren Zeitraum ein größeres theoretisches und technologisches Wissen zu akkumulieren, ggf. als Voraussetzung für größere ökonomische Aktivitäten. Diese Bemühungen werden jedoch nur teilweise durch eine Anschlußfinanzierung unterstützt. Ein sehr großer Anteil, v.a. an Unternehmen und Öffentlichen Einrichtungen, finanziert diese Arbeiten selbst. Allerdings haben die Interviews deutlich gezeigt, daß die vorangegangene öffentliche Unterstützung die Bereitstellung eigener Gelder für die Anschlußfinanzierung wesentlich erleichtert. Die Befragung hat gezeigt, daß die Förderung in 95 % der abgefragten Fälle eine Beschleunigung, eine thematische Ausweitung oder das Vorhaben an sich erst ermöglichte. Der relativ hohe Anteil der fortgeführten FuE-Arbeiten - die zudem zum größten Teil selbst finanziert werden - verdeutlicht die Initialwirkung und damit einen zusätzlichen wissenschaftlich-technischen Effekt der Förderung.

4.3.5 Anmeldung von Patenten und die Vergabe von Lizenzen

Patente geben zunächst "*(...) ihrem Besitzer einen zeitlich begrenzten Schutz für die gewerbliche Nutzung einer technischen Erfindung. (...) Gleichzeitig wird dieses temporäre Marktmonopol durch die Veröffentlichung einer detaillierten Beschreibung der Erfindung erkauft. Auf diese Weise sollen andere Unternehmen zu weiteren Neuentwicklungen angeregt und der technische Fortschritt vorangetrieben werden*" (Schmoch 1990, S. 11). Zudem dienen Patentanmeldungen als Indikator für den wissenschaftlich-technischen Erfolg von FuE-Vorhaben. Nachteile dieses Indikators liegen in der unterschiedlichen Patentierbarkeit einzelner Erfindungen und dem unterschiedlichen Patentverhalten einzelner Nationen. Beispielsweise zeigt Deutschland - v.a. bei wissenschaftlichen Einrichtungen - im Vergleich zu anderen Nationen ein eher zurückhaltendes Anmeldeverhalten. Unter Berücksichtigung dieser Nachteile kann der Output-Indikator Patentanmeldungen jedoch wichtige Hinweise für den Innovationsgrad und die Wettbewerbsfähigkeit einzelner Industrien liefern (vgl. z.B. Gehrke und Grupp 1994, Sirilli 1996). Gemessen an diesem Indikator sind die Vereinigten Staaten und Deutschland in der Umwelttechnik führend. Dies gilt für die achtziger und beginnenden neunziger Jahre. Der Vorsprung Deutschlands vor den USA hat sich in den letzten Jahren noch vergrößert. "*Heutzutage kommt ein Drittel der umweltrelevanten Patente aus Deutschland, ein Viertel aus Amerika; alle übrigen Länder der Erde steuern zusammen vierzig Prozent bei*" (Grupp, Münt, Schmoch 1995, Teil E, S. 32). Bei den Patentanmeldungen ist der Vorsprung für Deutschland in den Bereichen Recycling, Luftreinhaltung und Abfallbehandlung am größten, während bei Wasserschutztechnik und Lärmbekämpfung die USA mit Deutschland gleichauf sind. Die Daten verdeutlichen die führende Rolle Deutschlands; diese starke Position wird in einzelnen technologischen Teilgebieten jedoch bedroht, so daß die dauerhafte Behauptung von Vorsprüngen noch nicht gesichert erscheint (Grupp, Münt, Schmoch 1995, Teil E, S. 33f).

Vergleichen wir diese Aussagen mit den Ergebnissen der schriftlichen Befragung, so zeigen sich Parallelen. Erwartungsgemäß melden Unternehmen mit Abstand die meisten Patente an. Ein Drittel der durchgeführten Fördervorhaben führt hier zu einer Patentanmeldung, während Institute nur bei 10 % und Öffentliche Einrichtungen bei 6 % der Projekte Patente anmelden. Diese Zurückhaltung dürfte durch finanzielle Engpässe, ungenügende Informiertheit und Zurückhaltung infolge subjektiver Faktoren zu begründen sein. Die Vergabe von Lizenzen ist wenig bedeutsam. Schon in der 1988 durchgeführten Studie von Ecotec spielten Lizenzen eine untergeordnete Rolle. Es stand vielmehr die direkte Umsetzung innerhalb der eigenen Institution oder die indirekte Anwendung durch Kooperationspartner im Vordergrund (Ecotec 1988, S. 96). Daran hat sich im Zeitverlauf nichts verändert. Deshalb werden wir uns im folgenden auf die Patentanmeldungen beschränken.

Eine Aufgliederung der Unternehmen zeigt, daß große Firmen die meisten Patentanmeldungen im Rahmen der geförderten Projekte vornehmen. Unternehmen mit weniger als 100 Beschäftigten weisen den geringsten Anteil auf. Dies dürfte eher auf die Kosten einer Patentanmeldung zurückzuführen sein und nicht auf die Qualität der Projektergebnisse.

Die meisten Patentanmeldungen finden sich im Bereich der Luftreinhaltung und im Bereich schadstoffvermeidende Produktionstechnik und Produkte (vgl. Abbildung 28). Unterdurchschnittlich oft werden Erfindungen im Bereich Wasserschutztechnik angemeldet. Dies unterstreicht die zuvor besprochenen Ergebnisse der Patentanalyse zur führenden Rolle Deutschlands im Bereich Luftreinhaltung und zur schwächeren Position bei der Wasserschutztechnologie. Hierbei ist allerdings zu berücksichtigen, daß im Förderbereich Wasserschutztechnik überproportional viele Institute gefördert wurden, die ja bekanntlich wenig Patente anmelden. Aus diesem Grund ist die Herleitung von Aussagen über den technologischen Leistungsstand der Wasserschutztechnologie aus quantitativen Patentanalysen problematisch.

Der Anteil der Patentierungen ist zudem nur schwer mit denen auf anderen Förderfeldern vergleichbar, denn die Höhe der Patentanmeldungen wird wesentlich durch die FuE-Intensität der Unternehmen sowie durch das betrachtete Förderfeld beeinflußt. Beispielsweise zeichnen sich geförderte Biotechnologieunternehmen, die im Umweltbereich FuE betreiben, durch eine überdurchschnittliche Patentintensität aus. Menrad u.a. (1995) zeigen, daß im BMFT-Programm "Beteiligungskapital für junge Technologieunternehmen" (BJTU) die geförderten Umweltbiotechnologieunternehmen durchschnittlich 57 % der Mitarbeiter in FuE beschäftigen. Die höhere FuE-Intensität führt hier zu einer größeren Anzahl an Patenten. Die durch die Umwelttechnikförderung erfaßten Unternehmen sind im Vergleich dazu in sehr unterschiedlichem Maße FuE-orientiert, was zu einer insgesamt niedrigeren Patentintensität führt.

Abbildung 28: Patentanmeldung und Lizenzvergabe nach Förderbereich[5]

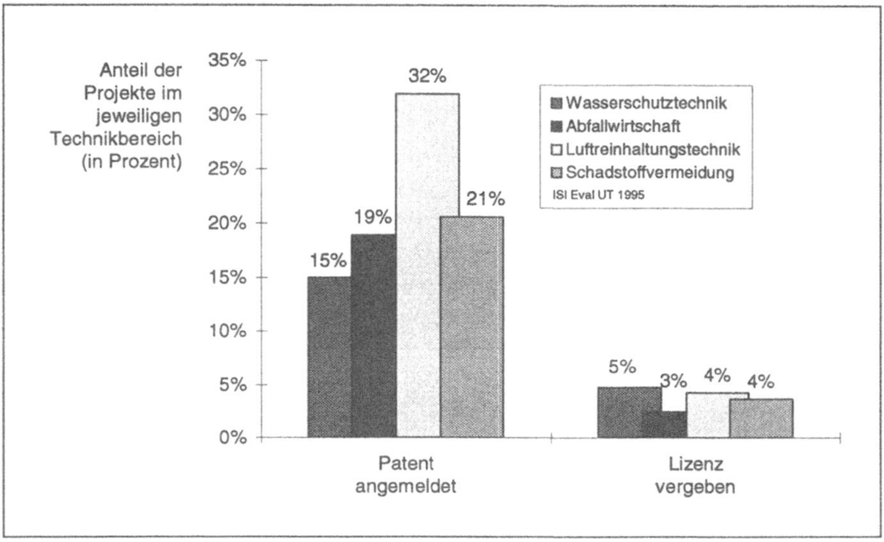

Es muß beachtet werden, daß Patentierungen in der Regel nicht Gegenstand des Fördervorhabens sein konnten (bei Konzepten, Studien) oder sollten. Gerade bei Verbünden erfolgen Patentanmeldungen oftmals vor Beginn des Fördervorhabens und sind dann hier nicht erfaßt. Durch die wachsende Bedeutung der Verbundforschung ließe sich der prozentuale Rückgang der Patente erklären.

4.3.6 Spin-off Effekte

Unter Spin-off versteht man im allgemeinen den Technologietransfer aus bestimmten, technisch innovativen Forschungsgebieten in andere Bereiche sowie den damit verbundenen indirekten wirtschaftlichen Nutzen. Die Messung dieser Effekte erfolgt anhand unterschiedlicher Indikatoren. Schmoch (1992) beispielsweise mißt Spin-offs mit Hilfe von Patentindikatoren. In der schriftlichen Umfrage wurde allen Teilnehmern die Frage nach der Anwendung der entwickelten Technik in einem nicht umweltbezogenen Einsatzfeld gestellt, um davon das Ausmaß des Technologietransfers und die - aus innovatorischer Sicht "gewünschte" - Diffusion der Forschungsergebnisse ableiten zu können.[6]

---

5 Lesehilfe: Im Förderbereich Wasserschutztechnik wurden bei 15% der geförderten Projekte Patente angemeldet, Lizenzen hingegen bei knapp 5% der geförderten Projekte vergeben.

6 Trotz der klar formulierten Frage nach *nicht* umweltbezogenen Technikfeldern konnte eine vertiefende Analyse neun Beispiele von umwelttechnisch-*nahen* Spin-off Effekten ermitteln. Da diese Anzahl jedoch sehr klein ist, wird dies im folgenden vernachlässigt.

Für 70 Projekte (ca. 12 %) konnten Spin-off Effekte ermittelt werden. Die Anwendung der geförderten Kenntnisse bzw. der entwickelten Techniken geschah insbesondere in der Prozeß- und Verfahrenstechnik, Meßtechnik/Analytik, Materialtechnik, Agrartechnik, Mikrosystemtechnik und Mikroelektronik, Reaktor- und Sicherheitstechnik sowie der Medizintechnik. Die Projekte stammen zum größten Teil aus den Förderbereichen Wasserschutz und schadstoffvermeidende Produktionstechnik und Produkte. Sowohl Institute als auch Unternehmen können etwa ein Siebtel ihrer Ergebnisse in anderen Technikfeldern verwenden. Öffentliche Einrichtungen zeigen weniger Spin-off Effekte und wenden nur jedes zwanzigste Projekt außerhalb der Umwelttechnik an. Aufgeschlüsselt nach dem Alter der Fördervorhaben zeigt sich, daß v.a. die jüngeren Projektergebnisse Eingang in andere Technikfelder finden (vgl. Abbildung 29).

Abbildung 29: Nutzung der Projektergebnisse in einem nicht umweltbezogenen Technikfeld nach Alter der Fördervorhaben[7]

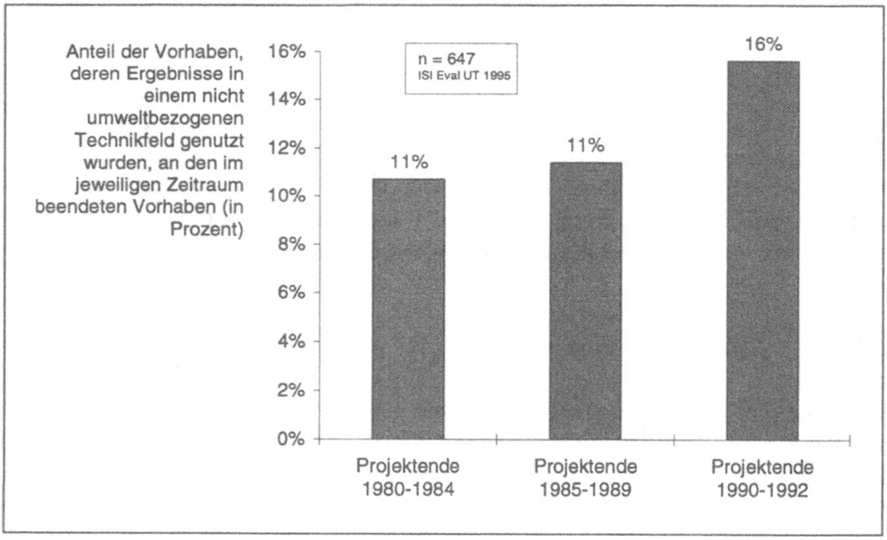

Diese Ergebnisse machen deutlich, daß ein erheblicher Teil der Vorhaben dem ökologisch und ökonomisch wichtigen Diffusionsprozeß gerecht wird. Trotz der steigenden Zahl von Spin-off Effekten ist jedoch zu fragen, ob sich künftig eine verbesserte Diffusion durch Netzwerkbildung oder andere unterstützende Maßnah-

7 Unternehmen, Öffentliche Einrichtungen und Institute konnten die Frage beantworten, ob die erarbeiteten Kenntnisse bzw. Techniken Anwendung in einem *nicht* umweltbezogenen Einsatzfeld gefunden haben. Falls die Befragten dies positiv beantwortet hatten, konnte in einem offenen Feld die Art der Anwendung angegeben werden. In diesem Schaubild ist der Anteil positiver Antworten ins Verhältnis zu allen geförderten Projekten gesetzt und nach dem Jahr des Projektendes aufgeschlüsselt worden.

men realisieren läßt. Grupp, Münt, Schmoch (1995, Teil E, S. 9) zeigen, daß die Umwelttechnik als Querschnittstechnologie hauptsächlich auf die Technikfelder der neuen Werkstoffe, der Verfahrenstechnik, der Materialtechnik sowie der Oberflächentechnik einwirkt (Beobachtungszeitraum zw. 1989 und 1992). Zur besseren Nutzung des umwelttechnologischen Know-Hows in weiteren Technikgebieten (z.B. Transport) sind möglicherweise spezielle Maßnahmen erforderlich.

4.3.7 Wirkungen der Förderung auf Kooperationen

Forschungskooperationen sind ein wichtiges Mittel zur Unterstützung des Förderziels einer interdisziplinären und intermediären Ausrichtung der Umwelttechnologie. Im folgenden Abschnitt werden verschiedene Formen der FuE-Kooperationen analysiert, um die Wirkung der Förderung sowie deren Vor- und Nachteile auf dem Gebiet der Umwelttechnologie näher zu beleuchten.

Die Innovationsforschung unterscheidet verschiedene Formen der organisatorischen Einbindung von Innovationsfunktionen. Eine Möglichkeit der systematischen Entwicklung von Innovationen stellen FuE-Kooperationen dar (Wolff u.a. 1994: 43ff). Unter einer Kooperation verstehen wir die Zusammenarbeit verschiedener Organisationen aufgrund freiwilliger, kündbarer Vereinbarungen, die oft vertraglich festgehalten sind. Kooperationsformen unterscheiden sich in der Intensität der Verflechtung (finanziell, technologisch, personell). Die beteiligten Institutionen bleiben jedoch selbständig und behalten in den nicht von der Kooperation erfaßten Angelegenheiten ihre volle wirtschaftliche Unabhängigkeit. Von FuE-Kooperationen versprechen sich die Partner geringere finanzielle Lasten durch die Verteilung der hohen FuE-Kosten auf mehrere Organisationen (Wolff u.a. 1994: 143ff). Vorteile ergeben sich zudem bei der Informationsgewinnung, der Ergebnisverwertung und der Risikoverteilung. Nachteilig können sich die Abhängigkeit vom externen Partner sowie der erhöhte Koordinierungs- und Verwaltungsaufwand auswirken.

In den Förderprogrammen "Umweltforschung und Umwelttechnologie" können allgemeine Formen zwischenbetrieblicher Zusammenarbeit im Rahmen von Einzelprojekten - je nach Bedarf - von der geförderten Organisation angestoßen und durchgeführt werden (vgl. Kapitel 4.3.3.1). Die Verbundforschung dient hingegen als spezielles Förderinstrument, um den Technologietransfer zwischen verschiedenen Organisationen bewußt voranzutreiben (vgl. Kapitel 4.3.3.2). Hier ist die Beteiligung mehrerer Forschungspartner aus verschiedenen Bereichen (Industrie, Wissenschaft) Voraussetzung für die öffentliche Projektfinanzierung. Diese Kooperationsbeziehung bleibt für das gesamte Vorhaben mit jeweils den gleichen Partnern bestehen.

4.3.7.1 Forschungs- und Entwicklungskooperationen

Insgesamt wurden in 80 % der Fördervorhaben FuE-Kooperationen durchgeführt. **Unternehmen** kooperieren mit über 50 % der Vorhaben am häufigsten mit anderen Unternehmen, während 46 % der Unternehmen mit Forschungseinrichtungen/Hochschulen kooperieren. Unter den Unternehmen sind Anwender und Zulieferer wichtigste Kooperationspartner, fast gleichauf mit Ingenieurbüros und Beratern. Selten ist die Zusammenarbeit mit Mitbewerbern (vgl. Abbildung 30).

Es zeigt sich, daß Unternehmen im Rahmen der Förderprojekte vom wissenschaftlichen Know-how der Forschungseinrichtungen zu profitieren suchen. Doch auch Netzwerke aus Anwendern, Zulieferern und Beratern dienen als Quelle möglicher Innovationen. Dies bedeutet, daß sich Unternehmen für externe Partner öffnen und die Notwendigkeit von Kooperationen erkannt haben, zumindest wenn kein Know-how-Abfluß zu Mitbewerbern zu befürchten ist. Auch **Öffentliche Einrichtungen** nutzen häufig Kooperationen mit Forschungseinrichtungen (68 %). Im Gegensatz zu den Unternehmen folgen an zweiter Stelle Kooperationen mit Ingenieurbüros und Beratern. Dies verdeutlicht, daß Öffentlichen Einrichtungen häufig die Erfahrung bei der praktischen Umsetzung fehlt. **Institute** hingegen kooperieren hauptsächlich mit Anwendern aus der Industrie. Dies zeigt wiederum, daß dem Technologietransfer ein hoher Stellenwert eingeräumt wird und eine Einbindung in die anwendungsbezogene Umsetzung vorhanden ist. Positiv zu beurteilen ist auch, daß bei Instituten 45 % der Kooperationsprojekte gemeinsam mit anderen Forschungseinrichtungen durchgeführt werden (vgl. Abbildung 30). Dies dient dem eher grundlagenorientierten Ausbau des eigenen Know-hows und ist für eine wissenschaftliche Weiterentwicklung des komplex vernetzten Umweltbereichs hilfreich.

Führt man eine vertiefende Analyse der verschiedenen Kooperationspartner durch, so ist auffällig, daß Kooperationen von Unternehmen mit Forschungseinrichtungen im Zeitverlauf von 38 % (Projektende 1980-1984) auf 59 % (Projektende 1990-1992) zugenommen haben. Dies unterstreicht nochmals die wachsende Bedeutung des Technologietransfers. Etwas relativiert wird die Aussage durch die Tatsache, daß Anwender weniger mit (Fach-)Hochschulen als mit außeruniversitären FuE-Einrichtungen kooperieren, die von ihrer Ausrichtung her anwendungsnäher forschen als es die universitären Einrichtungen im allgemeinen tun. Auch Zulieferer haben im Zeitverlauf als Partner an Bedeutung gewonnen, während Anwender auf relativ hohem Niveau (ca. 40 %) ihren Stellenwert als externe Partner behaupten konnten. Es wird deutlich, daß der Netzwerkgedanke und die Einbindung einzelner Organisationen in das Gesamtsystem für die Durchführung von FuE im Umweltbereich sehr wichtig sind.

Abbildung 30: FuE-Kooperationen im Rahmen des geförderten Vorhabens[8]

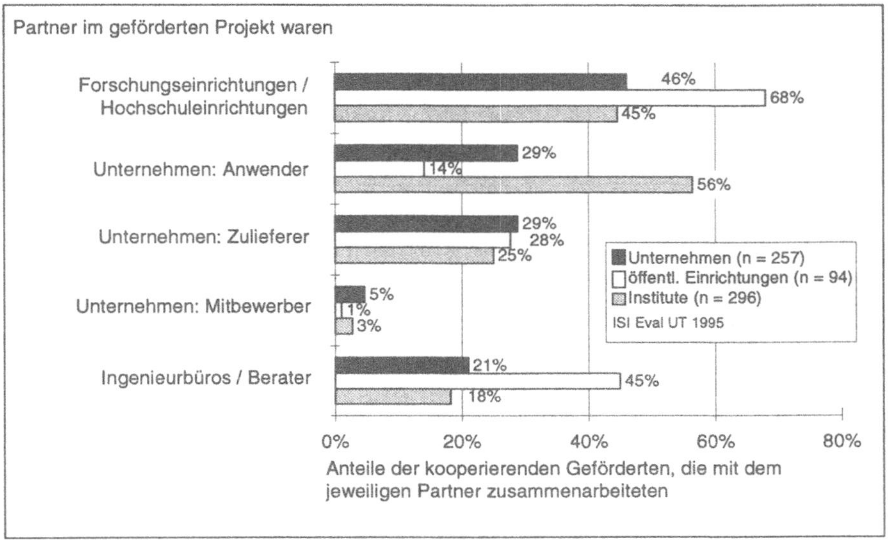

Abschließend kann festgehalten werden, daß der Technologietransfer im Zeitverlauf eindeutig an Bedeutung gewonnen hat. Es ist jedoch zu unterscheiden zwischen der wissenschaftlichen Kooperation, wie sie im Rahmen der gemeinsamen Hochschulforschung zu erwarten ist, und der Unternehmenskooperation bei der angewandten Technikentwicklung. Jede Organisation ist bestrebt, das eigene Know-how so weiterzuentwickeln, daß ihre Zukunftsfähigkeit gesichert ist. Die Vorteile der FuE-Kooperationen im Umweltbereich liegen überwiegend im interorganisatorischen Austausch und in der Einbindung in größere Systemzusammenhänge. Dabei finden Kooperationen hauptsächlich im Bereich angewandter Forschung statt, d.h. als gemeinsame Entwicklung neuer angewandter Verfahren und Techniken durch Know-how-Austausch. Im Vergleich dazu sind rein wissenschaftliche Kooperationen seltener. Dabei könnten gerade wissenschaftliche Kooperationen zwischen Forschungseinrichtungen dem Ziel der interdisziplinären, wissenschaftlichen Ursachen-/Wirkungsforschung gerecht werden.

4.3.7.2 Durchführung von Verbundforschungsvorhaben

Im Rahmen der Förderprogramme Umweltforschung und Umwelttechnologie bildet die Verbundforschung ein Instrument zur Unterstützung von FuE-Kooperationen

---

8 Die Befragten wurden nach dem Typ des Kooperationspartners befragt. In dieser Darstellung fand zusätzlich eine Aufgliederung nach Unternehmen, Öffentliche Einrichtungen und Institute statt. Lesehilfe: 46% der kooperierenden Unternehmen besitzen als Kooperationspartner Forschungseinrichtungen.

zwischen Wissenschaft und Industrie. Im folgenden wird zunächst eine Analyse der Verbundforschungsvorhaben vorgenommen sowie die Einschätzung der Projekte durch die Geförderten wiedergegeben. Daran anschließend werden in einem zweiten Schritt die Vorteile und Probleme dieser Kooperationsform näher beschrieben.

Sowohl Institute als auch Unternehmen und Öffentliche Einrichtungen führten etwa 20 % der geförderten Projekte im Verbund durch. Daran waren im Durchschnitt mehr als drei Kooperationspartner beteiligt. Eine Analyse des zeitlichen Verlaufs macht deutlich, daß die Bedeutung dieser Kooperationsform stark zugenommen hat. Bei Projekten, deren Ende zwischen 1980 und 1984 lag, wurden nur zu 12 % Verbundforschungsvorhaben durchgeführt. Bei 1985 bis 1989 abgeschlossenen Projekten stieg der Anteil immerhin auf knapp unter 20 %. Ein Sprung auf 39 % erfolgte bei den Projekten, die zwischen 1990 und 1992 beendet wurden (vgl. Abbildung 31).

Abbildung 31: Verbundforschungsvorhaben nach Projektalter[9]

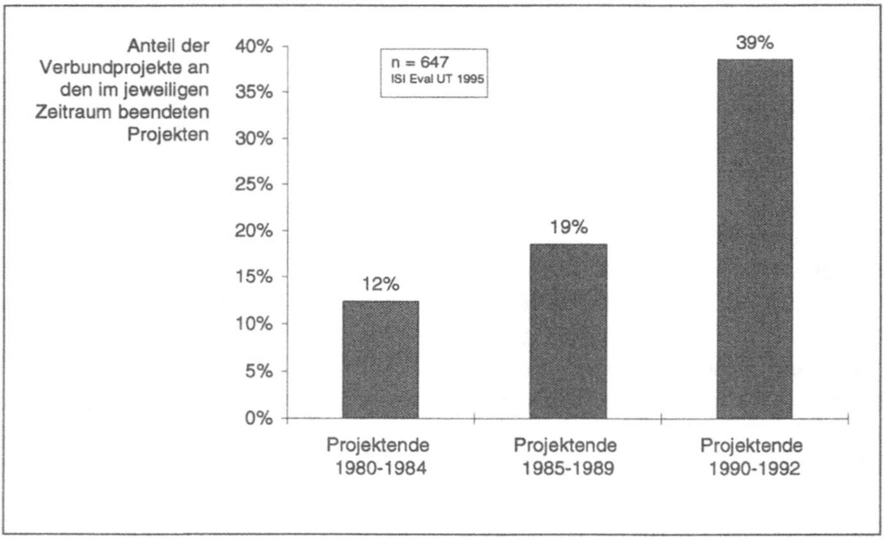

Die von der Politik dezidiert gewollte starke Betonung von Verbundvorhaben, um den Technologietransfer zu fördern, zeigte eindeutig ihre Wirkung. Verknüpft mit den Wirkungsgraden der Förderung (vgl. Kapitel 4.5) wird ersichtlich, daß beispielsweise Institute zwei Drittel der Verbundprojekte ohne die Förderung nicht durchgeführt hätten ("Initialwirkung"). Die Bereitstellung von Geldern für Verbundvorhaben und die gleichzeitige Kürzung ihrer Grundfinanzierung führten somit

9 Lesehilfe: 12% der geförderten Projekte, die zwischen 1980 und 1984 abgeschlossen wurden, sind Verbundvorhaben.

auch zu einer inhaltlichen Umorientierung und Öffnung der Institute in Richtung Technologietransfer und angewandte Forschung.

Aufgeteilt nach Förderbereichen zeigt sich, daß die Luftreinhaltungsprojekte mit einem Anteil von 32 % die größte Verbundhäufigkeit aufweisen, gefolgt von Projekten aus den Bereichen schadstoffvermeidende Produktionstechniken und Produkte ("Produkte und Verfahren") sowie Wasserschutztechnik. In bezug auf Patentanmeldungen (vgl. Kapitel 4.3.5), Spin-off Effekte (vgl. Kapitel 4.3.6) sowie die Selbsteinschätzung der Befragten hinsichtlich des Zuwachses an Erkenntnissen (vgl. Kapitel 4.3.3) lassen sich keine signifikanten Unterschiede zwischen Verbundvorhaben und Einzelprojekten erkennen.

Unterschiede in der Häufigkeit von Verbundforschungsvorhaben zeigen sich bei der Aufschlüsselung der Unternehmen nach Größenklassen. Bezogen auf alle Fördervorhaben der jeweiligen Klasse wurden bei einem Viertel der großen Firmen (mehr als 500 Beschäftigte) die Projekte in Verbünden organisiert. Unternehmen zwischen 100 und 499 Mitarbeitern führten zu einem Fünftel Verbundforschungsvorhaben durch, während kleine Unternehmen (< 100 Beschäftigte) bei 17 % liegen. Die Unterschiede zwischen den einzelnen Größenklassen sind nicht sehr groß und beweisen, daß auch KMU von diesem Instrument angesprochen werden.

Die rein quantitative Analyse sagt zunächst noch wenig aus über die Einschätzung der Verbundforschungsvorhaben durch die Geförderten. Aus diesem Grund wurden die Geförderten befragt, inwieweit sich der Verbund als vorteilhaft erwiesen habe. Über zwei Drittel der realisierten Verbünde werden als "eher günstig" bzw. "sehr vorteilhaft" eingestuft. Hierbei gibt es allerdings wesentliche Unterschiede zwischen Unternehmen, Öffentlichen Einrichtungen und Instituten (vgl. Abbildung 32). Während 59 % der Unternehmen die Einbindung des geförderten Vorhabens in einen Verbund als "eher günstig" einstuften, ist dies nur bei 41 % der Öffentlichen Einrichtungen und 29 % der Institute der Fall. Letztere bewerten die Verbundvorhaben dafür als "sehr vorteilhaft". Hier zeigen sich sowohl Öffentliche Einrichtungen als auch Unternehmen zurückhaltender. Weniger gut und eher ungünstig wird die Einbindung in einen Verbund von jeweils einem Achtel der Unternehmen und Institute bewertet, während die negative Beurteilung durch Öffentliche Einrichtungen unter 10 % fällt.

Im Zeitverlauf nahm die positive Einschätzung der Verbünde ab. Während nicht einmal 5 % der zwischen 1980 und 1984 abgeschlossenen Verbundprojekte als "weniger gut" oder "eher ungünstig" eingestuft werden, sind es im Zeitraum zwischen 1990 und 1992 schon 19 %. Dies verdeutlicht, daß die Förderpolitik prüfen muß, ob mit einem Verbundforschungsanteil von 39 % möglicherweise eine kritische Marke überschritten wurde.

Betrachten wir die Unternehmen, die durch Verbundforschung gefördert wurden, genauer. Als sehr vorteilhaft wird die Verbundförderung von zwei Dritteln der kleinen Firmen mit weniger als 100 Beschäftigten beurteilt. Mittlere und große Betriebe sind auffallend zurückhaltender mit einer guten Wertung. Es muß demnach bei der Wertung der Ergebnisse eine differenzierte Unterteilung der Unternehmen nach Größenklassen erfolgen, um handlungsrelevante Aussagen treffen zu können (vgl. Abbildung 33).

Abbildung 32: Bewertung der Verbundvorhaben durch die Geförderten[10]

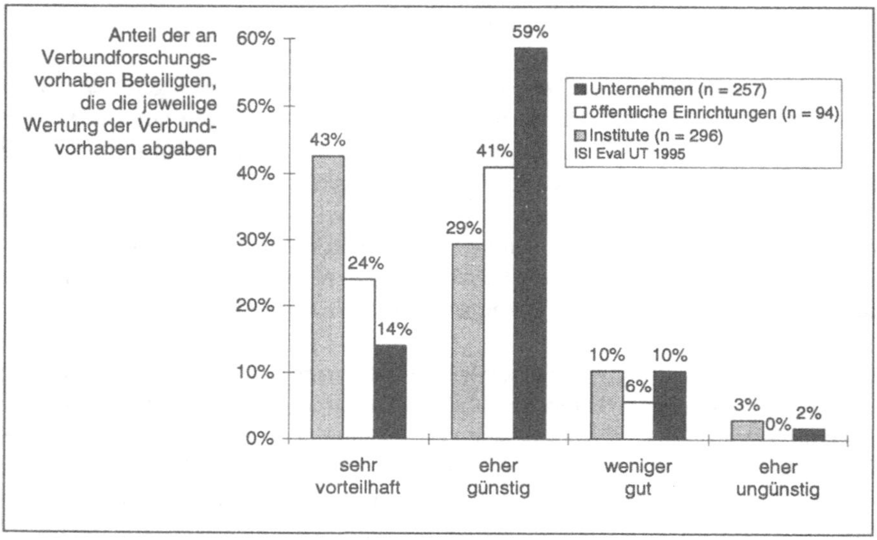

Die abgefragten Vorteile und Probleme der Verbundforschung geben ein detailliertes Bild der Ursachen unterschiedlicher Bewertungen. Entsprechend der Zielsetzung von Verbundvorhaben liegen bei allen Geförderten die größten Vorteile dieser Kooperationsform durchgängig in der Einbindung externen Know-hows. Unterschieden nach Förderbereichen läßt sich die Tendenz feststellen, daß sich Projekte in den Bereichen schadstoffvermeidende Produktionstechniken und Produkte an marktrelevanten, praxisnahen Vorteilen wie bedarfsgenauere Entwicklung, leichtere Marktbearbeitung sowie Kostenvorteile orientieren. In anderen Förderbereichen werden Stärken der Verbundforschung dagegen im wissenschaftlich-technischen Umfeld gesehen. Beispielsweise sehen über 60 % der Geförderten der Wasserschutztechnik die Vorteile der Verbundförderung in der Einbindung

10 Unternehmen, Öffentliche Einrichtungen und Institute wurden danach befragt, ob sich die Einbindung des Vorhabens in einen Verbund generell als vorteilhaft erwiesen habe. Die Befragten konnten zwischen vier Ausprägungen wählen: "eher ungünstig", "weniger gut", "eher günstig" sowie "sehr vorteilhaft". Bei dieser Frage gab es allerdings einen relativ hohen Anteil an fehlenden Aussagen (Institute z.B. 29%).

externen Know-hows. Die Verbundförderung läßt demnach einen Spielraum für die individuelle Ausgestaltung und Schwerpunktsetzung einzelner Projekte, mit einem gewissen Trend zur wissenschaftlich-technischen Ausrichtung (d.h. Einbindung externen Know-hows). Unter dem Aspekt des Alters der Projekte ist allerdings eine Verringerung der Einbindung externen Know-hows bei jüngeren Projekten (Projektende zwischen 1990 und 1992) gegenüber älteren Projekten und eine Vergrößerung der marktnahen Vorteile (z.B. Kostenvorteile, leichtere Marktbearbeitung) zu verzeichnen.

Abbildung 33: Einschätzung des Verbundvorhabens durch die geförderten Unternehmen nach Unternehmensgrößenklassen[11]

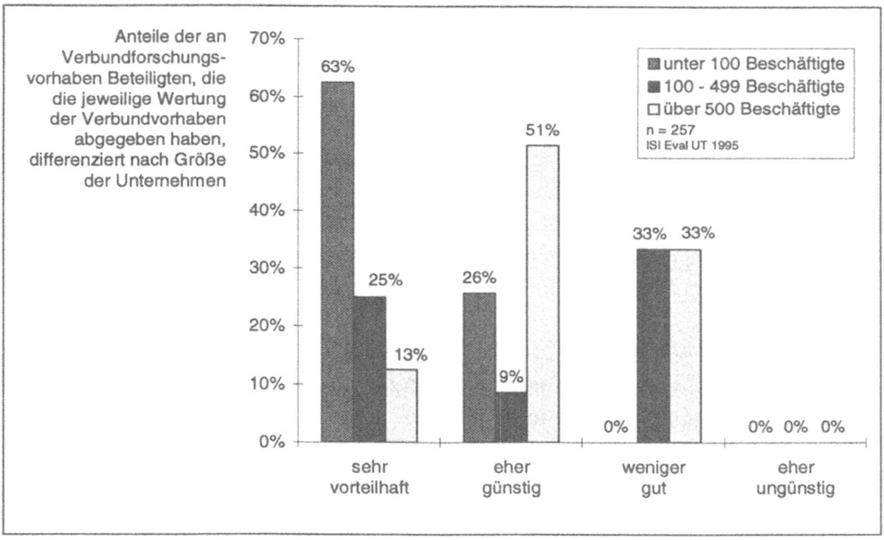

Betrachtet man die Aussagen der Geförderten bei Unternehmen genauer, dann fällt auf, daß die positive Bewertung der Projekte in fast allen Kategorien zwischen 1985 und 1989 am größten ist. Bei jüngeren Vorhaben ist ein eindeutiger Bruch festzustellen. Dies ist nicht allein mit der wirtschaftlichen Entwicklung zu erklären. Auch hier bedarf es einer genauen Betrachtung der Unternehmen nach Größenklassen. Es zeigt sich, daß das Instrument der Verbundforschung überwiegend von kleinen Unternehmen als vorteilhaft angesehen wird. Neben der Einbindung externen Know-hows bewerteten zwischen 40 % und 70 % der Unternehmen mit weniger als 100 Beschäftigten die Verkürzung der Entwicklungszeiten, die bedarfsgenaue Entwicklung und die frühzeitige Standardisierung positiv.

---

11 Die befragten Unternehmen wurden in diesem Schaubild aufgeschlüsselt nach Größenklassen. Für jede Größenklasse wurde die Bewertung des Verbundvorhabens gesondert dargestellt. Vor allem für Unternehmen mit 100 bis 499 Beschäftigten ist der Anteil fehlender Angaben hoch.

Kuntze (1992) hat nachgewiesen, daß kleinere Unternehmen im wissenschaftlich-technischen Bereich erheblich von FuE-Kooperationen profitieren können. Kostenvorteile sowie der leichtere Marktzugang spielen hier keine Rolle. Die vorliegende Untersuchung zeigt, daß es bei großen Firmen ganz anders aussieht. Hier dominieren neben der Einbindung externen Know-hows die Kostenvorteile, die Verkürzung der Entwicklungszeiten und die leichtere Marktbearbeitung.

Die Problemanalyse der Verbundforschungsvorhaben ergab folgendes: Probleme gaben die Befragten nur bei einem Drittel der geförderten Verbundforschungsvorhaben an. Im Laufe des Förderzeitraumes nahmen die Probleme im Verbund jedoch relativ stark zu, besonders drastisch bei den Instituten (vor allem bei Hoch- und Fachhochschulen und im Förderbereich Luftreinhaltetechnik). Als Hauptproblem wird die Koordination (hoher Aufwand, Zeitverzug durch mangelnde Koordination) genannt. Aber auch Probleme mangelhaft erbrachter Leistungen und fachliche Unstimmigkeiten zwischen den Partnern haben eindeutig zugenommen. Bei Unternehmen bemängeln vor allem die im Bereich Wasserschutztechnik und die mit weniger als 100 Beschäftigten hohe Kosten infolge des Verbundes. Unternehmen zwischen 100 und 500 Beschäftigten sehen wesentliche Probleme wegen der aufwendigen Koordination, Mängeln bei erbrachten Leistungen und fachlichen Unstimmigkeiten zwischen den Partnern. Generell ist festzustellen, daß es bei Verbünden mehr Veränderungen im Projektverlauf gab als bei Einzelvorhaben.

Als Fazit läßt sich festhalten, daß die Verbundforschung im Gegensatz zu Einzelvorhaben (ggf. mit selbstinitiierten Kooperationen) bei Forschungsinstituten eine anwendungsorientierende Wirkung und bei kleinen Unternehmen eine wissenschaftlich orientierende Wirkung zeigt. Zur Förderung des gewünschten Technologietransfers spielt die Verbundforschung daher tatsächlich eine wichtige Rolle. Einzelprojekte hingegen sind für Institute vorteilhafter, wenn eine grundlagen- oder erkenntnisorientierende Wirkung, wie z.B. die Erhöhung der wissenschaftlichen Leistungsfähigkeit, die verbesserte Forschungsausstattung bei Instituten etc. erreicht werden soll. Wissenschaftliche Ursachen-/Wirkungszusammenhänge von Umweltproblemen lassen sich offenbar besser im Rahmen von Einzelprojekten (z.B. in Kooperation nur zwischen Instituten) bearbeiten. Zur Erreichung der förderpolitisch gewollten Ziele empfiehlt sich demnach ein Fördermix aus Einzel- und Verbundforschung, wobei die Betonung der Verbundvorhaben nach Meinung der Interviewpartner zurückgenommen werden sollte. Zur Unterstützung der Forschung und Entwicklung solle das Verbundforschungsinstrument nur dann eingesetzt werden, wenn es die Problemlösung erfordere. Eine Quotenregelung wird abgelehnt. Des weiteren regen die Gesprächspartner an, die Laufzeit für Verbundvorhaben nicht zu eng zu bemessen. Die Gründe liegen hauptsächlich im Zeitbedarf für die Definitionsphase, in der Partnersuche, der "Gewöhnungsphase" sowie in dem erhöhten Koordinationsaufwand. Es wird vorgeschlagen, die Forschungsförderer schon frühzeitig in das Projekt einzubinden (z.B. bei der Projektformulierung), um eine beratende Funktion zu übernehmen. Es ist auch zu beachten, daß die Projektführerschaft rechtzeitig und klar fixiert wird, um die Koordination zu vereinfachen und Doppelarbeit zu vermeiden.

4.3.8 Kritische Würdigung der technisch-wissenschaftlichen Wirkungen

Zusammenfassend läßt sich festhalten: Die finanzielle Förderung setzt am drängendsten Problem bei den Geförderten an, das ist der bestehende Engpaß bei der Finanzierung von Forschungs- und Entwicklungsaufgaben.

Es konnte ferner gezeigt werden: Mit dem Instrument Verbundforschung wurde das im Förderprogramm genannte strategische Ziel, den Technologietransfer zu fördern, tatsächlich erreicht. Es besteht allerdings zwischenzeitlich die Gefahr, daß die Anwendungsorientierung der Forschung zu sehr betont wird und eine zu praxisnahe Ausrichtung der Forschungseinrichtungen entsteht. Für die vom Förderprogramm gleichzeitig intendierte Interdisziplinarität, die zu den essentiellen Merkmalen eines leistungsfähigen Innovationssystems zählt, ist dies eher kontraproduktiv. In diesem Zusammenhang ist auch die Forderung des Wissenschaftsrates zu sehen, sozial- und geisteswissenschaftliche Forschungsdimensionen stärker einzubeziehen.

Kooperationen zwischen verschiedenen Forschungseinrichtungen sollten einen höheren Stellenwert erhalten, in Vorhaben, die mehr auf Erkenntnisgewinn und grundlagenorientierte Forschung mit hohem Nutzungspotential ausgerichtet sind. Damit geht einher, die Betonung der Verbundforschung zwischen Wissenschaft und Industrie etwas zurückzunehmen. Dies dient letztlich auch dazu, die festgestellten günstigen Wirkungen auf den Technologietransfer zu erhalten.

4.4 Regulatorische Wirkungen

In der ersten Arbeitsphase dieser Evaluation wurde untersucht, inwieweit Ergebnisse der Projektförderung des BMBF im Programmbereich *Umwelttechnologie* Eingang in nationale gesetzliche Regelungen und Normen gefunden haben. Die Ergebnisse sollen erkennen lassen, inwieweit die Forschungsförderung des BMBF die Inangriffnahme, Ausgestaltung und Umsetzung von Regelungen im Umweltschutz unterstützt hat, und inwieweit sie den im Programm *Umweltforschung und Umwelttechnologie* formulierten Anspruch, die Handlungsspielräume der Umweltpolitik zu erweitern, einzulösen vermochte. Aufgabe der Analyse war es somit, die Einflüsse der Forschungsförderung auf **Regulierung** und die Normenbildung im Umweltschutz zu ermitteln.

Die Ergebnisse wurden in einem ausführlichen Forschungsbericht dokumentiert (Angerer et al., 1996a). Im folgenden sind die wesentlichen Ergebnisse zusammengefaßt.

4.4.1 Thematische Eingrenzung der Analyse

Es wurden die Regelungseffekte von insgesamt 1569 Vorhaben aus den Förderbereichen Wasserschutztechnologien (Leistungsplan F2 10), Abfallwirtschaft (F2 20), Luftreinhaltetechnik (F2 30), Schadstoffvermeidende Produktionstechnik und Produkte (F2 40) und Sicherheitsforschung und -technik (F2 70) evaluiert. Die fachliche Abgrenzung der Analyse der regulatorischen Wirkungen unterscheidet sich etwas von jener, der zeitlich später in Angriff genommenen übrigen Effekte der Forschungsförderung. Bei letzteren ist der Förderbereich Sicherheitsforschung und -technik nicht in die Untersuchung eingeschlossen.

Berücksichtigt wurden umweltbezogene Gesetze, Verordnungen und Verwaltungsvorschriften des Bundes sowie der Länder. Einige Beispiele für diese Länderregelungen sind die Baden-Württembergische Eigenkontrollverordnung von Abwasseranlagen, der Brandenburgische Erlaß zur Einleitung weitergehend gereinigter Abwässer in das Grundwasser, der Niedersächsische Erlaß zum Einsatz von Pflanzenbeeten für die biologische Reinigung häuslicher Abwässer, die Hessische Deponieeigenkontroll-Verordnung und das Hessische Abfallwirtschafts- und Altlastengesetz. Ferner sind Richtlinien mit normativem Charakter einbezogen worden. Darunter Richtlinien des VDI, der ATV, des DVGW, der LAGA, LAWA, des LAI, der EU und DIN-Normen. Insgesamt wurden um die 130 umweltbezogene Gesetze, Verordnungen, Verwaltungsvorschriften, Richtlinien und Normen berücksichtigt. Tabelle 7 stellt davon die Regelungen des Bundes zusammen.

Im Untersuchungsbereich Altlastensanierung und Bodenschutz ist das Regelungsgeschehen gegenwärtig stark im Fluß. Gleichzeitig ist die Dichte in Kraft gesetzter gesetzlicher Regelungen im Vergleich zu den anderen Umweltbereichen gering. Lediglich in Baden-Württemberg und Sachsen bestanden zum Zeitpunkt der Analyse (1994) Bodenschutzgesetze. Ein Bodenschutzgesetz des Bundes befindet sich in Vorbereitung. Dessen endgültige Ausgestaltung ist aber noch offen. Vermutete Regelungseffekte im Altlastenbereich wurden daher diskursiv behandelt und nicht quantifiziert.

Untersucht werden die **direkten Effekte** geförderter Vorhaben auf Regelungen. Es war jedoch nicht möglich, eine repräsentative Darstellung der Regelungsbeiträge solcher Vorhaben zu erarbeiten, die auf technisch-physikalische oder andere Grundlagen zielten. Diese Vorhaben sind in der Regel noch so anwendungsfern oder unspezifisch angelegt, daß von ihnen direkte Auswirkungen auf die Gesetzgebung (noch) nicht ausgehen. Dabei können grundlagenorientierte Vorhaben durchaus die Technologieentwicklung vorangebracht haben. Von den umweltbezogenen Förderaktivitäten des BMBF wurde nur der vom Referat *Umwelttechnologie; Sicherheit technischer Systeme* abgedeckte Teil erfaßt. In eine Gesamteinschätzung der Regelungsrelevanz der umweltbezogenen Forschungsförderung des Ministeriums müßten auch andere Referate erfaßt werden, darunter insbesondere die Energieforschung mit den Förderaktivitäten Großfeuerungsanlagen und Rationelle Energieverwendung, die Verkehrsforschung, die Klima- und Atmosphärenforschung und die Ökologische Forschung.

Tabelle 7: Berücksichtigte umweltbezogene Regelungen des Bundes

Bundes-Immissionsschutzgesetz
- Kleinfeuerungsanlagen-Verordnung (1. BImschV)
- Verordnung zur Emissionsbegrenzung von leichtflüchtigen Halogenkohlenwasserstoffen (2. BImSchV)
- Verordnung über Schwefelgehalt von leichtem Heizöl und Dieselkraftstoff (3. BImschV)
- Verordnung zur Auswurfbegrenzung von Holzstaub (7. BImschV)
- Störfall-Verordnung (12. BImschV)
  - 1. Störfall-Verwaltungsvorschrift
  - 2. Störfall-Verwaltungsvorschrift
- Verordnung über Großfeuerungsanlagen (13. BImschV)
- Verordnung über Verbrennungsanlagen für Abfälle und ähnliche brennbare Stoffe (17. BImschV)
- Verordnung über Chlor- und Bromverbindungen als Kraftstoffzusatz (19. BImschV)
- Verordnung zur Begrenzung der Kohlenwasserstoffemissionen beim Umfüllen und Lagern von Ottokraftstoffen (20. BImschV)
- Verordnung zur Begrenzung der Kohlenwasserstoffemissionen bei der Betankung von Kraftfahrzeugen (21. BImschV)
- TA Luft (1. Allgemeine VwV zum BImSchG)
- Muster-Verwaltungsvorschriften des Länderausschusses Immissionsschutz

Wasserhaushaltsgesetz
- Abwasser-Verwaltungsvorschriften
- Düngemittelanwendungs-Verordnung

Lebensmittel- und Bedarfsgegenständegesetz
- Trinkwasser-Verordnung

Bundes-Seuchengesetz
- Schwimmbadwasser-Verordnung (Entwurf)

Abwasserabgabengesetz

Abfallgesetz
- TA Abfall
- TA Siedlungsabfall
- Klärschlamm-Verordnung
- Verordnung über die Entsorgung gebrauchter halogenierter Lösemittel
- Verpackungs-Verordnung

Chemikaliengesetz
- FCKW-Halon-Verbots-Verordnung
- Chemikalien-Verbots-Verordnung
- Gefahrstoff-Verordnung

Hohe See Einbringungsgesetz

Benzinbleigesetz
- Benzinqualitäts-Verordnung

4.4.2 Methodik und Vorgehensweise

Das Untersuchungsfeld wurde nach folgenden Umweltbereichen strukturiert:

A Luftreinhaltetechniken

Wasserschutztechnologien, darunter
B Gewässerschutz, Trinkwasseraufbereitung und Wasserversorgung
C Abwasserreinigung und Klärschlammbehandlung

Kreislaufwirtschaft, Abfallwirtschaft und Altlasten, darunter
D Vermeidung und Verwertung von Abfällen
E Behandlung und Ablagerung von Abfällen, Altlastensanierung
F Sicherheitsforschung und Sicherheitstechnik

Im ersten Schritt erfolgte die Zuordnung von Vorhaben zu den Umweltbereichen über die Projektträgerkennung im Förderkennzeichen. Die Vorhaben des medienübergreifenden Förderbereichs *Schadstoffvermeidende Produktionstechnik und Produkte* wurden jeweils jenen Umweltbereichen zugeordnet, zu denen fachliche Bezüge erkennbar waren. Es kam wiederholt vor, daß Vorhaben Bezüge zu mehreren Umweltbereichen aufwiesen. In diesen Fällen wurden die Regelungseffekte für jeden der betroffenen Umweltbereiche untersucht. Die Informationsflüsse zwischen den Untersuchungsbereichen sind in Abbildung 34 graphisch dargestellt. Das Set der in den einzelnen Umweltbereichen evaluierten Vorhaben wird als Vorhaben-**Grundgesamtheit** dieses Bereichs bezeichnet. Da Vorhaben gleichzeitig auf verschiedene Umweltbereiche einwirken können, ist die Summe der Grundgesamtheiten höher als die Zahl der einbezogenen 1569 Vorhaben.

Für jeden Umweltbereich wurden die im Untersuchungszeitraum wirksamen technikbürtigen Regelungen zusammengestellt. Danach sind jene geförderten Vorhaben ermittelt worden, die zu diesen einen fachlichen Bezug aufweisen. Als erste Informationsquellen über die Vorhaben dienten die Vorhabendatenbank APC-DAVOR des BMBF mit der inhaltlichen Kurzbeschreibung, die Berichtsdatenblätter der Vorhaben sowie die Datenbanken und Statusberichte der Projektträger. Die Aufgabenstellung bei der Identifikation möglicher Regelungseffekte von Vorhaben ist in Abbildung 35 schematisch dargestellt.

Abbildung 34: Informationsflüsse bei der Identifikation möglicher Regelungseffekte von FuE-Vorhaben

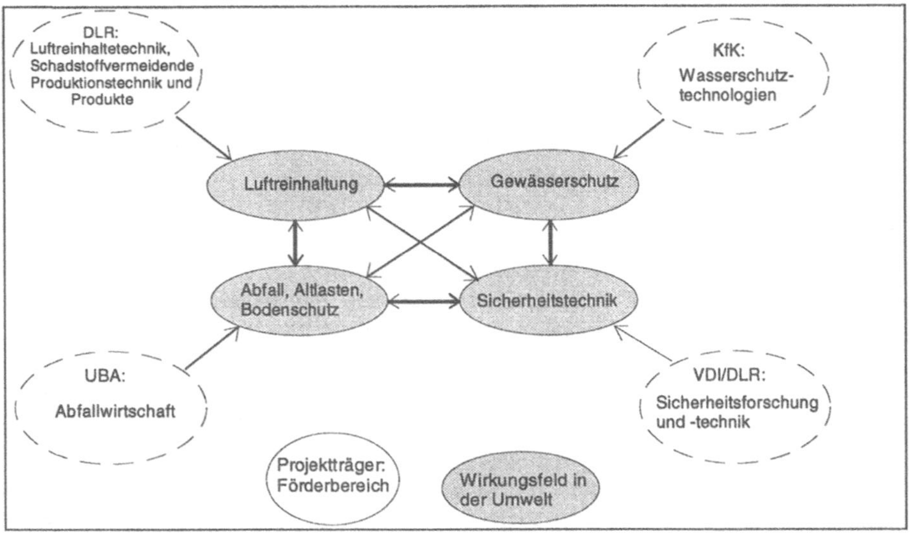

Angesichts der großen Zahl von Vorhaben wurde in den meisten Untersuchungsbereichen eine zweistufige Selektion der regelungswirksamen Vorhaben vorgenommen. Zunächst wurden mit Hilfe von allgemeinen Ausschlußkriterien in einer groben Vorselektion Vorhaben von der weiteren Analyse ausgeschlossen. So wurde beispielsweise geprüft, ob der zeitliche Ablauf eines Vorhabens eine Einflußnahme auf die fachlich in Frage kommende(n) Regelung(en) überhaupt zuläßt. Traf dies zu und ergaben sich auch keine anderen Ausschlußgründe (bspw. Studien, Entwicklungshilfevorhaben), wurden die verbleibenden potentiell regelungswirksamen Vorhaben einer eingehenden Analyse unterzogen. Auch diese brachte Vorhaben zutage, die keine Regelungsbeiträge erkennen ließen (Klasse 3 nach Tabelle 8). Die Wirkungen der verbleibenden regelungswirksamen Vorhaben auf eine bestimmte Regelung sind durch die in Tabelle 8 wiedergegebene Skala charakterisiert worden (1a, 1b oder 2). Das Ergebnis wird als **Klassifikation** der Vorhaben bezeichnet.

Abbildung 35: Herstellung von fachlichen Bezügen zwischen den umwelttechnischen Regelungen und geförderten Vorhaben

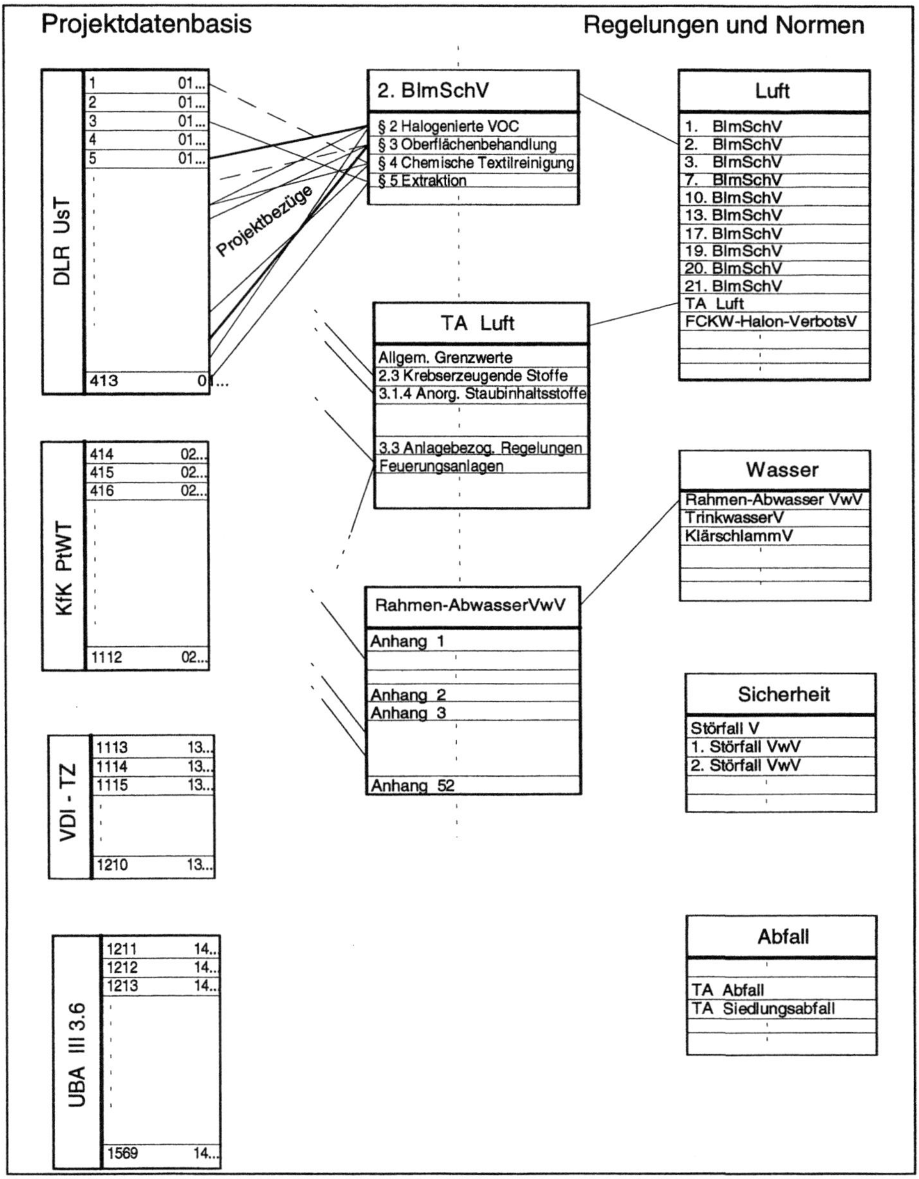

Tabelle 8: Charakterisierung der Wirkungen von FuE-Vorhaben auf umwelttechnische Regelungen

Klasse	Bezeichnung	Kriterien
1a	Essentieller Regelungsbeitrag	Vorhaben, welche die Ausgestaltung oder Umsetzung von Regelungen **ermöglicht** haben
1b	Wichtiger Regelungsbeitrag	Vorhaben, welche die Ausgestaltung oder Umsetzung von Regelungen **entscheidend unterstützt** haben
2	Geringer Regelungsbeitrag	Vorhaben, bei denen zwar Beiträge zu Regelungen erkennbar sind, für deren Ausgestaltung oder Umsetzung aber letztlich **andere Vorhaben entscheidend** waren
3	Ohne Regelungsbeitrag	Vorhaben, die zwar einen fachlichen und zeitlichen Bezug zu geregelten Umweltbereichen aufweisen, die aber keinen erkennbaren Beitrag zur Umsetzung oder Ausgestaltung von Regelungen geleistet haben

Vorhaben der Klassen 1a, 1b und 2 werden als **regelungswirksam** bezeichnet. Wirkungen geförderter Vorhaben auf Regelungen werden hier als **Regelungseffekte** der Forschungsförderung bezeichnet. Forschungs- und Entwicklungsvorhaben können auf verschiedene Weise Regelungseffekte erzielen:

1. Einflußnahme auf die **Ausgestaltung der materiellen Inhalte** von Regelungen durch die **Fortentwicklung des Standes der Technik**.
2. Einflußnahme auf die **Ausgestaltung der materiellen Inhalte** von Regelungen durch **Erkenntnisgewinn**.
3. Einflußnahme auf die **Umsetzung** in Kraft getretener Regelungen, wenn diese **Dynamisierungsklauseln oder Minimierungsgebote** enthalten, welche eine Ausschöpfung des Standes der Technik fordern.
4. Einflußnahme auf die **Umsetzung** in Kraft getretener Regelungen, wenn diese **Übergangsfristen** enthalten, weil die Bestimmungen mit dem Stand der Technik zum Zeitpunkt der Verabschiedung nicht erfüllbar sind.

Während die Einflußkategorien 1 und 2 ihre Wirkungen über festgesetzte Standards in Regelungen des Umweltrechts (darunter Grenzwerte) oder Richtlinien mit normativem Charakter entfalten, kommen 3 und 4 über den Verwaltungsvollzug in die Anwendung. Dieser kann die Anwendung des Stands der Technik einfordern, wenn die Regelungen Dynamisierungsklauseln oder Übergangsfristen enthalten, welche eine Anpassung an den technischen Wandel vorsehen. Ein Beispiel für eine Regelung, die Dynamisierungsklauseln enthält, ist die TA Luft. Es heißt dort beispielsweise für Anlagen nach Nr. 3.3.1.2.1 (Feuerungsanlagen): "*... sind die Möglichkeiten, die Emissionen an Stickstoffoxiden durch feuerungstechnische Maßnahmen weiter zu vermindern, auszuschöpfen.*" Ein Beispiel für eine Regelung, die Übergangsfristen vorsieht, ist die FCKW-Halon-Verbots-Verordnung. Sie enthält unter anderem eine Übergangsfrist für die Verwendung von R 22 als Kältemittel, für Dämmstoffe und sonstige Schaumkunststoffe bis zum 1. Januar 2000.

Die Einschätzung der Regelungseffekte von Vorhaben stützt sich auf weit über einhundert Fachgespräche mit
- geförderten Unternehmen und Forschungseinrichtungen,
- Technologieanbietern und -anwendern,
- fachtechnischen Vereinigungen wie ATV, DVGW, DIN, VDMA, TÜV, DGMK,
- Fachgremien des Verwaltungsvollzugs wie LAI, LAWA, LAGA, Regierungspräsidien,
- dem BMBF-Referat *Umwelttechnologie; Sicherheit technischer Systeme* und seinen Projektträgern,
- dem Umweltbundesamt und dem Bundesgesundheitsamt,
- dem Bundesministerium für Umwelt, Naturschutz und Reaktorsicherheit.

Die Fachgespräche wurden durch die Auswertung von Literatur ergänzt. In einigen Fällen wurden auch Abschlußberichte von Vorhaben herangezogen. Zahlreiche ergänzende Informationen sind bei den Geförderten eingeholt worden.

Alle klassifizierten Vorhaben wurden den Projektträgern vorgelegt, welche diese seinerzeit betreuten. Sie wurden gebeten, deren Regelungseffekte einzuschätzen. Wichen diese Einschätzungen von der der Evaluatoren ab, ist die Klassifikation überprüft und in begründeten Fällen abgeändert worden. Gleichzeitig wurde darum gebeten, auf weitere Vorhaben hinzuweisen, bei denen die Projektträger Regelungseffekte vermuten. Diese wurden ebenfalls analysiert.

4.4.3 Regelungseffekte der Forschungsförderung

In die vorliegende Evaluation der Projektförderung sind 1569 Vorhaben mit einer Fördersumme von insgesamt 1,547 Mrd DM einbezogen. Unter Einschluß der ausgewiesenen Eigenleistung der Geförderten wurden insgesamt 3,050 Mrd DM aufgewendet. Daraus errechnet sich eine mittlere Förderquote von 51 %. Tabelle 9 gibt die in den einzelnen Umweltbereichen einbezogene Vorhabenanzahl und deren Fördersumme wieder. Dies ist die (Vorhaben-) **Grundgesamtheit** des jeweiligen

Umweltbereichs. Jedes Förderkennzeichen wird als ein Vorhaben gezählt. Schon zuvor wurde erläutert, daß einige Vorhaben gleichzeitig auf Regelungen in mehreren Umweltbereichen einwirken können. Dies trifft naturgemäß besonders für die medienübergreifenden Förderbereiche *Schadstoffvermeidende Produktionstechnik und Produkte* zu. Diese Vorhaben werden in jedem Untersuchungsbereich, in dem Regelungseffekte vorhanden oder möglich sind, zur Grundgesamtheit gezählt. Die Summe der Grundgesamtheiten der einzelnen Umweltbereiche ist daher höher als die Zahl der einbezogenen Vorhaben.

Tabelle 9: Einbezogene Vorhaben (Grundgesamtheiten)

	Umweltbereich	**Anzahl der Vorhaben**	**Fördersumme in Mio DM**
A	Luftreinhaltung	368	440
	Wasserhaushalt	858	669
B	Gewässerschutz, Trinkwasseraufbereitung und Wasserversorgung	252	209
C	Abwasserreinigung und Klärschlammbehandlung	606	460
	Kreislaufwirtschaft, Abfallwirtschaft und Altlasten	431	700
D	Vermeidung und Verwertung von Abfällen	178	186
E	Behandlung und Ablagerung von Abfällen, Altlastensanierung	253	514
F	Sicherheitsforschung und -technik	116	71
	Insgesamt einbezogene Vorhaben	1569	1547

Von den 1569 Vorhaben wurden bei 567, das sind 36 %, Wirkungen auf umweltbezogene Regelungen festgestellt. Sie weisen eine Fördersumme von 690 Mio DM auf, das sind 45 % der gesamten Fördersumme der einbezogenen Vorhaben. Tabelle 10 faßt die festgestellten Regelungseffekte hochaggregiert zusammen. 17 % der Vorhaben und 25 % der eingesetzten Fördermittel haben die Ausgestaltung oder die Umsetzung von Regelungen entscheidend unterstützt (Effekte der Klassen 1a + 1b). Bei 20 % der Vorhaben und 19 % der eingesetzten Fördermittel wirkten die geförderten Vorhaben zwar unterstützend, die Regelungseffekte fußten aber letztlich auf nicht geförderter FuE, oder die Vorhaben haben die Regelungen aus anderen Gründen nicht entscheidend beeinflußt (Klasse 2).

Der Vergleich der relativen Regelungsbeiträge, bezogen auf die Vorhabenzahl (36 %) und bezogen auf die Fördersumme (45 %), zeigt, daß die großen Vorhaben überproportional zu den Regelungseffekten beitrugen. Dies ist nicht verwunderlich. Vorhaben mit Demonstrationscharakter sind finanziell aufwendig. Gerade diese sind es, welche die **Anwendbarkeit** neuer technischer Lösungen **nachweisen** und daher Einfluß auf die Fortentwicklung der **normativen** technischen **Umweltstandards** nehmen.

Tabelle 10: Wirkungen der Forschungsförderung auf Gesetzgebung und Normenbildung im Umweltschutz

Klasse	**Wirksamkeit**	**Erzielte Regelungseffekte**			
		Zahl der Vorhaben		**Fördersumme**	
		Anzahl	**Anteil in %** [1]	**Mio DM**	**Anteil in %** [1]
1a	Essentieller Regelungsbeitrag	73	4,7	170	11,0
1b	Wichtiger Regelungsbeitrag	187	11,9	219	14,1
2	Geringer Regelungsbeitrag	307	19,6	301	19,4
	Summe	**567**	**36,2**	**690**	**44,5**

[1] Bezogen auf die einbezogenen 1569 Vorhaben mit der Fördersumme von 1,547 Mrd DM

Gut 40 % der 567 regelungswirksamen Vorhaben wirkten als Umsetzungshilfen für umweltbezogene Regelungen. Umsetzungshilfe heißt, der mit Unterstützung der staatlichen Forschungsförderung fortentwickelte Stand der Technik versetzte den Verwaltungsvollzug in die Lage, dort, wo bereits Regelungen in Kraft sind, die umwelttechnischen Anforderungen an neu zu errichtende oder umzurüstende Anlagen anzupassen. Dies läßt die Bedeutung erkennen, die dem Verwaltungsvollzug für die Diffusion von Umwelttechniken in den Markt zukommt. Die übrigen, also 60 %, beeinflußten die materiellen Inhalte rechtlicher und normativer Regelungen.

Tabelle 11 differenziert die Regelungseffekte nach den einzelnen Umweltbereichen. Angegeben sind die Anzahl und die Fördersumme der regelungswirksamen Vorhaben, also die Summe der Vorhaben aus den Klassen 1a, 1b und 2. Da einige Vorhaben Regelungseffekte in mehreren Umweltbereichen erzielten, sind die Summen der Spalten *Zahl der Vorhaben* und *Fördersumme* höher als in Tabelle 10 ausgewiesen.

Tabelle 11: Erzielte Regelungseffekte der Forschungsförderung in den einzelnen Umweltbereichen

Umweltbereich	**Regelungswirksame Vorhaben**			
	Zahl der Vorhaben		**Fördersumme**	
	Anzahl	**Anteil in %** [1]	**Mio DM**	**Anteil in %** [1]
Luftreinhaltetechniken	84	23	119	27
Gewässerschutz, Trinkwasseraufbereitung und Wasserversorgung	170	67	169	81
Abwasserreinigung und Klärschlammbehandlung	160	26	205	45
Vermeidung und Verwertung von Abfällen	83	47	117	63
Behandlung und Ablagerung von Abfällen, Altlastensanierung	70	28	120	23
Sicherheitsforschung und Sicherheitstechnik	24	21	16	22

[1] Anteil an der Grundgesamtheit des jeweiligen Umweltbereichs gemäß Tabelle 9

In den Bereichen Wasserschutztechnologien (Gewässerschutz, Trinkwasseraufbereitung, Wasserversorgung, Abwasserreinigung, Klärschlammbehandlung) sowie Vermeidung und Verwertung von Abfällen haben insbesondere die großen Vorhaben Regelungseffekte erzielt. Besonders ausgeprägt sind die Regelungseffekte im Förderbereich Gewässerschutz, Trinkwasseraufbereitung und Wasserversorgung. Dies erklärt sich aus dem Zielbereich der Förderung: Trinkwasser ist ein essentielles Lebensmittel, die Qualitätsanforderungen sind daher besonders stringent. Die Aufbereitung von Trinkwasser orientiert sich am technisch Machbaren. Die Probleme bei der Aufbereitung sind zudem je nach Beschaffenheit der Rohwasserressourcen regional recht unterschiedlich. Die staatliche Forschungsförderung unterstützt hier die Wasserversorgungsunternehmen bei der Bewältigung ihrer konkreten Betriebsprobleme, indem unmittelbar **anwendbare Lösungen** bereitgestellt werden. Entsprechend hoch ist die Regelungswirksamkeit der Förderung.

Tabelle 12 greift beispielhaft einige Förderaktivitäten heraus, welche die Ausgestaltung oder Umsetzung von Regelungen unterstützt haben.

Tabelle 12: Ausgewählte Förderaktivitäten, welche die inhaltliche Ausgestaltung oder verwaltungsmäßige Umsetzung rechtlicher Regelungen im Umweltschutz unterstützt haben

Regelungen	**Förderaktivitäten**
▪ FCKW-Halon-Verbots-Verordnung ▪ Halogenkohlenwasserstoff-Verordnung (2. BImSchV)	▪ Ersatzstoffe für FCKW als Kältemittel, FCKW-freie Verfahren für die Kunststoffschäumung, die Entfettung von Werkstücken und die chemische Textilreinigung
Abfallverbrennungsverordnung (17. BImSchV)	▪ Bundesweites Meßprogramm an Abfallverbrennungsanlagen ▪ Verbrennungstechnik und Rauchgasreinigung
TA Luft	▪ Emissionsarme Verfahren für die Verhüttung von Blei und das Schmelzen von Glas ▪ Emissionsarme Lackiertechnik ▪ Rauchgasreinigung
Abwasserverwaltungsvorschriften	▪ Biologische Elimination von Stickstoff- und Phosphorverbindungen in Kläranlagen ▪ Sauerstoffbleiche von Zellstoff ▪ Reinigung von Abwässern in der Eisen- und Stahlindustrie ▪ Amalgamabscheidung an Behandlungsplätzen von Zahnarztpraxen
Trinkwasserverordnung	▪ Untersuchung der Umweltverträglichkeit des Phosphatersatzstoffes NTA ▪ Abscheidung von chlorierten organischen Kohlenwasserstoffverbindungen bei der Trinkwasseraufbereitung ▪ Nachweis von Pflanzenschutzmitteln und ihrer Metaboliten in Trinkwasser ▪ Behebung von Flockungsstörungen bei der Trinkwasseraufbereitung
Hohe See Einbringungsgesetz	▪ Vermeidung bzw. Verwertung von Dünnsäure aus der Titandioxidproduktion ▪ Aufarbeitung von Hafenschlick ▪ Landgestützte Behandlung organisch verunreinigter Schwefelsäure
TA Siedlungsabfall	▪ Weiterentwicklung der Abfallverbrennung ▪ Verwertung von Altpapier, Altholz, Kunststoffen, Kunststoff-Metall-Verbünden ▪ Sickerwasserführung
TA Abfall	▪ Abfallarme Galvanisierung ▪ Abfallarme Lackiertechnik ▪ Dichtungssysteme und Erkundungstechniken für Abfalldeponien

4.4.4 Bewertung der Wirkungen der Förderung auf die Regulierung

Die Analyse der Regelungseffekte der Förderung vermittelt insgesamt ein positives Bild. Die Projektförderung des BMBF im Bereich *Umwelttechnologie; Sicherheit technischer Systeme* hat die Umweltgesetzgebung und ihren Vollzug hilfreich unterstützt und den **Handlungsspielraum für die Umweltpolitk** erheblich erweitert. Mehr als jedes dritte (567 von 1569 Vorhaben) der im Untersuchungszeitraum von 1980 bis 1992 auf Regelungseffekte untersuchten geförderten Vorhaben hat Einfluß auf die inhaltliche Ausgestaltung oder verwaltungsmäßige Umsetzung von umweltbezogenen Regelungen, Normen und Richtlinien genommen. Fast der Hälfte davon (260 Vorhaben) kam eine herausragende Bedeutung zu. Besonders hervorzuheben sind die Förderschwerpunkte Minderung der Emissionen an FCKW und anderer halogenierter Kohlenwasserstoffe, die Fortentwicklung der Abfallverbrennung sowie die Reinigung kommunaler Abwässer.

Die festgestellten Regelungseffekte bestätigen, daß die Forschungsförderung insgesamt adäquat auf die Problemlagen im Umweltschutz reagiert hat. Sie sind als quantitativer **Indikator** für den ökologischen Nutzen der Förderung anzusehen.

Untersuchungen, in welchem Umfang nicht staatlich geförderte Forschung und Entwicklung in gesetzliche und untergesetzliche Regelungen einfließt, sind nicht bekannt. Das Prinzip der Subsidiarität führt zu einer strategischen Ausrichtung staatlich geförderter FuE auf die technologischen Grundlagen, während die **FuE der Wirtschaft** marktnäher agieren muß. Aufgrund dieser gewollten Aufgabenteilung ist nicht auszuschließen, daß die Eigenforschung der Wirtschaft die Regulierung sogar stärker beeinflußt als die staatliche Forschungsförderung.

4.5 Operationelle und instrumentelle Aspekte

4.5.1 Förderpolitische Zielsetzungen und methodische Bemerkungen

Die Förderphilosophie geht davon aus, daß eine staatliche Förderung von Projekten zur Technikentwicklung (auch im Bereich des Umweltschutzes) dem Prinzip der Subsidiarität zu folgen hat (BMBF 1996 c). Demzufolge wird die Umwelttechnik-Entwicklung nur dann durch das BMBF gefördert, wenn sie der Zukunftsvorsorge dient (z.B. Umwelt, Gesundheit, Verkehr) oder wenn das Vorhaben von öffentlichem Interesse ist und von der Industrie aus wirtschaftlichen Gründen kein ausreichendes Engagement zu erwarten ist (insbesondere bei kleinen und mittleren Unternehmen) oder das wirtschaftliche Entwicklungsrisiko zu groß ist.

Auf dem Hintergrund dieser Programmannahmen werden im folgenden die Anstoßwirkung der Förderung diskutiert, das aktive und passive Informationsverhalten der geförderten Zuwendungsempfänger sowie die Analyseergebnisse zur Ausgestaltung der FuE-Förderung des BMBF.

4.5.2 Die Anstoßwirkung der Förderung

Zur Ermittlung der Anstoßwirkung der Projektförderung im Bereich der Forschungs- und Technologiepolitik werden üblicherweise (Kuhlmann u.a. 1995) folgende Dimensionen unterschieden: Das geförderte Vorhaben wäre ohne Förderung

- überhaupt nicht (Initialeffekt)
- in einem kleineren Umfang (Vergrößerungseffekt)
- in verlängertem Zeitraum (Beschleunigungseffekt)
- erst zu einem späteren Zeitpunkt (Vorzieheffekt)
- in gleicher Weise (Mitnahmeeffekt)

durchgeführt worden.

Gemäß dem oben erläuterten Prinzip der Subsidiarität ist vor allem der Initialeffekt der Forschungsförderung erwünscht, weil es sich dabei um Forschungsvorhaben von gesamtgesellschaftlichem Interesse handelt, die (aufgrund einzelwirtschaftlich zu hoher technischer oder wirtschaftlicher Risiken) nicht ohne die staatliche Förderung realisiert worden wären. Auch die Vergrößerungs-, Beschleunigungs- und Vorzieheffekte können oft plausibel erklärt und daher mit den Intentionen der Förderung in Einklang gebracht werden. Mitnahmeeffekte sind dagegen unerwünscht und werden in der öffentlichen Diskussion wie von den fördernden

Stellen als Effizienzmängel bewertet. Die im Zusammenhang dieser Evaluation zutreffenden Einschätzungen werden im folgenden diskutiert.

Als **wichtigste Effekte** der Förderung von FuE in den hier analysierten Vorhaben ergeben sich nach den Angaben der Geförderten (vgl. Abbildung 36) bei Unternehmen und Öffentlichen Einrichtungen, daß rund zwei Fünftel das geplante Vorhaben ohne die FuE-Förderung des BMBF in einem kleineren Umfang durchgeführt hätten, gut ein Drittel überhaupt nicht. Der Initialeffekt ist bei Forschungseinrichtungen mit rund zwei Dritteln der Projekte erwartungsgemäß deutlich größer. Bei diesen spielt der Vergrößerungseffekt bei knapp einem Drittel der Vorhaben die zweitwichtigste Rolle. In bezug auf Unternehmenstyp (Hersteller, Anwender, Dienstleister), universitäre oder außeruniversitäre Forschungseinrichtung, Projektgröße (Gesamtkosten für das FuE-Vorhaben) oder Höhe der BMBF-Zuwendung gibt es insgesamt nur relativ geringe Unterschiede.

Abbildung 36: Wäre das Vorhaben auch ohne Förderung durchgeführt worden?

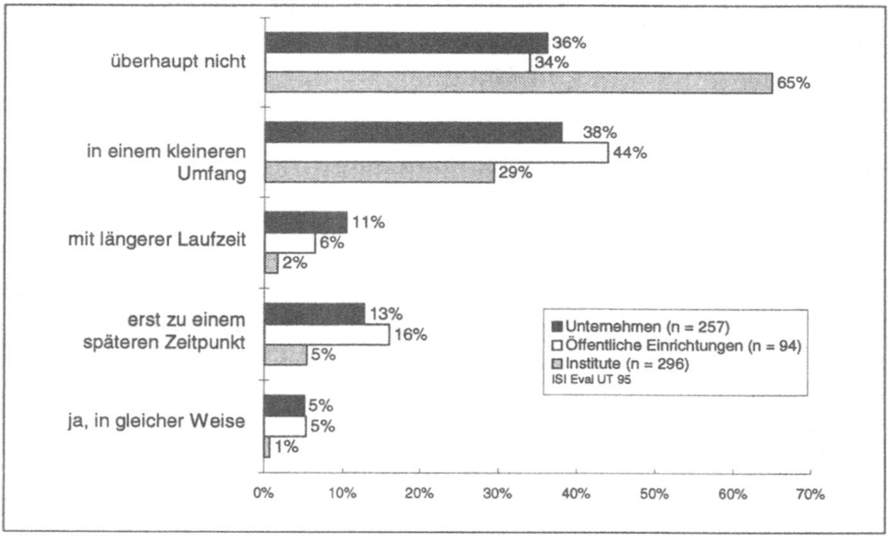

Der **Mitnahmeeffekt** ("das Vorhaben wäre auch ohne staatliche Förderung in gleicher Weise durchgeführt worden") spielt insgesamt eine geringe Rolle: nur etwa 5 % der Geförderten geben in der schriftlichen Umfrage diese Erklärung. Auch bei den Interviews wurde das Niveau dieser Aussage im wesentlichen bestätigt. Dieses Niveau an Mitnahmeeffekten ist, verglichen mit anderen Förderprogrammen, außerordentlich niedrig. In anderen Evaluationen wurden, abhängig vom Charakter des untersuchten Programms, Mitnahmeeffekte in Höhe von ca. 15 % (nach der schriftlichen Befragung) bis ca. 50 oder 60 % (nach der mündlichen Befragung)

festgestellt (Kuhlmann u.a. 1995; Meyer-Krahmer/Gielow/Kuntze 1984; Lay u.a. 1989; IFS 1990). Bei einer vielleicht am besten vergleichbaren Evaluierung der Projektförderung für kleine und mittlere Unternehmen in den Fachprogrammen des BMBF (Siegert u.a. 1985) wurde nach Interviews ein Mitnahmeeffekt in Höhe von 18 % angegeben.

Grundsätzlich muß aus der Art der Fragestellung wegen Opportunitätsgründen bei den Befragten eine zu positive Einschätzung der Anstoßwirkung und eine Unterschätzung des Mitnahmeeffektes erwartet werden. Dennoch kann aus den genannten Vergleichen als valides - wenn auch methodisch "weiches" - Ergebnis abgeleitet werden, daß Mitnahmeeffekte in der hier analysierten Förderung umwelttechnologischer Entwicklungen keine große Rolle spielten.

Wegen des sehr niedrigen Niveaus von Mitnahmeeffekten ergeben sich auch absolut geringe Fallzahlen (Institute: 2, Öffentliche Einrichtungen: 5), so daß eine vertiefende Analyse der Erklärungsmuster hinter dem Mitnahmeeffekt statistisch nicht aussagekräftig ist. Nur für Unternehmen (mit n = 13) kann überhaupt eine Differenzierung der Gründe versucht werden, wobei die Ergebnisse als Tendenzaussagen vorsichtig interpretiert werden müssen. Es sollen daher nur die nächstliegenden Hypothesen überprüft werden. Danach sollte eine höhere Mitnehmerquote erwartet werden bei Vorhaben, die

- als strategische Projektziele eine Imageverbesserung für das Unternehmen, die Lösung eines akuten Umweltproblems, eine Senkung von Kosten/Gebühren, das Einstellen auf die Einhaltung erwarteter gesetzlicher Vorschriften bzw. die Sicherung von Geschäftsfeldern verfolgten,
- auf interne Nutzung zielten bzw. nach Projektende vermarktet wurden oder
- bereits bei Projektbeginn in einem Entwicklungsstand waren, der zumindest das technische Entwicklungsrisiko als weniger groß erscheinen ließ.

Abbildung 37 zeigt, daß der Mitnahmeeffekt tatsächlich weniger mit den *strategischen Projektzielsetzungen* verbunden ist, als nach den Hypothesen vermutet wurde. Weder eine Senkung von Kosten/Gebühren noch das Einstellen auf die Einhaltung erwarteter gesetzlicher Vorschriften oder die Sicherung von Geschäftsfeldern sind strategische Projektzielsetzungen, die hier mit einem erhöhten Mitnehmeranteil korrelieren. Eine Korrelation ist dagegen feststellbar bei den strategischen Projektzielen Imageverbesserung für das Unternehmen sowie Lösung eines akuten Umweltproblems, jedoch ist diese nicht signifikant.

Auch unter den *Vorhaben, die extern vermarktet wurden*, ist ein deutlich höherer Mitnehmeranteil zu verzeichnen, während bei Vorhaben, die nicht auf externe Vermarktung, sondern nur auf die interne Nutzung der Projektergebnisse zielten, nur ein durchschnittlicher Mitnehmeranteil festgestellt werden kann.

Abbildung 37: Wichtige strategische Projektzielsetzungen und Mitnahmeeffekt[1]

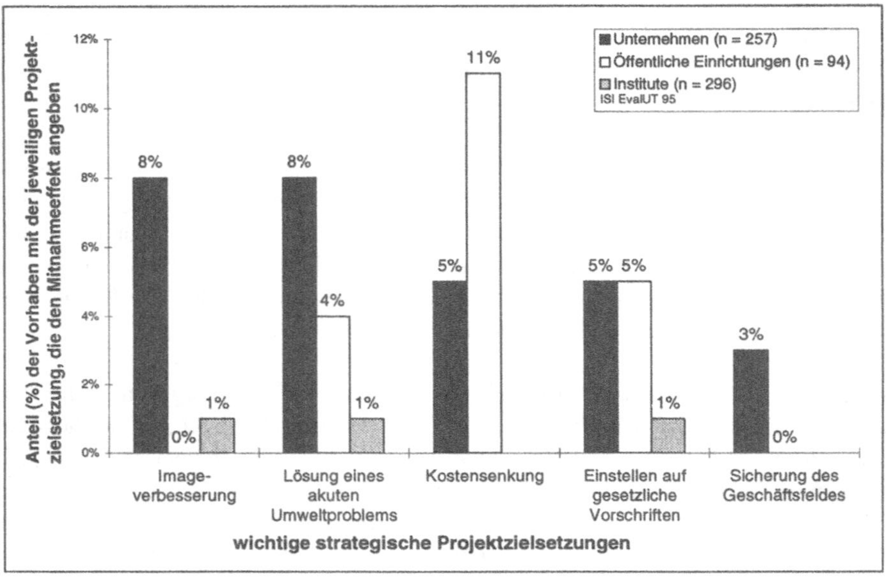

Der *Stand der technischen Entwicklung bei Projektbeginn* läßt tatsächlich (erwartungsgemäß) eine Korrelation mit Mitnahmeeffekten erkennen. Je höher die Anwendungsreife des geförderten Forschungs- und Entwicklungsvorhabens bei Projektbeginn war (naturwissenschaftlich-technische Kenntnisse vorhanden - Laboratoriumsmaßstab bzw. Prototyp - Technikumsmaßstab bzw. Nullserie), desto höher wird der Anteil der von den geförderten Unternehmen angegebenen Mitnahmeeffekte (vgl. Abbildung 38).

Insgesamt lassen sich also die hypothetisch erwarteten Zusammenhänge durchaus aufzeigen. Der naheliegende Schluß, solche "Mißstände" dadurch auszuschalten, daß Projektanträge mit entsprechenden Charakteristika nicht mehr genehmigt würden, ist allerdings schwer zu realisieren. Die Kennzeichnung oder Einstufung von Projektanträgen nach Kriterien wie Verfolgung bestimmter strategischer Projektziele (Imageverbesserung für das Unternehmen, Lösung eines akuten Umweltproblems, Senkung von Kosten/Gebühren, Einstellen auf die Einhaltung erwarteter gesetzlicher Vorschriften, Sicherung von bestehenden Geschäftsfeldern) oder Anwendungsreife des geförderten Forschungs- und Entwicklungsvorhabens bei Projektbeginn, ist schwierig durchzuführen. Darüber hinaus ist angesichts des auch im Vergleich zu den Evaluationsergebnissen bei anderen FuE-Förderpro-

1 Lesebeispiel: Von den Vorhaben von Unternehmen, die eine akutes Umweltproblem lösen sollten, gaben 8 % der Geförderten an, sie hätten das Vorhaben ohne Förderung in gleicher Weise durchgeführt.

grammen außerordentlich niedrigen Niveaus von Mitnahmeeffekten zu konstatieren, daß eine akribische Einzelfallprüfung zur Ausschaltung solcher unerwünschten Fälle wegen des zu erwartenden Kosten/Nutzen-Verhältnisses kaum lohnen würde.

Abbildung 38: Anstoßwirkung der Förderung nach Projektstand am Beginn[2]

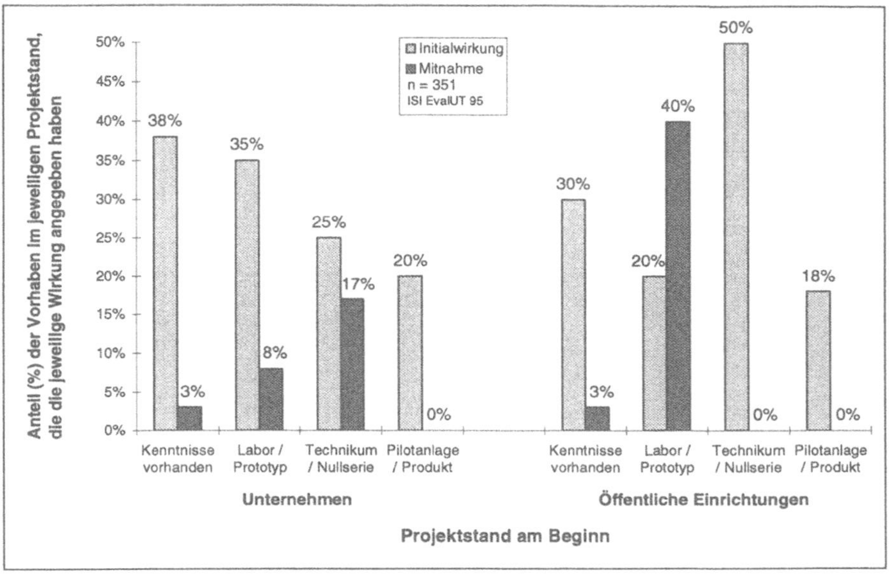

Der **Initialeffekt** hat mit gut einem Drittel der Vorhaben bei Unternehmen und Öffentlichen Einrichtungen und rund zwei Dritteln der Vorhaben bei Instituten entsprechend den Förderintentionen eine höchst prominente Rolle. Bei Unternehmen ergibt sich nach den Angaben der Geförderten eine Initialwirkung vor allem bei kleinen Unternehmen (insbesondere kleinen Dienstleistern).

In mancher Hinsicht sind Vorhaben von Unternehmen, die nach Aussagen der Geförderten ohne die Förderung nicht durchgeführt worden wären, gegenüber den durch Mitnahmeeffekte gekennzeichneten Vorhaben durch quasi spiegelbildliche Merkmale zu charakterisieren:

- Bei Vorhaben mit ökonomisch relevanten strategischen Projektzielsetzungen wie Imageverbesserung für das Unternehmen, Lösung eines akuten Umweltproblems, Senkung von Kosten/Gebühren, Einstellen auf die Einhaltung erwarteter gesetzlicher Vorschriften bzw. die Sicherung von Geschäftsfeldern wird eher

2 Lesebeispiel: Von den Vorhaben von Unternehmen, bei denen zu Projektbeginn eine Laboranlage/ein Prototyp vorlag, gaben 35 % der Geförderten an, sie hätten das Vorhaben ohne Förderung nicht durchgeführt.

unterdurchschnittlich häufig angegeben, daß sie das Vorhaben ohne öffentliche Förderung nicht durchgeführt hätten.

- Je anwendungsferner der Entwicklungsstand der Vorhaben bei Projektbeginn war, desto höher war der Anteil der Vorhaben, die ohne Förderung nicht durchgeführt worden wären (vgl. Abbildung 38).
- Sowohl bei Unternehmen wie bei Öffentlichen Einrichtungen und Instituten wird ein Initialeffekt bei jenen Vorhaben unterdurchschnittlich häufig angegeben, deren Ergebnisse in der Zwischenzeit extern vermarktet werden (bzw. auf die interne Nutzung zielten) bzw. deren Vermarktung/Verbreitung bei anderen Anwendern zwar noch nicht realisiert war, aber bevorstand (vgl. Abbildung 39.

Abbildung 39: Vermarktung der Ergebnisse bzw. Verbreitung bei anderen Anwendern und Initialeffekt der Förderung[3]

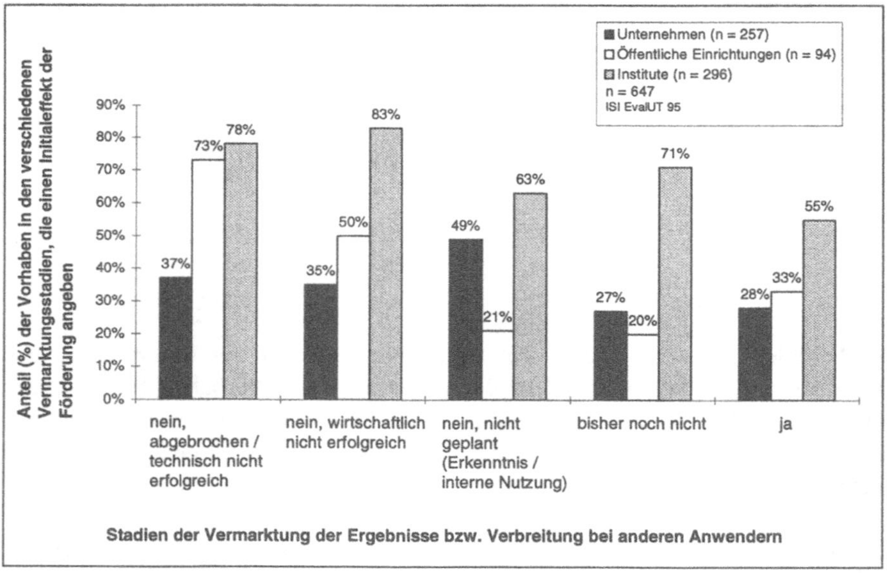

Vorhaben mit Initialeffekten sind allerdings auch dadurch gekennzeichnet, daß sie relativ häufig zu Projektabbrüchen führten bzw. sich als wirtschaftlich nicht erfolgreich erwiesen (vgl. Abbildung 39). Der Intention des Förderprogramms, eher marktferne Entwicklungen mit hohem technischen und wirtschaftlichen Risiko fördern zu wollen, entspricht dieser Aspekt des Initialeffekts durchaus, und die korrespondierenden, relativ hohen Anteile technisch oder wirtschaftlich nicht

3 Lesebeispiel: Von den Vorhaben von Unternehmen, die wirtschaftlich nicht erfolgreich waren, gaben 35 % der Geförderten an, sie hätten das Vorhaben ohne Förderung nicht durchgeführt.

erfolgreicher Vorhaben sind aus dieser Charakteristik ebenfalls erklärbar und müssen wohl toleriert werden.

Mitnahmeeffekt und Initialeffekt sind im Prinzip komplementäre Wirkungen staatlicher Förderprogramme. Dies tritt bei der Analyse des Einflusses des Stands der Anwendungsreife der Technik bei Projektbeginn deutlich hervor. Je weiter die geförderte Technik bei Projektbeginn entwickelt war (in Richtung auf Prototyp/Demonstrationsanlage oder serienreife Fertigung), desto geringer wird die Initialwirkung der Förderung und desto größer wird der Mitnahmeeffekt, wie Abbildung 39 für die Unternehmen belegt. Auch dieser Zusammenhang illustriert sehr deutlich das Dilemma, daß einerseits die FuE-Förderung des BMBF "marktfern" erfolgen soll, andererseits mit der Förderung hohe Umsetzungsraten erzielt werden sollen.

Ambivalent sind Projekte zu beurteilen, die ohne die staatliche Förderung nur in einem kleineren **Umfang** realisiert worden wären (Vergrößerungseffekt). Ob die größere Auslegung der geförderten Projekte tatsächlich sinnvoll war und auch im öffentlichen Interesse lag oder ob dieses auch zum vielkritisierten deutschen Overengineering geführt hat, könnte nur durch eine Einzelfallüberprüfung der Inhalte der geförderten Projekte ermittelt werden.

Die sowohl von Unternehmen und Öffentlichen Einrichtungen als auch von geförderten Forschungseinrichtungen ebenfalls als wichtig genannten **Vorzieh-** ("das Vorhaben wäre erst zu einem späteren Zeitpunkt durchgeführt worden") **und Beschleunigungseffekte** ("das Vorhaben wäre in einer längeren Laufzeit durchgeführt worden") können im Sinne einer tatsächlich erreichten Umweltentlastung als positiv gewertet werden, obwohl unterstellt werden kann, daß diese Projekte vielleicht auch ohne staatliche Förderung, dann allerdings zu einem späteren Zeitpunkt bzw. in einem längeren Zeitraum, durchgeführt worden wären. Dieser Zusammenhang zeigt sich zumindest - wenn auch nur schwach ausgeprägt - an den leicht überdurchschnittlichen Anteilen von vermarkteten Vorhaben, die Beschleunigungs- bzw. Vorzieheffekte als Wirkung der öffentlichen Förderung genannt haben.

Zur Ermittlung einer Anstoßwirkung der Förderung gehört auch die **Analyse weiterer Einflußfaktoren**, die zur Realisierung eines Forschungs- und Entwicklungsvorhabens bzw. zu seiner Umsetzung in die praktische Anwendung beitragen. Bei der vorliegenden Evaluation war vereinbarungsgemäß keine umfassende Analyse aller Einflußfaktoren geplant. Als zeitlich nächstliegender Zusammenhang wurde aber untersucht, in welchem Ausmaß **nach Abschluß der geförderten Vorhaben weitere Forschungs- und Entwicklungsarbeiten** durchgeführt wurden, um ein anwendungsreifes/marktfähiges Produkt bzw. Verfahren zu erreichen (vgl. auch die in Kapitel 4.3 dargelegten Ergebnisse).

Ein Drittel (bei Öffentlichen Einrichtungen) bis die Hälfte der Vorhaben (bei Unternehmen) führten im Anschluß an das geförderte Vorhaben weitere FuE mit dem Ziel anwendungsreifer/vermarktbarer Lösungen durch (vgl. Abbildung 40). Die Durchführung weiterer Forschungs- und Entwicklungsarbeiten wurde überdurchschnittlich häufig angegeben bei Vorhaben, die inzwischen vermarktet wurden oder zumindest darauf zielten. Insgesamt wurde rund die Hälfte der Projekte mit weiteren FuE-Arbeiten von den durchführenden Organisationen selbst finanziert, um anwendbare Ergebnisse zu erreichen: 50 - 60 % der Vorhaben von Öffentlichen Einrichtungen bzw. Unternehmen sowie 12 % der Vorhaben von Forschungseinrichtungen.

Abbildung 40: Durchführung weiterer FuE-Arbeiten nach der Förderung

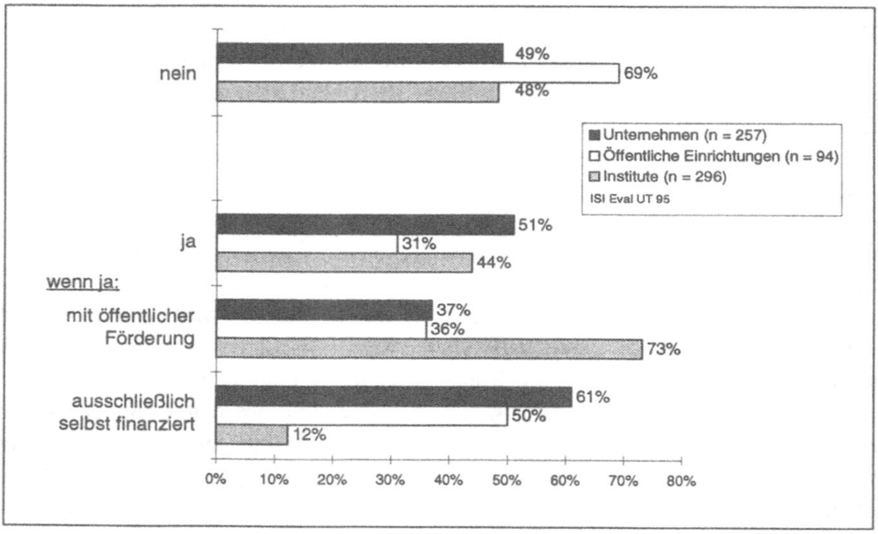

Zumindest für diese knappe Hälfte der Projekte, die nach Abschluß der geförderten Vorhaben weiterführende FuE-Arbeiten durchführten, um zu einem anwendungsreifen/vermarktungsfähigen Produkt/Verfahren zu kommen, kann kein direkter kausaler Zusammenhang zwischen finanzieller staatlicher FuE-Förderung und dem vermarkteten/angewandten Ergebnis des geförderten Forschungs- und Entwicklungsvorhabens hergestellt werden.

4.5.3 Das Informationsverhalten der Geförderten

Das Informationsverhalten der Geförderten ist im Hinblick auf die Diffusion der Ergebnisse und damit auf die Realisierung von Umweltentlastungspotentialen, aber auch für die Umsetzung in ökonomische Erfolge, um die sich auch die FuE-/Innovations-Förderung bemüht, von besonderer Bedeutung. Es beinhaltet die beiden Aspekte der Informationsbeschaffung sowie der Verbreitung von Informationen über die Ergebnisse der geförderten Vorhaben.

Die **Informationsquellen** unterscheiden sich sehr deutlich in ihrem Detaillierungsgrad, wodurch sie jeweils für unterschiedliche Informationssituationen in Frage kommen. So sind dem Förderungskatalog des BMBF (BMBF 1996 b), der von Unternehmen ebenso wie von Forschungseinrichtungen am häufigsten laufend oder bei konkretem (FuE-) Bedarf genutzt wird (vgl.Abbildung 41), vor allem Strukturinformationen zu inhaltlichen, finanziellen und auf die handelnden Akteure bezogenen Sachverhalten zu entnehmen. Damit können Informationen sowohl über Aktivitäten von Konkurrenten wie von (potentiellen) Kooperationspartnern erschlossen werden. Ähnlich zu bewerten ist das Nutzungspotential des Katalogs UFORKAT, der darüber hinaus noch Informationen über die Inhalte der von Geförderten durchgeführten Forschungs- und Entwicklungsvorhaben enthält, aber von den Geförderten wenig genutzt wird. Inhaltlich gehen diese Informationen aus Förderungskatalogen und UFORKAT wenig in die Tiefe.

Detaillierte technische oder ökonomische Informationen zu Innovationsvorhaben sind in diesen Quellen also nicht zu finden. Solche Informationen - im allgemeinen aber nur technische - können jedoch den Projektberichten entnommen werden, von denen je ein Exemplar in der Technischen Informationsbibliothek Hannover (TIB) zugänglich ist. Diese Veröffentlichungspflicht von Projektberichten führt andererseits häufig dazu, daß wichtige oder sogar entscheidende Kontextinformationen nicht oder jedenfalls nicht in aller Klarheit veröffentlicht werden. Dadurch können Projektberichte als Informationsquelle viel von ihrem Informationspotential einbüßen. Darüber hinaus ist viel Zeit für die gezielte Erschließung der in ihnen enthaltenen Informationen erforderlich. Eine denkbare Zurverfügungstellung dieser Informationen in elektronischen Medien mit inhalterschließenden Suchhilfen könnte die Nutzbarkeit und Nutzungsintensität zukünftig drastisch erhöhen.

Eine potentielle Erhöhung von Nutzbarkeit und Nutzungsintensität durch den Einsatz elektronischer Hilfsmittel trifft ähnlich auch für Veröffentlichungen des BMBF bzw. der Projektträger zu, die von den Geförderten an zweiter Stelle als laufend oder bei konkretem (FuE-) Bedarf genutzte Informationen genannt werden. Diese nehmen im Prinzip eine Zwischenstellung zwischen wenig tiefgehenden Strukturinformationen aus dem Förderkatalog und einer zeitintensiven und kommunikativen Informationsbeschaffung in Statusseminaren der Projektträger/des BMBF oder der Mitarbeit in Fachgremien ein. Diese beiden Arten der Informationsbeschaffung wurden von den Geförderten in ihrer Bedeutung als Informationsquelle über die Forschungs- und Technologieförderung des BMBF auf vergleichbarem Niveau als eher gleichwertig zwischen dem zweiten und dritten Rang bewertet.

Abbildung 41: Nutzung von Informationsquellen über die BMBF-Förderung[4]

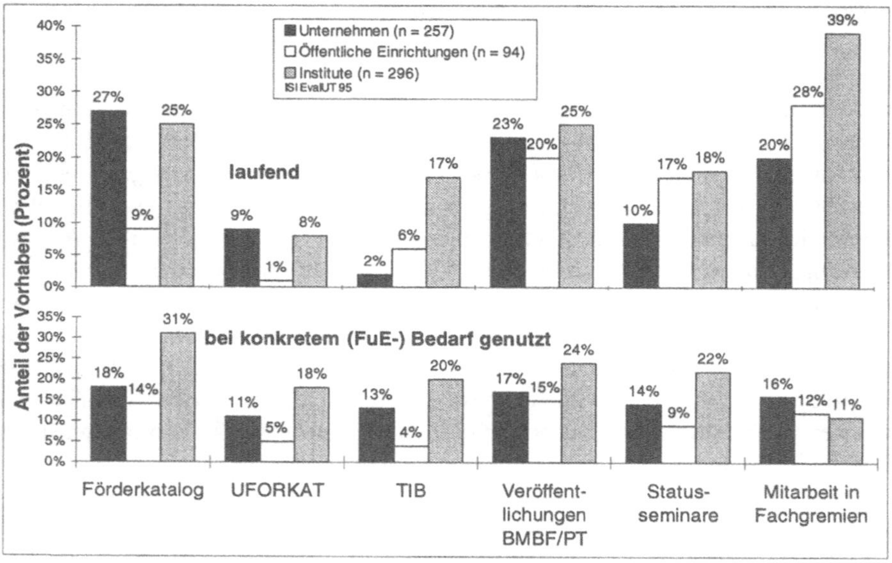

Entgegen diesen Informationsquellen, die eher auf BMBF-eigene Aktivitäten zurückgeführt werden können, werden von den Geförderten als Informationsmedien zur aktiven Verbreitung von Informationen über Ergebnisse aus den geförderten Vorhaben (vgl. Abbildung 42) vor allem zwei Medien eingesetzt, auf deren Nutzung das BMBF allerdings nur wenig Einfluß hat: Aufsätze in der Fachpresse und Vorträge auf Messen/Kongressen etc. Insgesamt zeigen die Ergebnisse, daß Institute bei ihrer Informationsdiffusion aktiver sind, insbesondere über Veröffentlichungen. Teilweise publiziert aber die Industrie aus Wettbewerbsgründen bewußt nicht in allgemein zugänglichen Medien, so daß solche wettbewerbsrelevanten Vorhaben von Unternehmen und Öffentlichen Einrichtungen nicht ihrer Bedeutung gemäß in den vorliegenden statistischen Angaben widergespiegelt werden.

4 Die Frage lautete: "Welche Quellen nutzen Sie zur Information über die Forschungs- und Technologieförderung des BMBF im Umweltbereich?"

Abbildung 42: Verbreitung von Informationen über Projektergebnisse durch die Geförderten[5]

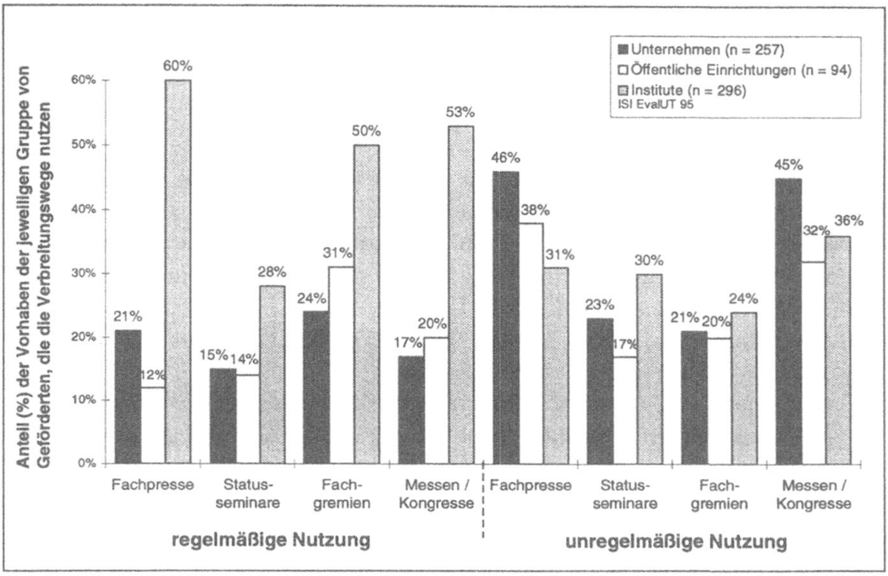

Als Folge der schwer zugänglichen Informationen über die Ergebnisse aus geförderten FuE-Vorhaben sind diese zumindest teilweise in den Gremien des Verwaltungsvollzugs schlecht präsent (vgl. Angerer et al. 1996).

Perspektiven für die Informationsaufnahme und -verbreitung von Ergebnissen aus geförderten Vorhaben liegen im Aufbau bzw. in einer Wegleitung zu einer öffentlich zugänglichen Projektdatenbank, die insbesondere einen Kurzbericht über die erzielten *Ergebnisse* enthält und eine benutzerfreundliche Oberfläche für diese Datenbank bereitstellt. Es könnte darüber hinaus erwogen werden, aktive Strategien zur Informationsverbreitung über die Ergebnisse der geförderten Vorhaben, u.a. den Ausbau der Mitarbeit in Fachgremien, durch Einbeziehung in die Förderung zu erweitern.

4.5.4 Zur Ausgestaltung der FuE-Förderung des BMBF

Die Ausgestaltung der Förderung hat Auswirkungen auf den Anteil von Vorhaben, der im Sinne der Intention der Förderung umwelttechnologisch wichtige Forschung und Entwicklung durchführt, die ohne die Förderung nicht oder nicht im

5 Die Frage lautete: "Wie verbreiten Sie Informationen über die von Ihnen erarbeiteten Ergebnisse aus BMBF-geförderten Projekten (außer durch Ihre normale Vertriebstätigkeit)?"

erwünschten Umfang und zum gewünschten Zeitpunkt durchgeführt worden wäre (vgl. Kuhlmann u.a. 1995).

Zu den hier behandelten Themen gehören
- die Probleme des Zugangs zu den Fördermitteln (allgemein: der Antragstellung)
- die Förderung von Verbundvorhaben
- die Betreuung der Geförderten durch die Projektträger.

Um Aussagen für die ganze Vielfalt der unterschiedlichen Situationen der Geförderten zu erhalten, wurden die Geförderten in der schriftlichen Umfrage nach ihren **Wünschen an die Forschungs- und Entwicklungsförderung des BMBF** befragt. Die am häufigsten genannten Wünsche an die FuE-Förderung des BMBF (Abbildung 43) beziehen sich auf die
- Bereitstellung von Informationen über längerfristige technische Entwicklungstrends auf umweltrelevanten Gebieten,
- Verfügbarmachung von mehr Informationen über die Fördertätigkeit des BMBF,
- Verbreitung von Informationen über Kooperationsmöglichkeiten und -partner sowie auf die
- Verbesserung der instrumentellen Ausgestaltung der Förderung.

Am häufigsten wurde der Wunsch nach Bereitstellung von *Informationen über längerfristige technische Entwicklungstrends* auf umweltrelevanten Gebieten genannt (54 % aller Vorhaben bezeichneten dies als wichtig oder sehr wichtig). Bei allen Gruppen von Geförderten (Unternehmen, Öffentliche Einrichtungen, Institute) ist dieser Anteil bei den jüngeren Projekten (Abschluß zwischen 1990 und 1992) am höchsten, bei Unternehmen steigt der Anteil mit der Unternehmensgröße. Beide Befunde decken sich mit der seit einigen Jahren zu beobachtenden Tendenz, daß verstärkt versucht wird, Methoden der technologischen Vorausschau zu nutzen, um technische wie Marktunsicherheiten zu verringern. Auch das BMBF hat in den vergangenen Jahren wieder verstärkt Untersuchungen zur technologischen Vorausschau durchführen lassen, so u.a. zur "Technologie am Beginn des 21. Jahrhunderts" (Grupp 1993) sowie die Delphi-Berichte (BMBF 1993, 1996 a). Diese haben wiederum zu vermehrten Nachfragen von Unternehmen nach entsprechenden Vorausschau-Untersuchungen geführt. Die Ansicht, daß eigentlich die Geförderten selbst am besten (und jedenfalls besser als das BMBF) die weitere technische Entwicklung einschätzen können müßten, wird damit relativiert. Wie die genannten Untersuchungen zeigen, kann mit einem geeigneten Vorgehen eine neue Qualität an Informationen bereitgestellt werden, so daß wertvolle Informationen vor allem in Bereichen, die nicht zum engeren Expertenwissen der Befragten gehören, genutzt werden können. Für die Vorbereitung konkreter Innovationsvorhaben von Unternehmen oder Öffentlichen Einrichtungen müssen solche Untersuchungen allerdings mit vertiefenden techno-ökonomischen Untersuchungen ergänzt werden, um handlungsrelevantes Wissen bereitzustellen.

Abbildung 43: Wünsche an die FuE-Förderung des BMBF im Bereich Umwelttechnik[6]

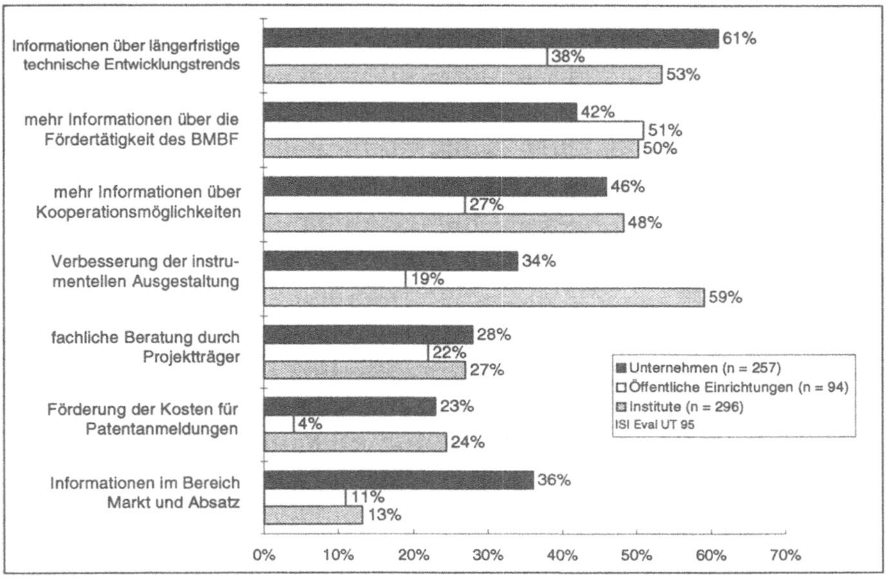

Trotz aller seit vielen Jahren intensiv betriebenen Öffentlichkeitsarbeit werden nach wie vor verbesserte *Informationen über die Fördertätigkeit des BMBF* an zweiter Stelle (47 % aller Vorhaben) als wichtig oder sehr wichtig benannt, wobei unerwarteterweise dieser Wunsch von größeren Unternehmen häufiger geäußert wird.

Informationen über Kooperationsmöglichkeiten und -partner werden von 44 % der Geförderten als wichtig bis sehr wichtig genannt. In Anbetracht der hohen Kooperationsintensität der geförderten Vorhaben - rund 80 % aller Vorhaben werden in Kooperationen (nicht nur im Rahmen von Verbundprojekten, vgl. Kapitel 4.3) durchgeführt, erscheint dieser Wunsch an die BMBF-Förderung zunächst paradox. Tatsächlich steckt jedoch ein dringendes, gleichwohl schwierig zu lösendes Problem hinter diesem Beratungswunsch der Geförderten. Sehr häufig werden FuE-Kooperationen gesucht, um komplementäres Know-how zum eigenen Wissen zu erschließen, ganz besonders beim Einstieg in neue Technologien. Dabei stehen die Geförderten aber immer wieder vor neuen Situationen und der Notwendigkeit, Leistungsfähigkeit und Zuverlässigkeit unbekannter Kooperati-

6 In der Abbildung wurden die als wichtig oder sehr wichtig angegebenen Wünsche zusammengefaßt. Lesebeispiel: 61% der geförderten Unternehmen nannten die Bereitstellung von Informationen über längerfristige technische Entwicklungstrends auf umweltrelevanten Gebieten wichtig oder sehr wichtig.

onspartner zu beurteilen - und das gerade auf einem Gebiet, das außerhalb der eigenen Kernkompetenzen liegt (vgl. Wolff u.a. 1994). Es besteht daher immer wieder neuartiger Informationsbedarf, aus dem der Wunsch nach mehr Informationen über Kooperationsmöglichkeiten und -partner verständlich wird. Daß der Informationswunsch mit der Unternehmensgröße sinkt, kann vielleicht mit der höheren Kooperationsintensität der größeren Unternehmen erklärt werden, die damit auch vor einer höheren Anzahl an Entscheidungsfällen stehen, während der dadurch bereitgestellte Zuwachs an Erfahrung und Routine dennoch nicht in allen Fällen ausreicht, um die Entscheidungsunsicherheiten völlig zu kompensieren.

Insgesamt ergibt sich ein (erwarteter) Zusammenhang zwischen Problemen bei FuE-Aktivitäten und Wünschen an die BMBF-Förderung:

- Werden mittlere bis große Probleme auf Unsicherheiten über Märkte zurückgeführt, so wünschen sich die Geförderten überdurchschnittlich häufig die Bereitstellung von Informationen im Bereich Markt und Absatz sowie von Informationen über längerfristige technische Entwicklungstrends. Auch ein Ausbau der fachlichen Beratungsleistungen der Projektträger wird überdurchschnittlich oft gewünscht.
- Bei Mangel an qualifiziertem FuE-Personal (zu dessen Kompensation häufig Kooperationen angestrebt werden) bzw. wegen Unsicherheit in der Einschätzung der Eignung potentieller Kooperationspartner wünschen sich die Geförderten häufiger Informationen über Kooperationsmöglichkeiten und -partner.
- Bei Problemen aufgrund von mangelnder Rentabilität der FuE-Aufwendungen bzw. von Engpässen bei der Finanzierung von FuE sind die Geförderten überdurchschnittlich häufig an vermehrten Informationen über die Fördertätigkeit des BMBF interessiert sowie an einer verbesserten Ausgestaltung der Förderung.

Der Wunsch nach *Verbesserung der instrumentellen Ausgestaltung der Förderung,* von 43 % aller Geförderten an vierter Stelle genannt, bezieht sich insbesondere auf einen verringerten administrativen Aufwand für Planungs-, Nachweis- und Berichtspflichten sowie eine stärkere Berücksichtigung der Bedürfnisse von kleinen und mittleren Unternehmen (KMU), was sich auch deutlich darin widerspiegelt, daß dieser Wunsch mit steigender Unternehmensgröße weniger oft genannt wird.

Zu den **Problemen bei der Antragstellung**, die einen erheblichen (zeitlichen und finanziellen) Aufwand verursachten, wurden als wichtigste Kritikpunkte in den Aussagen Geförderter genannt:

- Das Verfahren zur Prüfung von FuE-Ideen im Vorfeld der Antragstellung wird von den Geförderten oft als unbefriedigend empfunden. Nach der förmlichen Antragstellung seien insbesondere die Projektprüfungs- und Entscheidungskriterien nicht transparent.
- Programm und Förderkonzepte lassen offen, ob Ideen an das BMBF oder den Projektträger herangetragen werden sollten, die fachlichen Zuständigkeiten seien nicht klar. Es gibt keine Hinweise auf Personen als Ansprechpartner. So nennt

beispielsweise das Förderkonzept Produktionsintegrierter Umweltschutz (PIUS) zwar die Projektträger als Ansprechpartner, die Abgrenzung ihrer fachlichen Zuständigkeiten bleiben aber offen.

- Insbesondere die detaillierten Planungs-, Nachweis- und Berichtspflichten und die Planung und Abrechnung der auf das Projekt entfallenden Kosten werden von vielen Geförderten als Belastung empfunden. Tatsächlich ist bei vielen kleineren Unternehmen eine projektgerechte Kostenzuordnung im betrieblichen Rechnungswesen nicht üblich, auch fehlt ihnen vielfach die Praxis, (selbst bedeutsame) Projekte zeitlich und finanziell stringent zu planen. Als Ausweichstrategie versuchen manche *Hersteller* im Unterauftrag über geförderte *Anwender* an Fördergelder zu gelangen, um den Einzelnachweis der Kosten zu vermeiden.
- Manche der Geförderten klagen über "erhebliche" durch die Förderung verursachte zusätzliche Aufwendungen für die Projektadministration. Die Schätzungen in den Interviews reichten von 5 bis 15 % des Projektvolumens. Mehrere Geförderte gaben an, aus diesem Grund auf die Beantragung von Förderung für geplante FuE zu verzichten (meist Geförderte mit relativ geringen FuE-Aktivitäten).

Alle diese von Geförderten vorgebrachten Beschwernisse wurden vielfach auch bei anderen Evaluierungen von FuE-Förderprogrammen festgestellt (Meyer-Krahmer/Gielow/Kuntze 1984; Siegert u.a. 1985; Lay u.a. 1986, 1989; Becher u.a. 1989). Dies zeigt vor allem zweierlei: Die Probleme der Ausgestaltung der Förderung waren bei den Programmen Umweltforschung und Umwelttechnologie mit denen anderer FuE-Förderprogramme vergleichbar und beinhalteten keine spezifischen Hemmnisse. Darüber hinaus deutet die Nachhaltigkeit der von den Geförderten genannten Probleme über den langen beobachteten Zeitraum darauf hin, daß es sich hier um Strukturprobleme der Förderung handelt, die offenbar nicht ohne erhebliche Schwierigkeiten behoben werden können. In der Tat wird hier ein effizienzminderndes Dilemma deutlich: Dem Wunsch, wirksam (also auch schnell und unbürokratisch) die Entwicklung umweltentlastender Technologien zu unterstützen, steht die Notwendigkeit der sparsamen Vergabe knapper Mittel gegenüber, auch hier mit dem Effektivitätskriterium der Wirksamkeit, nämlich in bezug auf die Initialwirkung der Förderung.

Dieses Dilemma ist nie vollständig auflösbar, und insofern muß immer ein gewisses Ausmaß an Beschwernissen (auf beiden Seiten) hingenommen werden. Eine Diskussion über Verbesserungen wird sich insbesondere auf zwei Aspekte konzentrieren müssen:

- Die sozusagen handwerklichen Verbesserungen, die sich auf größere Transparenz bei Zuständigkeiten und Verfahren beziehen, können ohne Grundsatzentscheidungen und daher unverzüglich umgesetzt werden. Das betrifft die Abgrenzung der fachlichen Zuständigkeiten zwischen den Projektträgern sowie

zwischen BMBF und Projektträgern sowie die Verbesserung der Nachvollziehbarkeit des Antrags- und Projektprüfungsverfahrens.
- Verbesserungen, die eine Abwägung zwischen den Aspekten "hilfreiche Förderung" und "Vermeidung von Mitnahmeeffekten" (vgl. auch oben Abschnitt 4.5.2) erfordern. Das betrifft insbesondere Überlegungen zur vereinfachten Projekt- und Kostenplanung und deren Nachweis, ggf. eingeschränkt auf kleine und mittleren Unternehmen (KMU). Hierzu gehören auch Überlegungen zur Verfahrensbeschleunigung, z.B. dadurch, daß auch die parallele Antragstellung bei anderen Institutionen der Forschungsförderung zugelassen wird (wobei ja mit wechselseitiger Abstimmung Doppelförderung leicht vermieden werden kann).

Speziell in bezug auf **Verbundvorhaben** ist zunächst festzustellen, daß die Mitwirkung in Verbundvorhaben von über 70 % der Teilnehmer als vorteilhaft oder sehr vorteilhaft beurteilt wird (vgl. Abschnitt 4.3.7.2). Von den in Verbundforschungsvorhaben Geförderten wurden insbesondere folgende Anregungen vorgebracht:
- Verbünde sollten nur zusammengestellt werden, wenn die Problemlösung dies erfordert, also mehrere Stufen der Wertschöpfungskette (bspw. Hersteller, Anwender, Entsorger) bei der Problemlösung zusammenarbeiten müssen. Verbünde zwischen Wettbewerbern würden den Innovationswettlauf behindern und seien eher kontraproduktiv.
- Es sei nötig, in dem Verbund einem Teilnehmer die Projektführerschaft zuzuweisen, um Kohärenz und Zeiteffizienz zu gewährleisten.
- Zur Abkürzung der oft langwierigen Kooperationsverhandlungen sollte darauf gedrungen werden, daß die *Entscheidungsträger* auf seiten der Antragsteller aber auch der Förderer (Projektträger und/oder BMBF) in der Antragsphase an den entscheidenden Sitzungen teilnehmen.

Die Wünsche der Geförderten an die **Betreuung durch die Projektträger** bezogen sich vor allem auf eine unbürokratische Abwicklung, was insbesondere Hilfestellung bei der Antragserstellung und bessere Vernetzung zwischen fachlicher und administrativer Betreuung meinte. Dazu wären aus Sicht der Geförderten insbesondere die Teilnahme des Projektträgers an Projektsitzungen sowie die Besichtigung des Projektfortschrittes vor Ort von Vorteil. Dagegen wurde die fachliche Kompetenz der Projektträger in den betreuten Technikfeldern von den Geförderten durchweg positiv beurteilt.

Die Wünsche der Geförderten decken sich durchaus mit den **Erfahrungen und Bedürfnissen der** fachlichen Bearbeiter bei den **Projektträgern**. Bei ihnen richtet sich ein besonderes Bedürfnis auf die Ergebnisbeobachtung nach Abschluß der Förderung. Die Ist-Situation ist dadurch gekennzeichnet, daß nur in Ausnahmefällen Informationen über die technische Weiterentwicklung und Vermarktung vorliegen, da eine systematische Beobachtung der Ergebnisse und der Ergebnisverwertung nach Abschluß der geförderten Vorhaben aus Zeit- und Kostengründen nicht möglich ist. Dies wird von allen Projektträgern als Mangel empfunden. Eine kontinuierliche oder periodische Ergebnisbeobachtung nach Abschluß der Förderung hätte u.a. den Vorteil, daß die Umsetzung von FuE-Ergebnissen in die Praxis gezielter unterstützt werden könnte und außerdem zusätzliche Hinweise auf förderungswürdige Forschungsthemen gewonnen werden könnten (siehe Textfenster "Wasserbasierte Druckfarben").

Beispiel: Wasserbasierte Druckfarben

Die Technik wurde durch ein gefördertes Verbundvorhaben zur Anwendungsreife entwickelt, dadurch erscheint die Substitution toluolhaltiger Tiefdruckfarben machbar. In Deutschland sind Toluolemissionen aus Druckerzeugnissen allerdings kein öffentliches Diskussionsthema. Es zeichnet sich daher kein Markt für Toluol-Ersatzstoffe ab, weshalb die Industrie die Ergebnisse der geförderten FuE-Vorhaben nicht aufgreift. Für die staatliche Forschungsförderung ergäbe sich hier ein interessantes Feld, Begonnenes im Hinblick auf praktische Umsetzung, aber auch auf wirtschaftliche Verwertung (z.B. im Ausland) fortzusetzen.

Zur Umsetzung solcher Überlegungen in die Praxis könnte erwogen werden, daß die Geförderten nach Abschluß des Vorhabens jährlich mit einem einfachen standardisierten Fragebogen über die technische Weiterentwicklung und Vermarktung berichten. In ausgewählten Fällen würde der Projektträger oder ein beauftragtes Institut diese Informationen durch eine empirische Analyse vertiefen:

Schließlich ergaben sich aus der Untersuchung eine Reihe von Hinweisen auf die Nützlichkeit der **Vernetzung von Programmen bzw. Forschungsbereichen:**

- Als Beispiel sei auf die Vernetzung von Programmen zur Entwicklung von Basistechnologien hingewiesen, darunter die Programme Mikrosystemtechnik (Sensorik), Materialforschung (Kunststoffe) und Biotechnologie (Altlastensanierung).
- Beispiel für die Vermeidung "weißer" Forschungsflecken wäre die notwendige Vernetzung der Forschungsbereiche Mobilität und Verkehr (CO_2, NO_x, C_mH_n, etc.), Landwirtschaft (Nitrat, BSB, Pestizide, ...) sowie Bauen und Wohnen (Wärmeschutz, Asbestentsorgung).

Um dieses zu erreichen, ist ein Ausbau der institutionalisierten Abstimmungs- und Mitwirkungsmechanismen zwischen Programmen, Förderbereichen und Ressortzuständigkeiten erforderlich.

4.5.5 Fazit und Ausblick

In bezug auf die Anstoßwirkung der Förderung fällt insbesondere das im Vergleich zu anderen Programmen außerordentlich niedrige Niveau des *Mitnahmeeffekts* ("das Vorhaben wäre auch ohne staatliche Förderung in gleicher Weise durchgeführt worden") ins Auge, während der *Initialeffekt* ("das geförderte Vorhaben wäre ohne staatliche Förderung gar nicht durchgeführt worden") sich auf vergleichbarem Niveau wie bei anderen Programmen befindet. Im Sinne einer Effizienzbeurteilung der Umwelttechnik-Förderung ist dies als gutes Ergebnis zu bewerten. Eine Steigerung des Initialeffektes, um auf diese Weise noch zu höherer Fördereffizienz zu gelangen, würde gleichzeitig mit erhöhten Risiken in bezug auf technische oder wirtschaftliche Mißerfolge einhergehen und damit die Umsetzungsquote bedrohen.

Beim größten Teil der geförderten Vorhaben liegen die Effekte zwischen Initiierung und Mitnahme, d.h. die Vorhaben wurden zeitlich früher oder schneller durchgeführt oder größer als ohne staatliche Förderung. In Anbetracht zeitlich vorgezogener Umweltentlastung und auch im Hinblick auf eine beschleunigte kommerzielle Nutzung können auch diese Ergebnisse positiv bewertet werden.

Die von den Geförderten genannten Probleme der Ausgestaltung der Förderung waren bei den Programmen Umweltforschung und Umwelttechnologie mit denen anderer FuE-Förderprogramme vergleichbar und beinhalteten keine spezifischen Besonderheiten.

5. Wirksamkeit der Förderung, Empfehlungen [1]

5.1 Würdigung des Programms

Technologische Position Deutschlands in der Umwelttechnik

Die **technologische Position Deutschlands** in der Umwelttechnik und seine Partizipation am Welthandel mit umwelttechnischen Produkten gilt allgemein als führend. Nach den Angaben der Clinton-Administration werden zwei Drittel der Weltproduktion an Umweltgütern (environmental technologies) in den USA, Deutschland und Japan hergestellt (US Government, 1996). Eine deutsche Studie kommt zu dem Ergebnis, daß Deutschland mit einem Anteil von 19 % am Welthandel mit Umweltgütern gleichauf mit den USA und deutlich vor Japan mit 13 % liegt (BMBF, 1995).

> **Technology for a Sustainable Future**
> 🗁 *"An environmental technology is a technology that advances sustainable development by reducing risk, enhancing cost effectiveness, improving process efficiency, and creating products and processes that are environmentally beneficial or benign. The word "technology" is intended to include hardware, software systems, and services".*
> (US Government, 1996)

Zwar ist es nicht möglich, den Beitrag der staatlichen Forschungsförderung zur Erringung dieser Spitzenposition zu **quantifizieren** (Zurechnungsproblem), es ist jedoch deutlich erkennbar, daß sie unterstützend gewirkt hat. Es fällt außerdem auf, daß der umwelttechnische Standard gerade in den zum Förderfeld gehörigen Umweltbereichen besonders hoch ist, während die Bereiche Mobilität und Verkehr, Landwirtschaft und Landtechnik, Bauen und Wohnen, die alle nicht zum Förderfeld gehören, heute im Zentrum der Aufmerksamkeit stehen. Ihre Einwirkungen bestimmen in hohem Maße die Umweltqualität, doch gleichzeitig kommen umweltschonende Innovationen dort eher schleppend voran. Besonders augenfällig ist dies im Bereich Landtechnik. Die bestehenden Potentiale für umweltschonende Technik sind in (Munack, 1991) eindrucksvoll dargestellt. Es ist jedoch nicht

---

1 Eine kritische Würdigung der Forschungsförderung im Förderfeld findet sich auch im Bericht zum Teilvorhaben *Einflüsse der Forschungsförderung auf Gesetzgebung und Normenbildung im Umweltschutz*, der als Buch erschienen ist (Angerer et al., 1996a).

erkennbar, daß die Technikentwicklung in den seither vergangenen sechs Jahren auf die Ausschöpfung dieser Potentiale gerichtet ist.

Auch die in Kapitel 4.1 und im Bericht "Einflüsse der Forschungsförderung auf Gesetzgebung und Normenbildung im Umweltschutz" (Angerer et al., 1996a) im einzelnen dargestellten ökologischen Wirkungen der Förderung von Umwelttechnologien belegen, die Forschungsförderung hat im Förderfeld zur Lösung ökologischer Probleme wirksam beigetragen. Besonders ausgeprägt ist dies in den Förderschwerpunkten Abwasserreinigung, Fortentwicklung der Abfallverbrennung zu einem umweltverträglichen Behandlungsverfahren, Entwicklung von Ersatzstoffen und -verfahren für FCKW und Minderung der Emissionen von chlorierten Lösungsmitteln. Das im Forschungsprogramm formulierte Ziel, den Stand der Technik voranzubringen, hat die Forschungsförderung in wichtigen Problemfeldern erreicht.

In der internationalen Literatur finden sich Hinweise, daß die Förderung von Umwelttechniken durch das BMBF als vorbildlich und effizient wahrgenommen wird. In einer US-amerikanischen Studie der *Microelectronics and Computer Technology Corporation (MCC)* wird besonders die Bündelung der Zuständigkeiten für die umwelttechnologische Forschungsförderung im Ministerium als vorteilhaft herausgestellt (Textfenster *Environmental Consciousness).*

Environmental Consciousness

🗁 *"Two individual countries have very strong programs in environmental R&D. The German government has created a branch within the Ministry for Research and Technology that conducts R&D in environmental technologies. The program has a budget of $ 470 million which is 5 % of the national budget for R&D. ...". "Contrary to the centralized and cooperative programs in Europe and Japan, the $ 5 billion the U.S. government invests in environmental-related R&D is fragmented among many different agencies with different missions. ...". "While foreign corporations and governments are widely supporting environmentally conscious technology development, U.S. funding of environmental R&D is unfocused and not well-coordinated. Environmental conscious technology is typically associated with existing processes, chemicals, materials, and products - it is not the classical definition of new, leading-edge research. ..."* (Cartron, 1993)

Unterstützung der Umweltpolitik

Die Förderung von Technologieentwicklung ist nicht Selbstzweck, sie muß mit den übrigen Politikbereichen abgestimmt sein, das Förderprogramm *Umweltforschung und Umwelttechnologie* insbesondere mit der Politik des Umweltressorts. Die Vernetzungserfordernis wird in den Programmen direkt angesprochen (Textfenster *Programme Umweltforschung und Umwelttechnologie*). Die **Unterstützungsfunktion** der durch das Forschungsministerium geförderten Umwelttechniken **für die Umweltpolitik** ist deutlich erkennbar. Eine detaillierte Analyse ergab, daß bei jedem dritten FuE-Vorhaben Einflüsse auf die Gesetzgebung und Normenbildung im Umweltschutz erkennbar sind (Angerer et al., 1996a). Besonders ausgeprägt ist dies im Förderbereich **Gewässerschutz, Trinkwasseraufbereitung und Wasserversorgung**. Dies erklärt sich aus dem Zielbereich der Förderung, in dem vor allem öffentliche Einrichtungen tätig sind, die von der staatlichen Forschungsförderung bei der Erfüllung ihres gesetzlichen Versorgungs- und Entsorgungsauftrags unterstützt werden.

Programme Umweltforschung und Umwelttechnologie

🗀 *"Staatliche Förderung der Technologieentwicklung soll den Stand der Technik weiter voranbringen; insbesondere dort, wo dies aus strukturellen Gründen (z. B. mittelständische Industrie) nicht von alleine einsetzt oder wo die öffentliche Hand selbst in einer besonderen Verantwortung für die Erhaltung einer gesunden Umwelt steht".*
(BMFT, 1991, S33)

🗀 *"Forschung und Technologie können und müssen mit dazu beitragen, die Voraussetzungen und Handlungsspielräume der Umweltpolitik zu verbessern, ...".*
(BMFT, 1984, S5).

🗀 *"Hierzu sollen künftig vorrangig gefördert werden:*

- ...
- *Entwicklungen. die zur Erfüllung öffentlicher Aufgaben erforderlich sind und der Fortentwicklung der Rechtssetzung im Umweltschutz dienen".*

(BMFT, 1991, S38).

Ein gelungenes Beispiel für das Ineinandergreifen von vorlaufender staatlicher Forschungsförderung und darauf aufsetzender Umweltpolitk ist der Förderschwerpunkt **Abfallverbrennung**. Der Forschungsschwerpunkt *Hausmüllverbrennung* des Forschungszentrums Karlsruhe, die Projektförderung zur Abscheidung von Dioxinen und Schwermetallen aus dem Rauchgas sowie ein umfangreiches Meßprogramm an Müllverbrennungsanlagen haben das Verständnis der Dioxinbildung entscheidend verbessert. Es ergaben sich klare Hinweise auf prozeßintegrierte Minderungsmöglichkeiten. Es wurde möglich, die anspruchsvollen Grenzwerte von 0,1 ng/m^3 für Dioxine und 0,05 mg/m^3 für dampfförmiges Quecksilber sicher einzuhalten und in der Abfallverbrennungsverordnung (17. BImSchV) festzuschreiben. Der Förderschwerpunkt hat insbesondere die Handlungsspielräume in der Abfallpolitik entscheidend erweitert. Erst durch die technische Verbesserung der Abfallverbrennung zu einer ökologisch vertretbaren Behandlungsalternative wurde es möglich, die stringenten Anforderungen an die Mineralisierung der abzulagernden Abfälle in der TA Siedlungsabfall festzuschreiben und die Stellung der thermischen Abfallverwertung im Kreislaufwirtschafts- und Abfallgesetz aufzuwerten. Der Abfallpolitik wurden in einer schwierigen Zeit, die von einer dramatischen Verknappung der Deponiekapazitäten und noch ungewissen Recyclingpotentialen geprägt war, neue Perspektiven eröffnet.

Hervorzuheben ist auch der Förderschwerpunkt zur Minderung der Emissionen an **FCKW** und **chlorierten Lösungsmitteln**. Die geförderte Entwicklung von Ersatzstoffen und Verfahrensalternativen hat wesentlich dazu beigetragen, die in der FCKW-Halon-Verbotsverordnung vorgesehenen Übergangsfristen einzuhalten, ja den Ausstieg sogar vor diesem Zeitplan zu bewältigen. Auch beim **Hohe See Einbringungsgesetz** von 1977 hat die Forschungsförderung die Umsetzung der Übergangsfristen wesentlich unterstützt. Darunter sind Verfahren zur Vermeidung von Dünnsäure aus der Titandioxidproduktion, zur landgestützten Behandlung von organisch verunreinigter Schwefelsäure und zur Aufarbeitung von Hafenschlick.

Die operative Förderung hat das intendierte Primat der **integrierten Technik** beachtet und die Prozeßtechnik bei einer Reihe von Produktions- und Fertigungsverfahren wesentlich vorangebracht. Zu nennen sind hier die Sauerstoffbleiche zur Herstellung von Papierzellstoff, das QSL-Verfahren zur Produktion von Primärblei, das LoNOx-Schmelzverfahren für die Hohlglasherstellung, emissionsarme Automaten zur Oberflächenreinigung (Bosch-Dürr-Verfahren), die Unterdrückung der Stickstoffoxidbildung in Drehrohr und Kalzinator von Zementwerken, umweltfreundliche Lackieranlagen (Wasserlacke, Pulverlacke etc.), die abwasserarme Galvanik, die biologische Abscheidung von Stickstoff- und Phosphorverbindungen aus Abwässern und der emissionsarme Betrieb von Abfallverbrennungsanlagen.

Produkte für den Markt

Eine repräsentative Umfrage bei den Geförderten zeigt, die durch die Förderung insgesamt angestoßenen ökonomischen Vorteile sind durchaus substantiell. 37 % der Vorhaben, die auf eine wirtschaftliche Verwertung zielten, werden von den geförderten Unternehmen und Öffentlichen Einrichtungen auch tatsächlich kommerziell genutzt. Aus der Innovationsforschung ist bekannt, daß etwa ein Drittel der FuE-Projekte erfolgreich vermarktet werden. Die hier festgestellte deutlich höhere Umsetzungsquote erklärt sich zumindest zum Teil aus der hohen

Regelungsdichte im Förderfeld. Fließen FuE-Ergebnisse in gesetzliche und untergesetzliche Regelungen ein, wird ihre Umsetzung in die Anwendung (in **Produkte für den Markt**) massiv befördert. Das intendierte Kernziel der Förderung, den Stand der Technik voranzubringen, ist in diesen Fällen unmittelbar mit ökonomischen Effekten gepaart. Die ermittelten Umsetzungsquoten lassen den Schluß zu, daß auch dort, wo ordnungsrechtliche Regelungen nicht als Diffusionshilfe wirken, Ergebnisse geförderter Vorhaben in nennenswertem Umfang in die Anwendung gelangten.

Punktuell konnten durch die Förderung erhebliche Marktvolumina erschlossen werden. So wurden Vorhaben mit einem Gesamtförderaufwand von zusammen 38 Mio DM identifiziert, die Umsätze von 1,5 Mrd DM angestoßen haben. Dieses Beispiel für den **wirtschaftlichen Ertrag der Förderung** schließt allerdings nur eine sehr kleine Anzahl von Vorhaben ein. Ein repräsentativer Multiplikator für den wirtschaftlichen Ertrag der Förderung als Ganzes (Hebelwirkung) war aufgrund ungelöster methodischer Probleme nicht zu ermitteln.

Überraschende Ergebnisse lieferte die Erhebung der wirtschaftlichen Attraktivität der geförderten FuE bei den **Anwendern**. Fast drei Viertel der befragten Technikanwender gaben an, daß die Wirtschaftlichkeit der geförderten Lösung nicht schlechter sei, als bei der zuvor genutzten Technik, 36 % schätzten die Wirtschaftlichkeit sogar deutlich höher ein. Der Förderung ist es offenbar in hohem Maße gelungen, wirtschaftlich attraktive Lösungen für bestehende Umweltprobleme bei den Anwendern bereitzustellen. Die wirtschaftliche Attraktivität von neuen Techniken kann als Indikator für die volkswirtschaftliche Effizienz der getätigten FuE-Aufwendungen dienen. Demnach ist die Effizienz der für die angestoßene FuE aufgewendeten Fördermittel positiv zu bewerten.

Stärkung von Wirtschaft, Wissenschaft und Technik

Im Förderfeld konnten im Vergleich zu anderen Programmen **erhebliche Initialwirkungen** erzielt werden. Gut ein Drittel der Vorhaben von Unternehmen und Öffentlichen Einrichtungen wären ohne Förderung nicht durchgeführt worden. Weniger als 5 % der Geförderten geben an, daß sie die FuE ohne Förderung in gleicher Weise durchgeführt hätten (**Mitnahmeeffekte**). Dies trotz der niedrigen Förderquote, die im Mittel nur bei 51 % liegt, und obwohl die Mitnahmeeffekte mit abnehmender Förderquote zunehmen. Erfreulicherweise ist die Initialwirkung bei den kleinen und mittleren Unternehmen besonders ausgeprägt. Bei einem Drittel der geförderten Vorhaben wurden **Patente** angemeldet. Bei der Hälfte der Vorhaben wird die **Innovationshöhe** als substantiell (hoch bis sehr hoch) eingeschätzt.

Die Evaluation bestätigt, die wirtschaftspolitische Bedeutung der Förderung und ihre Beiträge zur **Fortentwicklung von Wissenschaft und Technik** sind mehr als ein willkommenes Nebenprodukt des originären Ziels im Förderfeld, nämlich ökologische Probleme zu lösen. Den ökonomischen und technisch-wissenschaftlichen Wirkungen des Förderprogramms kommt durchaus eine eigenständige Bedeutung für die Stärkung der Wettbewerbsfähigkeit der Wirtschaft und die umwelttechnische Kompetenz der Forschungseinrichtungen zu. Aspekte, die in den letzten Jahren besonders betont, ja manchmal so überbetont werden, daß gelegentlich der Eindruck entstehen muß, die staatliche Aufgabe, die (technologischen) Rahmenbedingungen für eine zukunftsfähige, nachhaltige Entwicklung zu verbessern, sei aus den Augen verloren worden. Daß die Fortentwicklung von Umwelttechnologie und ihre Adaption nicht im Gegensatz zur Ökonomie stehen muß, wird durch US-amerikanische Erfahrungen bekräftigt. Einige Auszüge aus dem Regierungsprogramm *Technology for a Sustainable Future* sind im folgenden Textfenster enthalten.

Technology for a Sustainable Future

"Environmental technologies are a bridge to a sustainable future, a bridge that, if well engineered, will facilitate the achievement of our long-term environmental, energy, and economic goals. As the engine of economic growth, technology has been responsible for as much as two-thirds of the increase in our nation's productivity since the Depression. Today, environmental technology offers a win-win opportunity for our nation and the world as a whole: economic growth through the development and diffusion of environmental technology will result in more jobs, and a clean environment will mean a higher standard of living for ourselves and the generations that follow."

"The long-term competitiveness of U.S. industry in the environmental technology area will not be achieved simply by competing on a "technology-by-technology" basis with other countries. We must fundamentally change the way we think about technology, processes, and products and rapidly increase the environmental and resource efficiencies of our entire industrial infrastructure. We should consider far-reaching changes in the policy framework that fosters technology. We will then be in a better position to deliver advanced environmental technologies to the domestic and global markets of the 21st century."

"A long-term perspective is the precondition for developing technologies that place us ahead of environmental problems and enable the United States to lead the way toward a sustainable global future. Anticipating demographic trends and changes in economic growth, consumption patterns, and technological processes will help us better understand tomorrow's environmental problems and the implications for technology. It is important to balance the urgent need to address today's environmental issues with the longer-term need to anticipate and avoid future problems."

(US Government, 1996)

5.2 Empfehlungen

Förderschwerpunkt *Kreislaufgerechte Produkt- und Nutzungskonzepte*

Der Kreislaufwirtschaftsgedanke ist ein bedeutsames Element in der Operationalisierung des Leitbilds einer **zukunftsfähigen, nachhaltigen Entwicklung**. Technologieentwicklungen zur Schließung von Materialkreisläufen sind in den zurückliegenden Jahren gut vorangekommen. Unausgeschöpfte **technologische Potentiale** bestehen demgegenüber bei der Errichtung von Produktkreisläufen auf hohem Wertniveau. Dazu zählen das Produktrecycling, also die Modernisierung gebrauchter, technisch komplexer Erzeugnisse zur erneuten Verwendung (mit den Aufgaben Modularisierung, innovative Füge- und Verbindungstechnik, demontagegerechte Gestaltung, Schnittstellennormung, Prüftechnik, mechanisierte Demontagetechnik, Re-Manufacturing, Austauschteilefertigung etc.), die Verbesserung der Dauerhaftigkeit von Produkten und Komponenten, aber auch neue organisatorische Konzepte einer nachhaltigen Nutzung (Contracting-, Sharing-, Mietkonzepte). Ansätze, die das Kreislaufwirtschaftsgesetz unter dem Begriff Produktverantwortung anspricht (Textfenster *Produktverantwortung*). Auch die Einbindung dieser nachhaltigen Produkt- und Nutzungskonzepte in die bestehende Wirtschaftsstruktur wirft zahlreiche offene Fragen auf (Wertschöpfung, Strukturwandel, Beschäftigung, Standortbindung etc.). Die staatliche Forschungsförderung sollte sich der Umsetzung der **Produktverantwortung** entschlossen annehmen. Dabei wird Technikförderung allein nicht ausreichen. Die Bildung eines Förderschwerpunkts und die Einrichtung von Leitprojekten in diesem äußerst komplexen Förderfeld erscheint zweckmäßig.

> **Produktverantwortung**
>
> 🗁 *"Die Produktverantwortung umfaßt insbesondere die Entwicklung, Herstellung und das Inverkehrbringen von Erzeugnissen, die mehrfach verwendbar, technisch langlebig und nach Gebrauch zur ordnungsgemäßen und schadlosen Verwertung und umweltverträglichen Beseitigung geeignet sind".*
> (Kreislaufwirtschafts- und Abfallgesetz, § 22, Abs. 2, Nr. 1)

Referatsakzessorische Begleitforschung

Innovationspolitik kann sich weniger denn je auf Technikförderung beschränken (Rüttgers, 1996). Die in der Vergangenheit im Förderfeld festzustellende **Fokussierung auf die Technikentwicklung** ist nicht unbedingt geeignet, auch künftig eine hohe Umsetzung von FuE in marktfähige Produkte sicherzustellen. Für den Markterfolg sind heute nicht allein technische Merkmale ausschlaggebend; auch der ökonomische und gesellschaftliche Kontext muß stimmig sein. Daraus ergeben sich Forschungsaufgaben für die Wirtschafts- und Sozialwissenschaften (Konflikt-, Hemmnis-, Akzeptanz-, Verhaltens-, Innovationsforschung etc.). Die operative Förderung von FuE sollte daher generell durch **Technikfolgenforschung** begleitet werden, in die auch wirtschafts- und sozialwissenschaftliche Disziplinen eingebunden sind (Wissenschaftsrat, 1994). Technikfolgenforschung kann zusammen mit modernen Methoden der Technologiebewertung (darunter die Ökobilanzierung) schon bei der Formulierung von Förderschwerpunkten, also im Vorfeld von Technikentwicklung, für eine optimale **Allokation der Fördermittel** genutzt werden (**Technologiefrüherkennung**).

Vernetzungsbedarf

Die fachliche Eingrenzung des Förderfelds der Umwelttechnikförderung war in der Vergangenheit zu rechtfertigen. Nicht zuletzt durch dort erzielte technologische Erfolge hat sich die **Problemlage** inzwischen **stark gewandelt**. Mobilität und Verkehr, Landwirtschaft und Landtechnik sowie das Bedürfnisfeld Bauen und Wohnen bestimmen heute in hohem Maße die Umweltqualität. Eine Ausweitung des Förderbereichs oder eine sehr enge Vernetzung mit diesen selbständigen Förderbereichen ist deshalb aus sachlichen Erwägungen unabweisbar. Ebenso sollten die bereits zu beobachtenden Vernetzungen zwischen der Umwelttechnikförderung und der Förderung von **Basistechnologien**, darunter insbesondere Materialforschung, Biotechnologie und Informationstechnik, systematisch ausgebaut werden. Besteht doch die Herausforderung der Umwelttechnikförderung weniger darin, Spitzentechnologie hervorzubringen, sondern vor allem darin, existierende Innovationen so zu Systemen zu integrieren, daß umweltfreundliche Lösungen entstehen, die zugleich wirtschaftlich attraktiv sind. Die **wirtschaftliche Attraktivität** ist die conditio sine qua non für eine zügige Diffusion geförderter FuE in die Anwendung ohne ordnungsrechtliche Eingriffe.

Instrument *Technikbeobachtung*

Nicht immer gelingt es, innovative umwelttechnische Lösungen schon im ersten Ansatz wirtschaftlich attraktiv zu gestalten, und sei es deshalb, weil die neue Technik (noch) nicht die Skaleneffekte der Konkurrenztechnologien realisieren kann. Zur Unterstützung der Umsetzung von FuE in marktfähige Produkte und der Amortisation der Forschungsaufwendungen können in diesen Fällen **Markteinführungshilfen** vonnöten sein. Hier kann ein institutionalisiertes Abstimmungsverfahren mit dem Wirtschafts- und Finanzressort helfen, das Schicksal aussichtsreicher Innovationen nicht allein den Kräften des Marktes zu überlassen, dessen Allokation vom ökologischen Nutzen weitgehend unbeeinflußt bleibt. Der Vorsorgeauftrag des Staates endet nicht an den Grenzen eines freien Marktes. Die Einrichtung einer **Technikbeobachtung als neues Instrument** im Förderfeld zur

Erschließung von Informationen über die Umsetzung (kommerzielle Verwertung) geförderter FuE kann Entscheidungsgrundlagen für interministeriell abgestimmte Anschubmaßnahmen bereitstellen. Die gezielte Beobachtung (**Monitoring**) des Schicksals geförderter Innovationen nach Abschluß der Förderung ist die logische Antwort auf die hohe Bedeutung, die dem ökonomischen Nutzen der Technikförderung heute beigemessen wird.

Informationsangebot

Ein weiterer Ansatzpunkt zur Unterstützung der Umsetzung von FuE in marktfähige Produkte ist der **Ausbau des Informationsangebots** über die Ergebnisse der Technikförderung. Die Bereitstellung einer **ergebnisorientierten** Vorhabendatenbank mit einer modernen, multimedialen Oberfläche und benutzerfreundlichen Navigationsinstrumenten wäre ein erster aber wichtiger Beitrag hierzu. Die Vorhabenbeschreibungen der öffentlich zugänglichen Datenbank FORKAT des BMBF stammen aus dem Antragsverfahren. Hier können deshalb keine Informationen über die erzielten Ergebnisse gewonnen werden. Als Referenz für den Aufbau (nicht die Performance) eines modernen Informationssystems sei auf das Datenbanksystem CORDIS hingewiesen, es ist auf dem Host ECHO der Europäischen Union implementiert (Textfenster *CORDIS: **CO**mmunity **RaD** Information Service).* Das Informationsangebot sollte besonders auf die Bedürfnisse kleiner und mittlerer Unternehmen abgestellt sein.

CORDIS: Community RaD Information Service

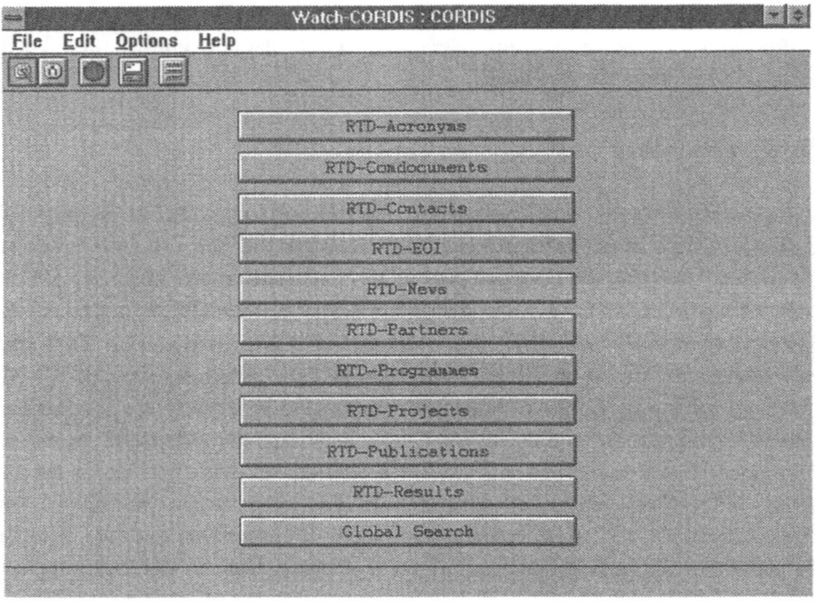

Das Hauptfenster der Navigationssoftware *Watch-CORDIS* dient der Auswahl der angebotenen Datenbanken

Dieses zusammenfassende Kapitel beschäftigte sich mit einigen **Grundsatzfragen** der Förderung. Einschätzungen und Vorschläge zu spezielleren Aspekten finden sich in den vorausgehenden Kapiteln.

Quellen

Angerer, G. et al.: Einflüsse der Forschungsförderung auf Gesetzgebung und Normenbildung im Umweltschutz. Physica-Verlag, Heidelberg 1996 a

Angerer, G., H. Kalb: Abatement of Methane Emissions from Landfills. The German Way. World Resource Review (in Vorbereitung), Woodrige, IL, USA, 1996 b

Angerer, G. et al.: Innovationspotentiale von Umwelttechnologien. Studie im Auftrag des UBA. Fraunhofer-Institut für Systemtechnik und Innovationsforschung (ISI), Karlsruhe 1996 c (in Vorbereitung)

Angerer, G., K. Bätcher, P. Bars: Verwertung von Elektronikschrott. Erich Schmidt Verlag, Berlin 1993

Angerer, G., H. Hiessl (Hrsg.): Umweltschutz durch Mikroelektronik - Anwendungen, Chancen, Forschungs- und Entwicklungsbedarf. VDE-Verlag GmbH, Berlin und Offenbach 1991

Angerer, G. et al.: Möglichkeiten und Ausmaß der Minderung luftgängiger Emissionen durch neue Umwelttechnologien. Studie im Auftrag des BMFT. Fraunhofer-Institut für Systemtechnik und Innovationsforschung (ISI), Karlsruhe 1990

Becher, G. u. a.: FuE-Personalkostenzuschüsse: Strukturentwicklung, Beschäftigungswirkungen und Konsequenzen für die Innovationspolitik. Fraunhofer-Institut für Systemtechnik und Innovationsforschung, Deutsches Institut für Wirtschaftsforschung, Karlsruhe und Berlin 1989

Benfenati, E. et al.: Polychlorinated debenzo-p-dioxins (PCDD) and polychlorinated dibenzofurans (PCDF) in emissions from urban incinerator. Chemosphere, Vol. 9, No. 9/10, 1983

BMBF (Hrsg.): Zur technologischen Leistungsfähigkeit Deutschlands. Studie des NIW Hannover, DIW Berlin, ISI Karlsruhe und ZEW Mannheim. Referat Öffentlichkeitsarbeit, Bonn 1996

BMBF (Hrsg.): Delphi-Bericht 1995 zur Entwicklung von Wissenschaft und Technik. Mini-Delphi. Referat Öffentlichkeitsarbeit, Bonn 1996 a

BMBF: Förderungskatalog 1994. Bereiche Forschung und Technologie. Referat Öffentlichkeitsarbeit, Bonn 1996 b

BMBF (Hrsg.): Bundesbericht Forschung 1996, Referat Öffentlichkeitsarbeit, Bonn 1996 c

BMBF: Rahmenkonzept „Produktion 2000" für den Zeitraum 1995-1999. Strategien für die industrielle Produktion im 21. Jahrhundert. Referat Öffentlichkeitsarbeit, Bonn 1995

BMBF (Hrsg.): Delphi-Bericht zur Entwicklung von Wissenschaft und Technik. Referat Öffenlichkeitsarbeit, Bonn 1993

BMFT: Produktionsintegrierter Umweltschutz. Förderkonzept des Bundesministeriums für Forschung und Technologie, Bonn 1994

BMFT: Umweltforschung und Umwelttechnologie. Programm 1989 bis 1994. Referat Öffentlichkeitsarbeit, Bonn 1991

BMFT: Wasser. Förderkonzept des Bundesministers für Forschung und Technologie, Bonn 1990 a

BMFT: Abfallwirtschaft und Altlasten. Förderkonzept des Bundesministers für Forschung und Technologie, Bonn 1990 b

BMFT: Umweltforschung und Umwelttechnologie. Programm 1984-1987. Referat Öffentlichkeitsarbeit, Bonn 1984

BMU: Fünfter Immissionsschutzbericht der Bundesregierung. Der Bundesminister für Umwelt, Naturschutz und Reaktorsicherheit, Bonn 1992

BMU: Vierter Immissionsschutzbericht der Bundesregierung. Der Bundesminister für Umwelt, Naturschutz und Reaktorsicherheit, Bonn 1988

Braun, M.; A. Gerybadze; A. Rätz; M. Witzel: Studie zur Evaluierung des Programms Materialforschung. Arthur D. Little International, Inc., Wiesbaden 1993

Breitbarth, M., M. v. Hauff, K.-D. Maier: Innovationserfolge durch umweltschonende Investitionsgüter. Universität Kaiserslautern, Fachgebiete Volkswirtschaftslehre / Wirtschaftspolitik, Kaiserslautern 1995

Cartron, D. et al.: Environmental Consciousness: A Strategic Competitiveness Issue for the Electronics and Computer Industry. Summary Report: International Analysis, Conclusions and Recommendations. Microelectronics and Computer Technology Corp., Austin, Texas 1993

Deutsche Kommission zur Reinhaltung des Rheins: Bestandsaufnahme zur Einleitung prioritärer Stoffe im deutschen Rheineinzugsgebiet. Ministerium für Umwelt Rheinland Pfalz, Mainz 1993

Deutscher Bundestag: Antwort der Bundesregierung auf die Große Anfrage der Abgeordneten Ursula Burchardt, Dr. Peter Glotz, Wolfgang Behrendt, weiterer Abgeordneter der Fraktion der SPD. Drucksache 13/ 1389. Bundesanzeiger Verlagsgesellschaft, Bonn 1995

DFG: MAK- und BAT-Werte-Liste 1995. Deutsche Forschungsgemeinschaft. VCH Verlagsgesellschaft mbH, Weinheim 1995

DLR: Produktionsintegrierter Umweltschutz. Förderkonzept des Bundesministers für Forschung und Technologie. Deutsche Forschungsgesellschaft für Luft- und Raumfahrt, Bonn 1994

Ecotec: Die Umsetzung von Forschungsergebnissen des BMFT in die Praxis - Bereich Umwelttechnik. Ergebnisbericht, München 1988

Enquete-Kommission "Schutz des Menschen und der Umwelt": Die Industriegesellschaft gestalten - Perspektiven für einen nachhaltigen Umgang mit Stoff- und Materialströmen, Economica Verlag, Bonn 1994

EWWE: EU Considers Classifying Energy Recovery as Waste Disposal. Environment Watch Western Europe, Vol. 5, No. 21, Page 1. 1. November 1996

FZK: Forschung und Entwicklung zur Hausmüllverbrennung. Forschungszentrum Karlsruhe, KfK 5000, 1992

FZK: Wasser. Förderkonzept des Bundesministers für Forschung und Technologie. Forschungszentrum Karlsruhe, 1990

Gehrke, B.; H. Grupp: Innovationspotential und Hochtechnologie - Technologische Position Deutschlands im internationalen Wettbewerb. Heidelberg: Physica-Verlag, Schriftenreihe des Fraunhofer-Instituts für Systemtechnik und Innovationsforschung (ISI) Band 8, 1994

Gerybadze, A.: Management technologischer Verbundprojekte. Vergleich von Strategien und Organisationsmodellen - Deutschland, EG, Japan. In: Zahn, E.: Technologiemanagement und Technologien für das Management. Verlag Schäffer-Poeschel, Stuttgart 1994, S. 133-151

Gruber, E. u. a.: Hemmnisse für Techniken zur rationellen Energienutzung und Vorschläge für deren Abbau. Deutsche-Energie-Spar-Arbeitsgemeinschaft, Fraunhofer-Institut für Systemtechnik und Innovationsforschung, Essen und Karlsruhe 1994

Gruber, E.; M. Brand: Rationelle Energienutzung in der mittelständischen Wirtschaft. Verlag TÜV Rheinland, Köln 1990

Grupp, H.; G. Münt; U. Schmoch: Wissensintensive Wirtschaft und ressourcenschonende Technik - Pilotstudie zu einer regelmäßigen Struktur- und Technologieanalyse. Teil A: Einleitung und Kurzfassung der Ergebnisse, Teil E: Potentialanalyse, Fraunhofer-Institut für Systemtechnik und Innovationsforschung, Karlsruhe 1995

Grupp, H. (Hrsg.): Technologie am Beginn des 21. Jahrhunderts. Physica-Verlag, Heidelberg 1993

IFS: Wirkungsanalyse der indirekt-spezifischen Fördermaßnahme Mikroperipherik. Institut für Stadtforschung und Strukturpolitik, Berlin 1990

IKSR: Aktionsprogramm Rhein. Vergleich der Gewässergüte des Rheins mit den Zielvorgaben 1990-1993. Internationale Kommission zum Schutze des Rheins, Koblenz 1994

Kuhlmann, S.; D. Holland: Evaluation von Technologiepolitik in Deutschland. Physica-Verlag, Heidelberg 1995

Kulicke, M. u. a.: Chancen und Risiken junger Technologieunternehmen. Ergebnisse des Modellversuchs "Förderung technologieorientierter Unternehmensgründungen". Physica-Verlag, Heidelberg 1993

Kuntze, U.: FuE-Kooperationen von kleinen und mittleren Unternehmen - Evaluation der BMFT-Maßnahmen auf diesem Gebiet. In: Niedersächsisches Institut für Wirtschaftsforschung: Erfolgskontrolle in der Technologiepolitik: NIW-Workshop, Hannover 1992

Lay, G. u. a.: Wirkungsanalyse der indirekt-spezifischen Förderung zur betrieblichen Anwendung von CAD/CAM-Systemen im Rahmen des Programms Fertigungstechnik 1984 - 1988. Fraunhofer-Institut für Systemtechnik und Innovationsforschung, Karlsruhe 1989

Leisewitz, A.; W. Schwarz: Metalloberflächenreinigung mit CKW, KW und wässrigen Reinigern. UBA-FB 94-144. Umweltbundesamt, Berlin 1994

Löbbe, K. et al.: Die umwelttechnische Industrie in der Bundesrepublik Deutschland. Rheinisch-Westfälisches Institut für Wirtschaftsforschung und Institut für Wirtschaftsforschung Halle, Essen und Halle 1994

Loewe: Persönliche Mitteilung. Loewe Opta GmbH, Kronach 1995

MAK: Maximale Arbeitsplatzkonzentrationen und Biologische Arbeitsstofftoleranzwerte 1991. VCH Verlagsgesellschaft, Weinheim 1991

Menrad, K. u.a.: Innovationsleistungen geförderter Biotechnologieunternehmen im Modellversuch „Beteiligungskapitel für junge Technologieunternehmen“. Fraunhofer-Institut für Systemtechnik und Innovationsforschung, Karlsruhe 1995

Meyer-Krahmer, F.: Evaluation der Wirksamkeit von Instrumenten der Forschungs- und Technologiepolitik. In: Krupp, Helmar: Technologiepolitik angesichts der Umweltkatastrophe. Physica-Verlag, Heidelberg 1990

Meyer-Krahmer, F.: Der Einfluß staatlicher Technologiepolitik auf industrielle Innovationen. Nomos Verlag, Baden-Baden 1989

Meyer-Krahmer, F.; G. Gielow; U. Kuntze: Wirkungsanalyse der Zuschüsse für Personalkosten in Forschung und Entwicklung. Fraunhofer-Institut für Systemtechnik und Innovationsforschung, Karlsruhe 1984

Munack, A.: Landwirtschaft. In: Beitrag der Mikroelektronik zum Umweltschutz, Materialienband 4. Forschungsbericht des Fraunhofer-Instituts für Systemtechnik und Innovationsforschung, Karlsruhe. Kurzfassung in (Angerer, Hiessl, 1991)

NIW/ISI: Wissensintensive Wirtschaft und ressourcenschonende Technik. Pilotstudie zu einer regelmäßigen Struktur- und Technologieanalyse. Bericht des Niedersächsischen Instituts für Wirtschaftsforschung und des Fraunhofer-Instituts für Systemtechnik und Innovationsforschung, Hannover und Karlsruhe 1995

Opitz, M., J. Pinnekamp: Bemessungstechnische Aspekte zur Denitrifikation in Belebungsanlagen. WasserAbwasserPraxis, Juni 1996

PWA: Persönliche Mitteilung. Papierwerke Waldhof-Aschaffenburg AG, Raubling, 1995

Rüttgers, J.: Schaffen neue Technologien neue Arbeitsplätze? Spektrum der Wissenschaft, September 1996

Siegert, G.; F. Meyer-Krahmer; G. H. Walter: Wirkungsanalyse der fachprogrammbezogenen Projektförderung bei kleinen und mittleren Unternehmen. Fraunhofer-Institut für Systemtechnik und Innovationsforschung, Karlsruhe 1985

SIEMENS: Persönliche Mitteilung. ZFE, Erlangen 1996

SIEMENS: Halogenfrei flammwidrige duroplastische Werkstoffe für die Elektronik. Abschlußbericht zum BMBF-Projekt 01ZH90028. Siemens AG, Erlangen 1995

Schmoch, U.: Patent Indicators for Measuring Spin-offs of Space Research. In: Raan, A.F.J. van: Science and Technology in a Policy Context, DSWO-Press, Leiden 1992, S. 434-453

Schmoch, U.: Wettbewerbsvorsprung durch Patentinformation. Verlag TÜV Rheinland, Köln 1990

Sirilli, G.: Measuring National Systems of Innovation. Vortrag im Rahmen der Konferenz „National Systems of Innovation or the Globalisation of Technology?“ Rom, 12. April 1996

UBA: Jahresbericht 1994. Umweltbundesamt, Berlin 1994 a

UBA: Daten zur Umwelt 1992/93. Erich Schmidt Verlag, Berlin 1994 b

UBA: Abfallwirtschaft und Altlasten. Förderkonzept des Bundesministers für Forschung und Technologie. Umweltbundesamt, Berlin 1990

Umwelt: Eine Information des Bundesumweltministeriums. Heft 2/1996, S. 78. Bonn 1996

Umwelt: Eine Information des Bundesumweltministeriums. Heft 2/1994, S. 71. Bonn 1994 a

Umwelt: Eine Information des Bundesumweltministeriums. Heft 7-8/1994, S. 267. Bonn 1994 b

US-Government: Technology for a Sustainable Future. Executive Summary. http://www.gnet.org/gnet/gov/usgov/whitehouse/tsf/execsum.htm. World Wide Web, September 1996

Wissenschaftsrat: Stellungnahme zur Umweltforschung in Deutschland. Band I und II. Eigenverlag, Köln 1994

Wolf, H.; G. Becher; H. Delpho; S. Kuhlmann; U. Kuntze; J. Stock: FuE-Kooperation von kleinen und mittleren Unternehmen. Bewertung der Fördermaßnahmen des Bundesforschungsministeriums. Physica-Verlag, Heidelberg 1994

Zimmermann, K., V. J. Hartje, A. Ryll: Ökologische Modernisierung der Produktion. Edition Sigma, Berlin 1990

Kurzfassung

1. Beschreibung des Evaluationsauftrags

Das Bundesministerium für Bildung, Wissenschaft, Forschung und Technologie (BMBF) wendet zur Zeit jährlich 750 Mio DM für die Umweltforschung auf. Je zur Hälfte fließen diese Mittel in die institutionelle Förderung von Forschungseinrichtungen des Bundes und der Länder und in die Projektförderung.

Die vorliegende Evaluation beschäftigt sich mit der **Projektförderung** im Bereich Umwelttechnologie in den Jahren 1980 bis 1992 (Untersuchungszeitraum). Der Fachbereich Umwelttechnologie ist Teil der Programme Umweltforschung und Umwelttechnologie 1984-1987 und 1989-1994. Im Untersuchungsfeld der Evaluation wurden zwischen 1980 und 1992 insgesamt 1402 Vorhaben gefördert und 1,264 Mrd DM aufgewendet. Bei Einrechnung der Eigenleistungen der Geförderten sind 2,473 Mrd DM an Forschungsleistungen unmittelbar angestoßen worden.

1.1 Zielsetzung und Leitfragen der Evaluation

Die Evaluation zielt auf folgende Leitfragen:

1. Inwieweit hat die Technologieförderung zu Problemlösungen im Umweltbereich geführt und auf diese Weise zur Verbesserung der Umweltsituation beigetragen?
2. Inwieweit hat die Förderung zu marktfähigen Verfahren und Produkten geführt, die umwelttechnische Kompetenz der Forschungsnehmer verbessert und so die wirtschaftliche Stellung der deutschen Industrie in der Umwelttechnik gestärkt?

1.2 Thematische Eingrenzung

Die Evaluation erstreckt sich auf die Förderbereiche Wasserschutztechnologie (Gewässerschutz, Wasserversorgung, Abwasserentsorgung), Abfallwirtschaft (Vermeidung, Verwertung, Entsorgung von Abfällen, Altlastensanierung), Luftreinhaltetechnik, Schadstoffvermeidende Produktionstechnik und Produkte.

Kernziel der Evaluation ist der Nachweis der erzielten **Wirkungen** der Förderung im Zeitraum 1980 bis 1992 (Kapitel 4). Die Entwicklung innovativer umweltschonender Technologien ist einerseits Mittel zur Vermeidung oder Sanierung von Umweltschäden (**Ökologieeffekt**), andererseits Voraussetzung für sinnvolle und durchsetzbare normative Maßnahmen des Staates (**Regulationseffekt**). Die Förderung der Umwelttechnikentwicklung ist in viel höherem Maße als andere Programme problemorientiert statt technikpotentialorientiert ausgerichtet. Dem **ökologischen Nutzen** der Förderung, also ihren Beiträgen zur Lösung von Umweltproblemen, kommt deshalb in der Gesamtbewertung des Programms ein hoher Stellenwert zu. Die mit jeder neuen Technologie tatsächlich erzielte Umweltentlastung ist um so größer, je breiter die entwickelte Lösung in die Anwendung gelangt, was in der Regel durch kommerzielle Verwertung geschieht. **Ökonomische Effekte** könnten insofern als Nebeneffekt bezeichnet werden, haben jedoch andererseits eine selbständige Bedeutung innerhalb des wirtschaftlichen Strukturwandels, zu dem die Umwelttechnik seit Jahren erheblich beiträgt. Weitere Nebeneffekte, wie die Initiierung und Stärkung längerfristiger Kooperationsbeziehungen, der Kompetenzgewinn der Umwelttechnologieanbieter, die Anstoßfunktion der Förderung, Patentanmeldungen und Lizenzvergaben sowie Spin-Off auf andere Technikfelder sind ebenfalls erwünscht (**technisch-wissenschaftliche Effekte**).

1.3 Methodik und Vorgehensweise

Evaluationsstudien haben inzwischen eine lange Tradition im In- und Ausland. Entsprechend gut entwickelt ist das verfügbare methodische Instrumentarium. Die eingesetzten methodischen Instrumente und ihr Mix sind allerdings der jeweiligen Fragestellung und den gesetzten Schwerpunkten anzupassen. In der vorliegenden Evaluation stellte die hohe Zahl der im Untersuchungszeitraum geförderten Vorhaben die Bearbeiter vor besondere Herausforderungen. Unter den genutzten methodischen Instrumenten kommt der durchgeführten schriftlichen Befragung aller Geförderten und den über 200 persönlichen oder telefonischen Fachgesprächen und Interviews besondere Bedeutung zu.

2. Strategische Ausrichtung der Förderung

Im Untersuchungszeitraum veröffentlichte das BMBF zwei Förderprogramme mit dem Titel "*Umweltforschung und Umwelttechnologie*". Das erste Programm wurde 1984 bekanntgegeben und überstrich den Zeitraum von 1984 bis 1987. 1991 folgte das Nachfolgeprogramm für den Zeitraum 1989 bis 1994. Die vorgelegten Programme bestehen aus den Teilen Ökologische Forschung, Klima- und Atmosphärenforschung, Umwelt und Gesundheit, Technikfolgenabschätzung und Umwelttechnologie. Nur der Programmteil ***Umwelttechnologie*** und nur die **Projektförderung** ist Gegenstand der vorliegenden Evaluation. Bei der strategischen Ausrichtung und der operativen Abwicklung der Förderung im Programmteil *Umwelttechnologie* wurde das zuständige Fachreferat von vier Projektträgern unterstützt.

Umweltschutz zählt zu den staatlichen Vorsorgebereichen. Die Forschungsförderung des Bundes unterliegt aber auch im Umweltbereich dem Prinzip der **Subsidiarität**. Das heißt, die staatliche Forschungsförderung setzt nur dort an, wo die privatwirtschaftliche Forschung und Entwicklung im Interesse der Allgemeinheit (Vorsorgeverpflichtung) der Unterstützung bedarf und dort, wo wissenschaftliche und technologische Grundlagen zu schaffen sind, die von der anwendungsnahen FuE der Industrie nicht bereitgestellt werden. Aus strukturpolitischen Erwägungen sind es die kleinen und mittleren Unternehmen (KMU), denen die Forschungsförderung besonderes Augenmerk widmet.

Die staatliche Förderung der Umwelttechnologie zielte primär auf die früheren Innovationsphasen in der Spanne zwischen Grundlagenforschung und angewandter Forschung, bewegt sich also vorwiegend in der vorwettbewerblichen FuE. Da sie jedoch zugleich intendiert, Umweltprobleme zu lösen - wofür die Anwendung des FuE-Ergebnisses, also die Umsetzung von FuE in marktfähige Produkte nötig ist - und im Außenraum den durch die Förderung erzielten ökonomischen Effekten (Markterfolg, Arbeitsplätze, internationale Wettbewerbsfähigkeit) ein hoher Stellenwert beigemessen wird, gerät sie in einen Zielkonflikt: Problemlösungen und Markteffekte erfordern anwendungsreife FuE-Ergebnisse. Im Hinblick auf die intendierten ökologischen und ökonomischen Wirkungen kommt deshalb Demonstrationsvorhaben, bei denen innovative Technologien erstmals großtechnisch zur Anwendung kommen, besondere Bedeutung zu.

Schwerpunkte der umwelttechnischen Entwicklung werden bei der **Vermeidung** von Belastungen an der Quelle, der **Verwertung** von Reststoffen und der umweltfreundlichen Entsorgung gesehen. Die **Sanierung** von eingetretenen Umweltschäden soll demgegenüber schrittweise sekundären Charakter erhalten, im Sinne einer Weiterentwicklung der Schutzbemühungen vom reparierenden zum medienübergreifenden, präventiven Umweltschutz. Das Primat der **integrierten Techniken**, im Programm als schadstoffvermeidende oder emissionsarme Technologien bezeichnet, wird an mehreren Stellen des Programms betont.

Als Förderinstrumente werden im Programm *Umwelttechnologie* die direkte Förderung von Einzelprojekten, die Förderung von Verbundvorhaben und die institutionelle Förderung eingesetzt. Die Förderung von Verbundvorhaben ist in der operativen Projektförderung des Untersuchungszeitraums stark ausgebaut worden. Von der Verbundforschung werden Impulse für eine schnellere Umsetzung von FuE-Ergebnissen in marktfähige Produkte und Verfahren erwartet. Die Einzelprojektförderung wird dort als zielführend angesehen, wo für thematisch eng umrissene Probleme punktuelle Lösungen benötigt werden.

3. Umsetzung der Förderprogramme

Zwischen 1980 und 1992 wurden im Untersuchungsfeld 1402 Vorhaben mit einer Gesamtfördersumme von 1,264 Mrd DM abgeschlossen. Der Gesamtforschungsaufwand einschließlich der ausgewiesenen Eigenleistungen der Geförderten belief sich auf 2,473 Mrd DM. Daraus ergibt sich im Mittel eine Förderquote von 51 %. Das Fördervolumen wurde im Untersuchungszeitraum kontinuierlich gesteigert. Die

Verteilung der Fördermittel auf die Bundesländer entspricht im wesentlichen deren Wirtschaftskraft. Seit 1990 fließen Fördermittel auch in die neuen Bundesländer.

Von den aufgewendeten Fördermitteln kamen 53 % Unternehmen der Wirtschaft zugute, davon entfielen knapp die Hälfte auf kleine und mittlere Unternehmen. Die Hälfte dieser KMU sind Töchter von Großunternehmen. Die Teilnahme von KMU an dem Förderprogramm ist erfreulich hoch. 25 % der Gesamtfördermittel entfielen auf Forschungseinrichtungen (*Institute*) und 22 % auf Öffentliche Einrichtungen. Die Mittelzuweisungen an Forschungseinrichtungen haben zwischen 1980 und 1990 kontinuierlich zugenommen. Seit 1991 geht die Beteiligung der Institute zugunsten von Unternehmen zurück.

Zwischen 1980 und 1992 entfielen fast die Hälfte der Vorhaben (49 %) und 40 % der Fördermittel auf FuE für Gewässerschutz, Wasserversorgung und Abwasserentsorgung. An zweiter Stelle steht der Bereich Abfallwirtschaft und Altlasten. Ihm wurden 33 % der Fördermittel und 24 % der Vorhaben zugewiesen. 187 Mio DM wurden für FuE im Bereich Schadstoffvermeidende Produktionstechnik und Produkte eingesetzt, das sind 15 % des Gesamtfördervolumens und 14 % der Vorhaben. Auf Luftreinhaltetechniken entfielen 7 % der Vorhaben und 6 % des Fördervolumens.

Der Bereich Luftreinhaltung hat im Zeitlauf an Bedeutung gewonnen. Verursacht wurde dies vor allem durch Forschung und Entwicklung zur Bekämpfung luftgängiger organischer Spurenschadstoffe. Der Bereich Schadstoffvermeidende Produktionstechnik und Produkte läßt seit 1982 keine signifikanten Veränderungen erkennen. Es wäre aber falsch, daraus zu schließen, dies träfe auch für die Förderung produktionsintegrierter Verfahren zu. Integrierte Verfahren wurden in erheblichem Umfang auch in den medialen Fachbereichen Abfall (F2 20), Gewässer (F2 10) und Luft (F2 30) gefördert.

Die zuvor diskutierte statistische Auswertung der Förderaktivitäten ergibt keine Auffälligkeiten, die auf Widersprüche zwischen den strategischen Zielen in den Programmen und ihrer operativen Umsetzung hinweisen. Dies läßt den Schluß zu, daß die entfalteten Förderaktivitäten im wesentlichen der intendierten Ausrichtung entsprachen.

4. Wirkungen der Förderung

4.1 Ökologischer Nutzen der Förderung

Prioritäres strategisches Ziel der Förderung der Umwelttechnologie ist es, bestehende Umweltprobleme zu lösen oder zumindest zu entschärfen. Bei der

Beurteilung des Erfolgs der Förderung kommt deshalb den erzielten ökologischen Wirkungen herausragende Bedeutung zu.

4.1.1 Methodische Vorgehensweise

Einer quantifizierenden Aggregation der durch die Förderung erzielten ökologischen Effekte, also die Charakterisierung der umweltschonenden Einwirkungen durch eine oder einige wenige Maßzahlen, stellen sich eine Reihe nicht lösbarer methodische Probleme in den Weg. Es ist deshalb weder sinnvoll noch machbar anzustreben, aggregierende Maßzahlen für die Beschreibung des ökologischen Nutzens der Förderung abzuleiten. Vielmehr werden die Umweltprobleme aufgezeigt, die sich im Untersuchungszeitraum manifestierten. Daran werden die Förderaktivitäten, die auf die Lösung dieser Probleme zielten, gespiegelt und die Effizienz des jeweiligen Lösungsbeitrags diskutiert. Die gewählte **diskursive** Methode macht es möglich, die erzielten ökologischen Effekte der Förderung nachvollziehbar darzustellen.

In einer ersten Phase dieser Evaluation wurde systematisch untersucht, inwieweit FuE-Vorhaben die Fortentwicklung der Umweltgesetzgebung und Umweltnormen beeinflußten, wie weit sich also Ergebnisse geförderter Forschung und Entwicklung in den materiellen Inhalten von gesetzlichen und untergesetzlichen Umweltstandards wiederfinden. Diese Ergebnisse (Regulierungseffekte) können als **quantitativer Indikator** für den ökologischen Nutzen der Förderung dienen. Regulierungseffekte sind darüber hinaus auch für sich genommen bedeutsam.

4.1.2 Die Umweltsituation im Untersuchungszeitraum

Der Betrachtungszeitraum der Evaluation, das ist die Zeit zwischen 1980 und 1992, ist durch einen dynamischen Wandel der Problemlagen im Umweltschutz gekennzeichnet. Er soll im folgenden skizziert werden.

Im Schutzbereich **Luftreinhaltung und Klimaschutz** stellte sich bis zum Beginn des Untersuchungszeitraums das Problem, die Emissionen der Massenschadstoffe SO_2, NO_x, VOC, CO sowie von Feinstäuben und Schwermetallen zu vermindern. Ferner sind zu nennen: Die Neuartigen Waldschäden, Smogepisoden in den Wintermonaten, die Schädigung der stratosphärischen Ozonschicht durch FCKW, die chlorierten Kohlenwasserstoffe (CKW), Dioxine und Furane und das bodennahe Ozon (Sommersmog). Mitte der achtziger Jahre werden die Emissionen von CO_2 und dessen Einflüsse auf den Strahlungshaushalt der Erde Gegenstand der Umweltpolitik. Später werden auch andere Klimagase, darunter Methan und Distickstoffoxid, einbezogen.

Im **Gewässerschutz** und bei der Sicherung der **Trinkwasserversorgung** wurden im Untersuchungszeitraum die weitergehende Reinigung kommunaler Abwässer und die Verbesserung der Reinigung von Industrieabwässern als besondere Herausforderungen gesehen. Weitere manifest werdende Probleme waren die Belastungen von Grund- und Oberflächengewässern mit Nitrat und Pestiziden, aber insbesondere die Nitratbelastung von Rohwässern für die Trinkwassergewinnung. Ferner die Substitution von Phosphaten in Wasch- und Reinigungsmitteln, verbunden mit der Frage nach der ökologischen Verträglichkeit der Ersatzstoffe wie EDTA und NTA. Als kostenintensives Problem wurde der Zustand der Abwässerkanäle und deren Sanierungsbedarf erkannt.

Der Schutzbereich **Abfallwirtschaft** und **Altlasten** gewann im Untersuchungszeitraum kontinuierlich an Bedeutung. Anlaß hierfür waren die sich erschöpfenden Deponiekapazitäten sowie gravierende Gefährdungen durch Altlasten. Mitte der achtziger Jahren gerieten die Emissionen von Dioxinen und Furanen in die öffentliche Diskussion. Zur Eindämmung der Abfallmengen zielte die Umweltpolitik auf die Vermeidung am Ort der Entstehung (abfallarme Produktionsverfahren) und die Schließung von Stoffkreisläufen durch Recycling. Mit Beginn der neunziger Jahre rückten produktbezogene Anforderungen (Produktverantwortung) ins Zentrum der Diskussion, darunter Schadstofffreiheit, Recyclierbarkeit, Dauerhaftigkeit und Wiederverwendbarkeit.

Im Untersuchungszeitraum setzte sich die Erkenntnis durch, von der rein medialen Betrachtungsweise abzurücken und den technischen Umweltschutz in Richtung **prozeßintegrierter Schutzmaßnahmen** fortzuentwickeln. Zum einen, um Belastungsverlagerungen zwischen den Medien so weit wie möglich auszuschließen, aber auch um einer Verschlechterung der betriebswirtschaftlichen Ressourceneffizienz zu begegnen, die mit nachgeschalteten Umweltschutzmaßnahmen stets einhergeht.

4.1.3 Ökologische Wirkungen der operativen Projektförderung

4.1.3.1 Luftreinhaltung und Klimaschutz

Anfang der achtziger Jahre verdichteten sich die Hinweise, daß bei der beobachteten Ausdünnung der stratosphärischen Ozonschicht **Fluor-Chlor-Kohlenwasserstoffe** (FCKW) eine dominierende Rolle spielen. Die nationale Umweltpolitik nahm sich des Problems vehement an und erließ 1991 die FCKW-Halon-Verbots-Verordnung. Gleichzeitig wurde die 2. BImSchV, welche die Verwendung von Lösemitteln bei der Oberflächenreinigung, Textilreinigung und der Extraktion regelt, an den nationalen Ausstiegsplan angepaßt.

Die Förderung von Forschungs- und Entwicklungsarbeiten zur Bereitstellung technischer Alternativen zum FCKW wurde in den Jahren 1987/88 massiv hochgefahren. Die Förderung konzentrierte sich auf die Anwendungsbereiche Kältemittel, Schaumkunststoffe und Oberflächenreinigung. Die Vorhaben zur **Kältetechnik** konzentrierten sich auf die Bereitstellung von Ersatzstoffen und die Prüfung geeigneter Schmiermittel. An Ersatzstoffen wurden die organischen, chlorfreien und deshalb nicht ozonschädigenden Kältemittel R134a und R152a untersucht. R134a hat sich für eine Reihe von Anwendungen durchgesetzt. Auch das traditionelle anorganische Kältemittel Ammoniak (NH_3) war Gegenstand von FuE-Vorhaben.

Bei der FCKW-Substitution für die Herstellung **geschäumter Kunststoffe** konzentrierte sich die Förderung auf die Bereitstellung von FCKW-freien Schäumverfahren und auf Verfahren zur umweltverträglichen Entsorgung von FCKW-haltigen Isolierschäumen aus gebrauchten Kühlgeräten am Ende ihrer Nutzung. Es wurde ein Verfahren zur Einsatzreife entwickelt, das sogenannte wassergetriebene PUR-Isolierplatten für den Baubereich und Integralschäume herzustellen erlaubt. Ein wichtiges Anwendungsgebiet war die Nutzung von FCKW für die **Oberflächenreinigung**. Mit einem Jahresverbrauch von 30.000 Tonnen (alte Länder) war dies auch mengenmäßig das größte Anwendungsgebiet. Auch hier konzentrierte sich die Förderung auf die Bereitstellung von Ersatzstoffen und -verfahren. Schwerpunkte bei der Oberflächenreinigung waren die Entwicklung von wasserbasierten Reinigungsverfahren und No-Clean-Verfahren. Wasserbasierte Waschverfahren haben in der Zwischenzeit einen erheblichen Marktanteil bei der Oberflächenreinigung erobert.

1986 wurden in Deutschland (alte Länder) 126.000 Tonnen FCKW hergestellt und etwa 90.000 Tonnen vollhalogenierte FCKW und Halone verbraucht Die FCKW-Produktion im Inland sowie die Herstellung und der Vertrieb von Produkten, die vollhalogenierte FCKW enthalten, wurde im Verlaufe des Jahres 1994 eingestellt. Der nationale Ausstieg aus der FCKW-Technologie erfolgte vor Ablauf des in der FCKW-Halon-Verbotsverordnung festgelegten Termins (31.12.1994). An dem fristgemäßen Gelingen des Ausstiegs hatte die Forschungsförderung wesentlichen Anteil.

Die bereits zuvor erwähnte Fortentwicklung von wässrigen Reinigungsverfahren zielte insbesondere auf die Substitution von **chlorierten Lösungsmitteln** bei der Oberflächenreinigung. Diese Entwicklungen waren erfolgreich. So hat die Nutzung wässriger Reinigungsverfahren stark zugenommen. Parallel zur Lösungsmittelsubstitution wurde die Entwicklung einer neuen Generation von CKW-Reinigungsmaschinen gefördert. Es gelang mit einer **emissionsarmen Reinigungsmaschine,** die CKW-Emissionen auf weniger als 10 % der bisherigen Maschinen zu drücken. Die Emissionsstandards der neuen Maschinengeneration wurden bei der Novellierung der 2. BImSchV in der Verordnung verbindlich festgeschrieben.

Im Untersuchungszeitraum gerieten die Emissionen an polychlorierten **Dibenzodioxinen** (PCDD) und **-furanen** (PCDF) in das Blickfeld der Umweltpolitik. Zunächst waren es die Abfallverbrennungsanlagen, später auch thermische Prozesse der Metallverhüttung, darunter Sinteranlagen von Hochöfen, die als potentielle Emissionsquellen Beachtung fanden. Die Forschungsförderung hat sich der Problematik Dioxine und Furane massiv angenommen. Ab 1983 wurde die Projektförderung zur Aufklärung der Bildungsmechanismen und Entwicklung technischer Minderungsmaßnahmen massiv in Angriff genommen. So wurde zwischen 1984 und 1990 ein bundesweites Meß- und Versuchsprogramm an Abfallverbrennungsanlagen durchgeführt. Gleichzeitig wurde die Abscheidetechnik fortentwickelt. Parallel zur Projektförderung ist in den Jahren 1985 und 1986 im Forschungszentrum Karlsruhe die halbtechnische Versuchsanlage TAMARA errichtet und 1987 der Versuchsbetrieb aufgenommen worden. Diese Arbeiten verbesserten das Verständnis der Dioxinbildung wesentlich. Der Förderbereich Hausmüllverbrennung ist ein gelungenes Beispiel für das erfolgreiche Ineinandergreifen von Projektförderung und institutioneller Förderung. Es ist gelungen, die Technik der Abfallverbrennung gegenüber älteren Anlagen entscheidend zu verbessern und zu einem umweltverträglichen Behandlungsverfahren fortzuentwickeln. Es ist nicht übertrieben, von einem technologischen Quantensprung zu sprechen, wenngleich dieser in der Öffentlichkeit noch zu wenig wahrgenommen wird. Die hier erzielte Problemlösung trug nicht nur zur Minderung von Emissionen bei, sie eröffnete zugleich der Abfallpolitik neue Handlungsspielräume (TA Siedlungsabfall).

Deutschland ist als erstes Land aus der FCKW-Nutzung und der FCKW-Produktion ausgestiegen. Die nationalen Emissionsstandards, beispielsweise für Abfallverbrennungsanlagen und chlorierte Kohlenwasserstoffe aus Oberflächenreinigungsmaschinen, gelten weltweit als vorbildlich. Die Projektförderung im Bereich Luftreinhaltetechnik hat bei den drängendsten Problemen Lösungen wesentlich angestoßen.

4.1.3.2 Gewässerschutz und Wasserversorgung

Das bedeutsamste Feld innerhalb des Förderbereichs Wasserschutztechnologie war die industrielle und kommunale Abwasserreinigung. Besonders hervorzuheben ist die Förderung der **Reinigung kommunaler Abwässer**. Bei der Elimination von biologisch leicht abbaubaren, sauerstoffzehrenden Verunreinigungen aus kommunalen Abwässern sind heute Wirkungsgrade von 95 % Stand der Technik, es werden sogar bis zu 98 % erreicht. An der Entwicklung der Reinigungstechnik zum heute erreichten Standard hatte die Förderung entscheidenden Anteil.

Die biologische Elimination von eutrophierend wirkenden **Stickstoffverbindungen** wurde im Untersuchungszeitraum zum Stand der Technik entwickelt. Hier wurden in geförderten Vorhaben Wirkungsgrade bei der Stickstoffelimination von 70 - 85 % erreicht. Es konnte ferner großtechnisch demonstriert werden, daß es durch biologische Verfahren möglich ist, den Gehalt an Phosphorverbindungen im Ablauf kommunaler Kläranlagen unter günstigen Bedingungen unterhalb von 1 mg Gesamt-Phosphor pro Liter zu halten. Zwischenzeitlich wird die simultane Stickstoff- und Phosphorelimination großtechnisch angewendet.

Die bei der Reinigungstechnik von kommunalen Kläranlagen erzielten Verbesserungen sind beinahe ausschließlich durch die staatliche Förderung bewirkt worden. Zwischenzeitlich betreiben alle kommunalen Kläranlagen mit Einwohnerwerten (EW) größer 5000, das sind über 95 % der Anlagenkapazität in Deutschland, eine Stickstoffelimination. Die Fortschritte in der Reinigungstechnik fanden auch ihren Niederschlag in der Grenzwertsetzung in der Rahmen-Abwasserverwaltungsvorschrift.

Breiten Raum nahm die Förderung der **industriellen Abwasserentsorgung** ein. Auch in diesem breiten, sehr heterogenen Bereich mit seinen je nach Branche stark schwankenden Abwasserzusammensetzungen konnten wesentliche Beiträge erzielt werden. So fand die sogenannte **Bio-Hochreaktortechnik** für Mischabwässer aus der chemischen Industrie im Untersuchungszeitraum großtechnische Anwendung.

Besonders erfolgreich war die Förderung der Substitution von Chlor durch sauerstoffhaltige Verbindungen in den Bleichstufen der **Papierzellstoffherstellung**. Bei der Zellstoffbleiche mit Elementarchlor und Chlorverbindungen gelangen die eingesetzten Stoffe in das Abwasser und können dort organische Chlorverbindungen bilden, die dann auch in die Gewässer gelangen. In einer errichteten großtechnischen Demonstrationsanlage konnte die Machbarkeit der Sauerstoffbleiche nachgewiesen werden. Es gelang, die Belastung des Zellstoffabwassers mit adsorbierbaren organischen Chlorverbindungen (AOX) um 90 % und die CSB-Belastung um 60 kg pro Tonne Zellstoff, das sind 20 %, zu reduzieren. Das Saustoffbleichverfahren wurde später weiterentwickelt und wird heute in allen deutschen Zellstoffwerken angewendet. In der Zwischenzeit werden in Deutschland ausschließlich chlorfrei gebleichte Papiere produziert. Dadurch wird die Einleitung von 5000 Tonnen AOX aus Zellstoffwerken in die Gewässer vermieden. Für den Rhein bedeutet dies beispielsweise einen Rückgang der AOX-Einleitungen um 2/3.

Bei der **Trinkwassergewinnung** stellte sich im Untersuchungszeitraum das Problem der Belastung der Rohwässer mit **Nitrat** und **chlororganischen Verunreinigungen**. Zur Nitratentfernung wurden eine Reihe von physikalisch-chemischen und biologischen Verfahren mit staatlicher Hilfe entwickelt und in Demonstrationsanwendungen erprobt. Nachteil aller Verfahren sind die hohen Aufbereitungskosten.

Massiv unterstützt wurde die Einführung von Phosphatersatzstoffen in Wasch- und Reinigungsmitteln. In mehreren Vorhaben wurde die aquatische Verträglichkeit der Phosphatersatzstoffe **EDTA** (Ethylendiamintetraessigsäure) und **NTA** (Nitrilotriacetat) untersucht. Es konnte nachgewiesen werden, daß NTA ökologisch tolerierbar ist, während EDTA persistent ist und aus dem Abwasser entfernt werden muß.

Der Gewässerzustand hat sich im Untersuchungszeitraum deutlich verbessert. Hieran hatte die Förderung wesentlichen Anteil. Deutschland gilt sowohl beim Stand der Abwassertechnologie wie bei dessen praktischer Anwendung als führend. Dies schlägt sich auch im Export von Abwassertechnologie nieder. Die Senkung des Investitionsaufwands durch Vereinfachung und Standardisierung der Verfahren ist die Herausforderung der kommenden Jahre. Eine ähnliche Situation findet sich bei der Sanierung der Abwasserkanäle. Auch hier ist die Bereitstellung kostengünstiger und trotzdem sicherer Sanierungstechniken das Gebot der Zukunft.

4.1.3.3 Abfallwirtschaft und Altlasten

Die Verbesserung der Umweltverträglichkeit der **Hausmüllverbrennung** hat die Handlungsspielräume der Abfallpolitik erheblich erweitert. Zwar hat sich in den achtziger Jahren das Hausmüllaufkommen nur unwesentlich verändert, dramatisch veränderten sich jedoch die Anforderungen an die Qualität von Deponien. Dies hat dazu geführt, daß die Zahl der Hausmülldeponien von 4415 Anlagen im Jahre 1975 auf 263 in 1995 zurückging. Von diesen 263 Zentraldeponien weisen jedoch weniger als 80 Restkapazitäten auf, die über 2006 hinausreichen. Diese Zahlen zeigen, in welche Sackgasse die Abfallwirtschaft bei der Entsorgung von Siedlungsabfällen geraten wäre, wenn die Potentiale zur Minderung des Volumens abzulagernder Abfälle nicht konsequent genutzt würden. Die Abfallpolitik setzte dabei zum einen auf Recycling und Kompostierung, also die Ausschleusung von verwertbaren Stoffen aus den Abfallströmen und ihre Rückführung in den Wirtschaftskreislauf. Zum anderen auf eine Vorbehandlung (noch) nicht verwertbarer, abzulagernder Abfälle, um deren Reaktionsfähigkeit und Volumen herabzusetzen.

Die Verbesserung der Umweltverträglichkeit der Abfallverbrennung hat es ermöglicht, dieses Verfahren in der Abfallgesetzgebung aufzuwerten. Es ist in die TA Siedlungsabfall als Referenzverfahren für die Abfallbehandlung vor der Deponierung aufgenommen worden. Im Kreislaufwirtschafts- und Abfallgesetz wurden die ökologischen Wertigkeiten der stofflichen und energetischen Verwertung gleich eingestuft.

Abfallvermeidung und Recycling wird im Umweltrecht die höchste ökologische Wertigkeit zugewiesen. Einige Förderaktivitäten seien im folgenden hervorgehoben. Bei der **Unterhaltsbaggerei** von Häfen fallen große Mengen an Hafenschlick an, die traditionell zum Teil auf Hoher See verklappt wurden. Durch die Förderung ist es gelungen, ein Verfahren zu entwickeln, das es ermöglicht, eine nicht kontaminierte Sandfraktion aus der Schlammsuspension abzutrennen, die in der Bauwirtschaft verwertet werden kann. Ähnlich erfolgreich waren geförderte Vorhaben, die auf die Verwertung von Dünnsäure aus der **Titandioxidproduktion** zielten. Geförderte Vorhaben haben die Grundlagen für ein heute großtechnisch genutztes Verfahren gelegt, bei dem die Dünnsäure im Kreislauf geführt wird. Diese prozeßinterne Verwertung machte die ökologisch problematische Verklappung auf See entbehrlich. Deutschland stellte 1989 als erstes Land die Verklappung von Dünnsäure ein.

Vorangebracht hat die Förderung auch die biologische Behandlung von Bioabfällen, insbesondere die **Kompostierung**, die heute in zahlreichen großtechnischen Anlagen angewandt wird. Die Kompostierung und Vergärung sind in der TA Siedlungsabfall als Verwertungsverfahren für die nativ-organische Abfallfraktion vorgesehen. Die Förderung hat zur Umsetzbarkeit dieser Anforderung beigetragen.

Der Untersuchungszeitraum war geprägt von einer rasch wachsenden Zahl von erkannten Boden- und Grundwasserkontaminationen. Zur Entschärfung der Altlastenproblematik galt es, potentielle Altlastenverdachtsflächen kartographisch zu erfassen, deren Gefährdungspotential zu erkunden, Sanierungs- und Sicherungspläne aufzustellen sowie standardisierte Methoden und Verfahren für die Erkundung, Gefährdungsabschätzung, Sicherung, Dekontamination und Überwachung zu entwickeln. Bei allen diesen Aufgaben hat sich die Forschungsförderung entschlossen engagiert. Seit Mitte der achtziger bis Anfang der neunziger Jahre beteiligte sich die staatliche Förderung finanziell massiv an der **modellhaften Sicherung und Sanierung** von Altlastenstandorten. Ziel war, modellhafte Lösungen zu entwickeln und deren Tauglichkeit unter realen Bedingungen zu demonstrieren. Die Förderung hat leistungsfähige **Dekontaminationsverfahren** hervorgebracht. Es ist gelungen, zur Entschärfung der Altlastenproblematik und zur Beherrschung konkreter Gefährdungen wesentlich beizutragen.

Deutschland gilt bei der Nutzung von Technologien zur **Abfallvermeidung und Abfallverwertung** international als führend. Hierzu hat auch die Förderung beigetragen. Große technologische und wirtschaftliche Probleme bereitete lange Zeit das Recycling von Kunststoffen. Die geförderte Hydrierung von Kunststoffen als rohstoffliches Verwertungsverfahren zur Rückgewinnung der Monomere war zwar technisch erfolgreich, jedoch zu teuer. Das Beispiel zeigt, für die Bereitstellung einer Problemlösung ist der technische Erfolg allein nicht hinreichend, es kommt gleichzeitig darauf an, die Wirtschaftlichkeit zu beachten.

4.1.3.4 Exkurs: Integrierter Umweltschutz

Von der Umweltpolitik werden seit Beginn der neunziger Jahre produktbezogene Maßnahmen besonders priorisiert. Seinen sichtbaren Niederschlag fand dies unter anderem in der im Kreislaufwirtschafts- und Abfallgesetz als Leitprinzip verankerten **Produktverantwortung**. Die Priorisierung produktbezogener Maßnahmen spiegelt sich in den Förderaktivitäten des Untersuchungszeitraums (1980 - 1992) noch nicht wider. Insgesamt wurden nur die Entwicklung eines recyclingfreundlichen **Farbfernsehgeräts** und eines **Rasenmähers** mit zusammen 2,5 Mio DM gefördert. Beide Vorhaben blieben auf das Materialrecycling beschränkt.

Andere Vorhaben zielten auf die Verringerung des Gehalts von kritischen Stoffen in Produkten. Darunter cadmiumfreie Werkstoffe für **elektrische Kontakte**, cadmiumfreie Stabilisatoren für **PVC** und die Herstellung sauerstoffhaltiger **Antiklopf-**

mittel (Oxigenate) als Ersatz für chlorierte organische Verbindungen in unverbleiten, hochoktanigen Ottokraftstoffen. Weitere Vorhaben hatten die Entwicklung von **biologisch abbaubaren Kunststoffen**, zum Beispiel für Verpackungen, und **Schmierölen** zum Gegenstand. Gefördert wurde auch die Entwicklung eines halogen- und antimontrioxidfreien, flammwidrigen Polymerwerkstoffs für **Leiterplattenflachbaugruppen**.

Bei der Förderung **integrierter, emissionsarmer Verfahren** wurden spektakuläre Erfolge erzielt. Auf die Entwicklung eines chlorfreien Bleichverfahrens für **Papierzellstoff** zur großtechnischen Reife wurde schon eingegangen. Gefördert wurde auch die Entwicklung einer neuen rekuperativen Schmelzwanne für die Herstellung von **Hohlglas**. Auch die Entwicklung eines emissionsarmen Verfahrens (QSL) zur Verhüttung von **Blei** war technisch erfolgreich. Vorhaben in der **Zementindustrie** zielten auf die Minderung der Stickstoffoxidbildung in Drehrohrofen und Kalzinator sowie die Aufklärung des Thalliumverhaltens bei der Filterstaubrückführung in den Brennprozeß. Hervorzuheben sind auch die Förderung der Entwicklung von emissionsarmen Verfahren zur **Oberflächenreinigung** und die industrielle **Lackierung**. Auch die Minderung von Wasserbedarf und Abwasseranfall beim **Galvanisieren** war Gegenstand zahlreicher Vorhaben.

4.1.4 Bewertung des ökologischen Nutzens der Förderung

Die Projektförderung des BMBF im Programm "Umwelttechnologie" hat innerhalb ihrer fachlichen Abgrenzung auf die ökologische Problemlage adäquat und in der Regel auch frühzeitig reagiert. Durch die Förderung wurden bei den drängendsten Problemen technische **Lösungen wirksam angestoßen** und zum Teil über Demonstrationsanlagen bis zur großtechnischen Anwendungsreife geführt. Die Förderung hat das Primat des **vorbeugenden Umweltschutzes** beachtet. Den **integrierten Techniken** wurde im Verlaufe des Untersuchungszeitraums zunehmende Beachtung geschenkt.

Mit **Produktrecycling** ist die Verfügbarmachung eines gebrauchten, technisch komplexen Endprodukts für eine erneute Nutzung gemeint, unter möglichst weitgehendem Erhalt der Produktgestalt. Um dieses Potential zu erschließen, bedarf es zahlreicher gestaltungstechnischer Voraussetzungen. Produktrecycling von technisch komlexen Endprodukten war in den abgelaufenen beiden Förderprogrammen noch kein Thema. Zwar ist schon 1988 eine orientierende Untersuchung mit dem Titel "Entsorgungsfreundliche Gestaltung komplexer Produkte" in Angriff genommen worden, die Analyse blieb jedoch auf das Materialrecycling beschränkt, und es kamen nur zwei Vorhaben zur Förderung. Die seit Anfang der neunziger Jahre zu beobachtende Priorisierung produktbezogener Maßnahmen, als Beitrag zur Operationalisierung eines nachhaltigen Wirtschaftens, spiegelte sich in den Förderaktivitäten des Untersuchungszeitraums (1980-1992) noch nicht wider. Das

1994 veröffentlichte Förderkonzept "*Produktionsintegrierter Umweltschutz*" erklärt komplexe technische Endprodukte ausdrücklich zum Fördergegenstand und deutet auch in Richtung Produktrecycling eine Änderung der Förderpolitik an.

Die insgesamt adäquate Reaktion der Forschungsförderung auf die Problemlage im Umweltschutz und die Wirksamkeit ihrer Beiträge zu Problemlösungen kann auch aus ihrem Einfluß auf die Festsetzung der materiellen Inhalte von gesetzlichen, untergesetzlichen und anderen Regelungen mit normativem Charakter abgelesen werden. Die wesentlichen Ergebnisse einer Analyse der **Regulierungseffekte** der Förderung finden sich im Kapitel 4.4.

4.2 Ökonomische Wirkungen

4.2.1 Förderpolitische Zielsetzungen in bezug auf ökonomische Wirkungen

Von der Programmintention her waren im Untersuchungszeitraum 1980-1992 wirtschaftliche Wirkungen der Förderung eher Nebeneffekte. Gleichwohl waren Wirtschaftlichkeit und die wirtschaftliche Umsetzung der angestrebten Lösungen ein wichtiges Nebenziel.

4.2.2 Methodische Bemerkungen und Überblick über dieses Kapitel

Als ökonomischer Nutzen der Förderung werden jene Wirkungen verstanden, die durch die Anwendung der Ergebnisse der geförderten Projekte erzielt werden. Gemessen werden ökonomische Wirkungen vor allem an Umsätzen aus Transaktionen (Verkauf), zum Teil auch an Absichtserklärungen der Geförderten in bezug auf die Anwendung der geförderten Technik. Zusätzlich wurde die Wirtschaftlichkeit der geförderten Technik als Kriterium einbezogen.

4.2.3 Projektzielsetzungen und Anwendungsnähe

Als strategische Projektzielsetzungen werden hier solche Ziele bezeichnet, die über die unmittelbaren operativen Projektziele hinaus wichtig für die längerfristige Wirtschaftstätigkeit der Empfänger sind. Betrachtet man die Rangfolge der Nennungen der strategischen Projektzielsetzungen bei den verschiedenen Gruppen von Zuwendungsempfängern, so tritt deren unterschiedliche Interessenlage deutlich hervor.

61% der Projekte von **Unternehmen** zielen auf die Sicherung oder Erweiterung bestehender Geschäftsfelder, auf den Eintritt in neue, umweltrelevante Geschäftsfelder (Diversifikation) oder beides. Auch die dazugehörigen instrumentellen Ziele

"Ausbau von FuE im Umweltbereich" (53%) sowie "Imageverbesserung" (51%) erreichen dieses Niveau. Daß jedes zweite Vorhaben als strategisches Projektziel auch der Imageverbesserung dienen soll, zeigt den erheblich gestiegenen Stellenwert von Umweltfragen für die Wettbewerbsposition der Unternehmen. Das hohe Niveau der Nennungen des Projektziels "Einstellen auf die Einhaltung erwarteter gesetzlicher Vorschriften" (51%) unterstreicht den Stellenwert von gesetzlichen Regelungen als Anstoß für technische Innovationen im Umweltbereich.

Der Anteil von Vorhaben, deren Ziel die Starthilfe für ein neugegründetes Unternehmen war (3,5%), ist verglichen mit den Ergebnissen der Innovationsforschung als eher bedeutsam zu bewerten. Noch deutlicher wird dieses Ergebnis, wenn man berücksichtigt, daß der Anteil entsprechender Vorhaben bei den Projekten von Unternehmen 6% beträgt. Darin enthalten sind allerdings auch Ausgründungen von bestehenden Geschäftsfeldern aus (Groß-)Unternehmen und Umgründungen.

Bei **Öffentlichen Einrichtungen** spielen die ökonomisch und wettbewerblich motivierten Projektzielsetzungen erwartungsgemäß eine weniger große Rolle. Im Vordergrund stehen Ziele, die mit ihren Ver- bzw. Entsorgungsaufgaben in Zusammenhang stehen, allem voran die Lösung akuter Problemlagen (66 %) sowie die Einstellung auf die Einhaltung erwarteter gesetzlicher Vorschriften (54 %). Für **Forschungseinrichtungen** steht das Ziel des Erwerbs zusätzlichen Grundlagenwissens bei fast 90% der Projekte im Zentrum. Immerhin zielten drei Viertel ihrer Vorhaben auf die (Hilfe zur) Lösung einer akuten Umweltproblemlage.

Zwei Drittel der Vorhaben, die zusammen 76 % des Fördervolumens beanspruchen, wollten unmittelbar anwendbare Lösungen hervorbringen, 74 % bei Unternehmen und Öffentlichen Einrichtungen und 60 % bei Forschungseinrichtungen. Dies läßt den Schluß zu, daß die förderpolitische Zielsetzung, über Marktwirkungsmechanismen eine schnelle und effiziente Anwendung der umweltentlastenden Techniken zu erreichen, offenbar weitgehend mit den Intentionen der Geförderten übereinstimmte.

4.2.4 Vermarktung und Verbreitung der Projektergebnisse, interne Nutzung

Die in diesem Abschnitt referierten Ergebnisse zur wirtschaftlichen Umsetzung der geförderten Vorhaben in die Anwendung beziehen sich auf jene rund zwei Drittel aller Vorhaben, die auf unmittelbar anwendbare Lösungen zielten, das sind 436 Vorhaben aus der schriftlichen Umfrage. Davon blieben 18% *ohne ökonomische Wirkung*, weil die Vorhaben vorzeitig abgebrochen wurden bzw. technisch nicht erfolgreich waren (12%) oder aus wirtschaftlichen Gründen eine Anwendung nicht möglich war (6%). Bei 19% der Vorhaben war noch keine Anwendung erfolgt.

Insgesamt ist somit bis zum Zeitpunkt der Erhebung 1995, d.h. innerhalb von drei und mehr Jahren nach Abschluß der geförderten Projekte, bei gut der Hälfte der auf ökonomische Effekte zielenden Vorhaben (noch) keine kommerzielle Nutzung erfolgt. Die andere Hälfte der Vorhaben (48%) gibt an, daß ökonomische Effekte durch eine Vermarktung der Ergebnisse der geförderten Vorhaben in Form von Produkten oder Verfahren oder eine Verbreitung der Technik bei anderen Anwendern (25 %) bzw. eine interne Nutzung (24%) erzielt werden.

Unter den intern genutzten FuE-Ergebnissen befinden sich auch solche, die sich bei Projektende noch nicht in anwendungsreifem Stand (*in Produktion integrierte Pilotanlage*) befanden. Schließt man diese aus, so ergibt die Addition aller genannten Arten der Anwendung, daß 31% der auf Anwendung zielenden Vorhaben kommerziell genutzt wurden. Auf sie entfallen 33% der BMBF-Zuwendungen und 40% der Gesamt-Projektkosten.

Bei weiteren 22% der auf Anwendung gezielten Vorhaben besteht darüber hinaus ein *ökonomisches Potential.* Eine Umfrage Anfang 1996 ergab, daß von diesen Vorhaben 5% ihre Vermarktungsabsicht aufgegeben hatten, bei 35% eine Verwertung noch nicht absehbar war, 14% inzwischen vermarktet wurden, bei weiteren 28% eine sichere Planung für die Nutzung bestand und bei 18% keine oder keine klare Auskunft zu erhalten war. Die Quote der insgesamt (bis Anfang 1996) wirtschaftlich verwerteten Vorhaben beträgt somit 37 %, darunter bereits vermarktete Vorhaben (25 %), intern im geförderten Unternehmen genutzte Vorhaben (7 %) und Vorhaben, bei denen eine sichere Verwertungsabsicht besteht (5 %).

Diese Ergebnisse stimmen mit empirischen Ergebnissen der Innovationsforschung gut überein. Danach wird etwa ein Drittel der FuE-Projekte erfolgreich vermarktet. Unter Berücksichtigung der Tatsache, daß für die Forschungsförderung die Erreichung ökonomischer Wirkungen nur ein Nebenziel war, kann die erzielte Umsetzung geförderter umwelttechnischer FuE in die Anwendung als gutes Ergebnis bezeichnet werden.

Für einen Teil der von Unternehmen und Öffentlichen Einrichtungen (extern) vermarkteten Vorhaben wurden Angaben zum Umsatz gemacht. Daraus ergibt sich, daß mit 34 Vorhaben, die mit 38 Mio DM gefördert wurden, zwischen Projektende und Jahresende 1994 Umsätze von 1,47 Mrd DM erzielt wurden. Aufgrund ungelöster methodischer Probleme kann dieses Ergebnis aber nicht auf die Gesamtheit der vermarkteten Vorhaben hochgerechnet werden.

In vielen Fällen wird der durch ein gefördertes Vorhaben fortentwickelte Stand der Technik durch Parallel- oder Nachentwicklungen auch bei anderen als den Geförderten genutzt. Die schriftlichen Umfrage ergab, daß 62% aller auf Anwendung gezielten Vorhaben Verbreitung gefunden haben. Rund drei Fünftel davon befinden sich im Stadium "Beginn der Markteinführung bzw. Anwendung", eine breite

Marktdurchdringung wird für rund 10% der Vorhaben angegeben. Eine Interpretation dieser Zahlen könnte allerdings nur mit Hilfe einer detaillierten techno-ökonomischen Vorhabensklassifikation erfolgen, die nicht zur Verfügung steht.

4.2.5 Wirtschaftlichkeit der geförderten Techniken

Ökonomische Wirkungen von Techniken können nicht nur am Nutzen für die Innovatoren gemessen werden, das heißt für diejenigen, die die Technik entwickelt und auf den Markt gebracht haben, sondern sie müssen auch den *Nutzen für die Anwender* einbeziehen. Rund ein Drittel der Unternehmen und Öffentlichen Einrichtungen gab an, als Anwender gefördert worden zu sein. Die Antworten dieser Gruppe von Befragten dienen als Grundlage für die weitere Auswertung.

Die Wirtschaftlichkeit der neu entwickelten Verfahren wird von 57% dieser Anwender im Vergleich zum vorher realisierten Stand als höher beurteilt. 36% der Anwender schätzen die Wirtschaftlichkeit sogar deutlich höher ein. Dagegen hat sich bei 17% die Wirtschaftlichkeit nach eigener Einschätzung verschlechtert, während sie nach Meinung von 15% gleich geblieben ist. Für fast drei Viertel der bei Anwendern geförderten Vorhaben sind die ökonomischen Wirkungen also als positiv zu bewerten (erhöhte oder zumindest gleich gebliebene Wirtschaftlichkeit). Eine "etwas niedrigere" Wirtschaftlichkeit nannten 8% der Anwender, lediglich 9% der Anwender geben an, daß die Wirtschaftlichkeit des entwickelten Verfahrens "deutlich niedriger" im Vergleich zur bisher genutzten Technik sei. Die wirtschaftliche Attraktivität der geförderten Vorhaben für die Anwender ist somit insgesamt als durchaus positiv einzuschätzen.

Betrachtet man die Ursachen für die veränderte Wirtschaftlichkeit, stellt man fest, daß die geförderten Entwicklungen häufiger mit höheren Investitionskosten verbunden sind. Dies wird jedoch in vielen Fällen durch Einsparungen bei Material, Hilfs- und Betriebsstoffen sowie Energie, aber auch bei den Entsorgungskosten kompensiert. In bezug auf die Beschäftigungseffekte ergibt sich ein neutrales Ergebnis. Der Anteil von Vorhaben mit höheren (20%) und der Anteil mit niedrigeren Personalkosten (16%) halten sich weitgehend die Waage. Bei 22% der Vorhaben wurden die Personalkosten als unverändert bezeichnet.

4.2.6 Vermarktungs- und Verwertungshemmnisse

Die Unterschiede bei der Nennung von Umsetzungshemmnissen zwischen den Gruppen von Geförderten entsprechen ihrer unterschiedlichen Marktfunktion. **Unternehmen** geben als wichtigste Hemmnisse an, daß die neuen Produkte und Verfahren zu teuer (37%) oder technologisch noch nicht marktfähig (27%) sind. Probleme durch neu angebotene technische Konkurrenzlösungen (24%) und aufwendige/langwierige Genehmigungsverfahren (24%) folgen dichtauf. Bei Vorhaben von **Instituten** ergibt sich eine andere Rangfolge. Bei 41% der Vorhaben sehen sie Informationsdefizite bei potentiellen Anwendern, bei 35% wird angegeben, daß die Produkte und Verfahren technologisch noch nicht marktfähig seien und 27% urteilen, daß die neuen Produkte/Verfahren zu teuer seien. Auch bei **Öffentlichen Einrichtungen** gehören Informationsdefizite bei potentiellen Anwendern (23%) und die fehlende technologische Entwicklungsreife (17%) zu den wichtigsten Hemmnissen. Sie heben jedoch auch aufwendige/langwierige Genehmigungsverfahren (20%) und, anders als Unternehmen und Institute, auch den Absatz der Produkte behindernde Regelungsdefizite (13%) als bedeutsame Hemmnisse hervor.

4.2.7 Kritische Würdigung des ökonomischen Nutzens der Förderung

Die förderpolitische Zielsetzung, über Marktwirkungsmechanismen eine schnelle und effiziente Anwendung der umweltentlastenden Techniken zu erreichen, stimmte weitgehend mit den Intentionen der Geförderten überein.

Fast zwei Drittel der Techniken aus auf Anwendung gezielten Vorhaben haben Verbreitung gefunden oder befinden sich zumindest am Beginn der Markteinführung. Unter Berücksichtigung der Tatsache, daß für die Forschungsförderung die Erreichung ökonomischer Wirkungen nur ein Nebenziel war, kann dies als gutes Ergebnis bewertet werden.

Fast drei Viertel der befragten Technikanwender geben an, daß die *Wirtschaftlichkeit der geförderten Techniken* nicht schlechter sei als bei der zuvor genutzten Konkurrenztechnik. Der kommerzielle Nutzen der geförderten Vorhaben für die Anwender ist also durchaus positiv zu bewerten.

Als wichtige Hemmnisse für eine Umsetzung der Ergebnisse der Vorhaben werden die höheren Kosten der neuen Techniken, (noch) unzureichende technologische Reife und Informationsdefizite bei den Anwendern genannt. Demgegenüber treten die Hemmnisse "aufwendige/langwierige Genehmigungsverfahren" und "Regelungsdefizite" in der Bedeutung zurück.

4.3 Technisch-wissenschaftliche Wirkungen

Das folgende Kapitel beschäftigt sich mit den Wirkungen der Förderung von Umwelttechnologie auf das wissenschaftlich-technische Umfeld. Als **methodische Grundlage** dienen die Ergebnisse der schriftlichen Befragung, der durchgeführten Interviews mit Geförderten, der Literaturauswertung sowie vergleichender Studien. Ferner wird auf Patentstatistiken zurückgegriffen.

4.3.1 Probleme der Forschungs- und Entwicklungsarbeit sowie die Erwartungen der Geförderten

Über die Hälfte der befragten **Unternehmen** sehen Engpässe bei der Finanzierung von FuE als großes oder sehr großes Problem an, gefolgt von Unsicherheiten über die Entwicklung der Umweltpolitik (46 % der Unternehmen). Ungewißheit über Märkte und mangelnde Rentabilität nannten mehr als 40 % der Unternehmen. Keine Schwierigkeit stellt dagegen fehlendes technologisches Know-how im Umweltbereich (5 %) oder auf anderen Technikfeldern (7 %) dar.

Unterteilt nach Größenklassen wird deutlich, daß finanzielle Probleme und mangelnde Rentabilität bzw. Unsicherheit über Märkte verstärkt bei Unternehmen mit weniger als 100 Mitarbeitern auftreten. Firmen mit mehr als 500 Beschäftigten zeigen eine andere Rangfolge. Dort stehen Unsicherheiten über die Entwicklung der Umweltpolitik mit 61 % an erster Stelle. Doch auch diese Großunternehmen sehen in mehr als der Hälfte der Fälle finanzielle Probleme. Im Zeitverlauf (1980 bis 1992) nahmen Finanzierungsengpässe, die mangelnde Rentabilität der FuE-Aufwendungen sowie die Unsicherheit über technische Realisierungschancen zu. Demgegenüber ist die Unsicherheit über die Entwicklung der Umweltpolitik leicht rückläufig.

Öffentliche Einrichtungen zeigen eine ähnliche Problemhierarchie wie Unternehmen. Doch insgesamt geben sie weit weniger Schwierigkeiten im FuE-Bereich an. Beispielsweise gaben nur 30 % der Befragten Unsicherheiten über die Entwicklung der Umweltpolitik an und nur ein Viertel verzeichnete Engpässe bei der Finanzierung von FuE. Für 70 % der **Institute** ist die Finanzierung der FuE ein großes bzw. sehr großes Problem. Dieser Anteil ist zwischen 1980 und 1992 kontinuierlich angestiegen. Andere Problembereiche sind dagegen weit weniger bedeutend.

Es läßt sich feststellen, daß die tatsächlichen FuE-Probleme der Befragten mit den Programmannahmen weitgehend übereinstimmen. Finanzielle Engpässe der FuE bei den Geförderten sind das vorrangige Problem, vor allem auch bei KMU. Die Erwartungen der Geförderten richten sich auf klare und verlässliche umweltpolitische und technologische Zielvorgaben, um den Bedarf für umwelttechnologische Innovationen und künftige Marktchancen sicherer beurteilen zu können.

4.3.2 Bedeutung der Fördervorhaben für die Forschungseinrichtungen (Institute)

Unter dem Sammelbegriff Forschungseinrichtungen (*Institute*) wurden (Fach-) Hochschuleinrichtungen, öffentliche FuE-Institute, gemischt-finanzierte FuE-Institute und private FuE-Institute zusammengefaßt. Die Zielsetzung dieser Institute richtet sich in erster Linie auf eine Weiterentwicklung ihrer wissenschaftlichen Erkenntnisse. Dementsprechend bewirkten 59 % der Vorhaben nach Angaben der

Institute eine Erhöhung der wissenschaftlichen Leistungsfähigkeit. In jeweils der Hälfte der Fälle konnten Grundlagen für eine Anschlußforschung erarbeitet und neue technische Lösungen entwickelt werden.

Die Forschungseinrichtungen stellen die wissenschaftlich-technischen Effekte der Förderung in den Mittelpunkt. Die ihnen zugedachte Rolle im Rahmen der institutionellen Arbeitsteilung in der Forschung wird somit offenbar erfüllt und durch die Förderung unterstützt. Weniger bedeutend sind die geförderten Projekte für die Erhöhung der Anzahl der Beschäftigten oder den Umsatz mit Know-how und Lizenzen.

4.3.3 Zuwachs an Erkenntnissen bzw. Forschritt in der technischen Realisierung

Der Zuwachs an Erkenntnissen bzw. der Fortschritt in der technischen Realisierung durch die geförderten Vorhaben wird bei über 50 % der Projekte als "groß" bis "sehr groß" bezeichnet.

Wenn auch der Zuwachs an Erkenntnissen bzw. der Fortschritt in der technischen Realisierung überwiegend positiv beurteilt wurde, so verdeutlicht jedoch der relativ geringe Anteil sehr großer Erkenntniszuwächse, daß wenig wirklich neue und bahnbrechende Ergebnisse im Umweltbereich erzielt werden konnten. Somit bringen die geförderten Vorhaben eher die anwendungsorientierten Techniken voran, die sich im Umfeld vorhandener Technologien bewegen. In der wissenschaftlichen Literatur wird auf die hohe Forschungsintensität in diesem Bereich hingewiesen. Es stellt sich die Frage, ob das Primat der anwendungsnahen FuE in den angebotenen Förderprogrammen (BMBF, BMU etc.) auch künftig eine hohe Forschungsintensität gewährleisten kann. In der Literatur wird darauf hingewiesen, daß beispielsweise die Hochschulforschung sich immer mehr einer konkreten Technikerzeugung öffnet, was nicht ihre zentrale Aufgabe darstellt. Ursprüngliche Aufgabe der Großforschungseinrichtungen war die grundlagennahe Forschung. In der Zwischenzeit werden sie gedrängt, neben diesen Forschungsschwerpunkten auch anwendungsorientierter zu agieren.

4.3.4 Weiterführung von Forschung und Entwicklung nach Projektende

Fast bei der Hälfte der Projekte wurden nach Abschluß der Förderung die FuE-Arbeiten weitergeführt, um ein anwendungsreifes/marktfähiges Produkt bzw. Verfahren zu erreichen. Etwa ein Viertel aller Anschlußprojekte wurden mit weiterer staatlicher Finanzierung durchgeführt. Hauptsächlich kleine Unternehmen mit weniger als 100 Beschäftigten und 73 % der Institutsprojekte erhielten eine Anschlußfinanzierung durch die öffentliche Hand.

Ein sehr großer Anteil, v.a. an Unternehmen und Öffentlichen Einrichtungen, finanziert diese Arbeiten selbst. Allerdings haben die Geförderten wiederholt betont, daß die vorangegangene öffentliche Unterstützung die Bereitstellung eigener Gelder für die Anschlußfinanzierung wesentlich erleichtert. Die Befragung hat gezeigt, daß die Förderung in 95 % der abgefragten Fälle eine Beschleunigung, eine thematische Ausweitung oder das Vorhaben an sich erst ermöglichte. Der relativ hohe Anteil der fortgeführten FuE-Arbeiten - die zudem zum größten Teil selbst finanziert werden - verdeutlicht die Initialwirkung der Förderung.

4.3.5 Anmeldung von Patenten und die Vergabe von Lizenzen

Patentanmeldungen dienen als Indikator für den wissenschaftlich-technischen Erfolg von FuE-Vorhaben. Nachteile dieses Indikators liegen in der unterschiedlichen Patentierbarkeit einzelner Erfindungen und dem unterschiedlichen Patentierungsverhalten. Berücksichtigt man diese Nachteile, kann der Output-Indikator Patentanmeldungen jedoch wichtige Hinweise für den Innovationsgrad und die Wettbewerbsfähigkeit einzelner Industrien liefern. Gemessen an diesem Indikator sind die Vereinigten Staaten und Deutschland in der Umwelttechnik führend. Dies gilt für die achtziger und beginnenden neunziger Jahre. Der Vorsprung Deutschlands vor den USA hat sich in den letzten Jahren noch vergrößert. Heutzutage kommt ein Drittel der umweltrelevanten Patente aus Deutschland, ein Viertel aus Amerika; alle übrigen Länder der Erde steuern zusammen vierzig Prozent bei.

Die Vergabe von Lizenzen ist wenig bedeutsam. Schon in der 1988 durchgeführten Studie von Ecotec spielten Lizenzen eine untergeordnete Rolle. Es stand vielmehr die direkte Umsetzung innerhalb der eigenen Institution oder die indirekte Anwendung durch Kooperationspartner im Vordergrund. Daran hat sich im Zeitverlauf offensichtlich nichts verändert.

4.3.6 Spin-off Effekte

Für 12 % der Projekte konnten Spin-off Effekte ermittelt werden. Die Diffusion der geförderten FuE erfolgte insbesondere in die Prozeß- und Verfahrenstechnik, Meßtechnik/Analytik, Materialtechnik, Agrartechnik, Mikrosystemtechnik und Mikroelektronik, Reaktor- und Sicherheitstechnik sowie die Medizintechnik. Sowohl Institute als auch Unternehmen können etwa ein Siebtel ihrer Ergebnisse in anderen Technikfeldern verwenden. Öffentliche Einrichtungen zeigen weniger Spin-off Effekte und wenden nur jedes zwanzigste Projekt außerhalb der Umwelttechnik an.

4.3.7 Wirkungen der Förderung auf Kooperationen

Forschungskooperationen sind ein wichtiges Mittel zur Unterstützung des Förderziels einer interdisziplinären und intermediären Ausrichtung von FuE in der Umwelttechnologie. In den Förderprogrammen Umweltforschung und Umwelttechnologie können allgemeine Formen zwischenbetrieblicher Zusammenarbeit im Rahmen von **Einzelprojekten** von der geförderten Organisation angestoßen und durchgeführt werden. Die **Verbundforschung** ist hingegen ein spezielles Förderinstrument, um den Technologietransfer[1] zwischen verschiedenen Organisationen bewußt zu fördern. Hier ist die Beteiligung mehrerer Forschungspartner aus verschiedenen Bereichen (Industrie, Wissenschaft) Voraussetzung.

4.3.7.1 Forschungs- und Entwicklungskooperationen

Insgesamt kamen in 80 % der Fördervorhaben FuE-Kooperationen zustande. **Unternehmen** kooperieren am häufigsten mit anderen Unternehmen und zwar in 50 % der Vorhaben, während 46 % mit Forschungseinrichtungen/Hochschulen kooperieren. Unter den Unternehmen sind Anwender und Zulieferer wichtigste Kooperationspartner, fast gleichauf mit Ingenieurbüros und Beratern. Selten ist die Zusammenarbeit mit Mitbewerbern. Auch **Öffentliche Einrichtungen** nutzen häufig Kooperationen mit Forschungseinrichtungen (68 %). An zweiter Stelle folgen Kooperationen mit Ingenieurbüros und Beratern. **Institute** hingegen kooperieren hauptsächlich mit Anwendern aus der Industrie. Positiv zu beurteilen ist auch, daß bei Instituten 45 % der Kooperationsprojekte gemeinsam mit anderen Forschungseinrichtungen durchgeführt werden. Dies ist sicherlich für eine wissenschaftliche Weiterentwicklung des komplex vernetzten Innovationssystems der Umwelttechnik hilfreich.

4.3.7.2 Durchführung von Verbundforschungsvorhaben

Sowohl Institute als auch Unternehmen und Öffentliche Einrichtungen führten etwa 20 % der geförderten Projekte als Verbundforschung durch. Daran waren im Durchschnitt mehr als drei Kooperationspartner beteiligt. Eine Analyse des zeitlichen Verlaufs macht deutlich, daß die Bedeutung dieser Kooperationsform stark zugenommen hat. Bei Projekten, deren Ende zwischen 1980 und 1984 lag, wurden nur zu 12 % Verbundforschungsvorhaben durchgeführt. Bei 1985 bis 1989 abgeschlossenen Projekten stieg der Anteil immerhin auf knapp unter 20 %. Ein Sprung auf 39 % erfolgte bei den Projekten, die zwischen 1990 und 1992 beendet wurden. Auch KMU werden vom Instrument Verbundforschung angesprochen.

---

1 Unter Technologietransfer wird hier der Austausch von Know-how verstanden, der zur Umsetzung von FuE in marktfähige Produkte dient

Über zwei Drittel der realisierten Verbünde werden als "eher günstig" bzw. "sehr vorteilhaft" eingestuft. Hierbei gibt es allerdings wesentliche Unterschiede zwischen Unternehmen, Öffentlichen Einrichtungen und Instituten. Während 59 % der Unternehmen die Einbindung des geförderten Vorhabens in einen Verbund als "eher günstig" einstufte, ist dies nur bei 41 % der Öffentlichen Einrichtungen und 29 % der Institute der Fall. Letztere bewerten die Verbundvorhaben dafür häufiger als "sehr vorteilhaft". Weniger gut und eher ungünstig wird die Einbindung in einen Verbund von jeweils einem Achtel der Unternehmen und Institute bewertet, während die negative Beurteilung durch öffentliche Einrichtungen unter 10 % fällt. Im Zeitverlauf nahm die positive Einschätzung der Verbünde ab. Während nicht einmal 5 % der zwischen 1980 und 1984 abgeschlossenen Projekte als "weniger gut" oder "eher ungünstig" eingestuft werden, sind es im Zeitraum zwischen 1990 und 1992 schon 19 %. Dies verdeutlicht, daß die Förderpolitik prüfen muß, ob mit einem Verbundforschungsanteil von 39 % möglicherweise eine kritische Marke überschritten wurde.

Als Fazit läßt sich festhalten, daß die Verbundforschung tatsächlich bei der Förderung des gewünschten Technologietransfers eine wichtige Rolle spielt. Zur Erreichung der förderpolitisch gewollten Ziele empfiehlt sich ein Fördermix aus Einzel- und Verbundforschung, wobei die Betonung der Verbundvorhaben nach Meinung der Interviewpartner zurückgenommen werden sollte.

4.3.8 Kritische Würdigung der technisch-wissenschaftlichen Wirkungen

Zusammenfassend läßt sich festhalten, die finanzielle Förderung setzt am drängendsten Problem bei den Geförderten an, das sind bestehende Engpässe bei der Finanzierung von Forschungs- und Entwicklungsaufgaben.

Es konnte ferner gezeigt werden, mit dem Instrument Verbundforschung wurde das im Förderprogramm genannte strategische Ziel, den Technologietransfer zu befördern, tatsächlich erreicht. Es besteht allerdings zwischenzeitlich die Gefahr, daß die Anwendungsorientierung der Forschung zu sehr betont wird und eine zu praxisnahe Ausrichtung der Forschungseinrichtungen entsteht. Für die vom Förderprogramm gleichzeitig intendierte Interdisziplinarität, die zu den essentiellen Merkmalen eines leistungsfähigen Innovationssystems zählt, ist dies eher kontraproduktiv.

Kooperationen zwischen verschiedenen Forschungseinrichtungen sollten einen höheren Stellenwert erhalten, in Vorhaben, die mehr auf Erkenntnisgewinn und grundlagenorientierte Forschung mit hohem Nutzungspotential ausgerichtet sind. Damit einher geht, die Betonung der Verbundforschung zwischen Wissenschaft und Industrie etwas zurückzunehmen. Dies dient letztlich auch dazu, die festgestellten günstigen Wirkungen auf den Technologietransfer zu erhalten.

4.4 Regulatorische Wirkungen

In der ersten Arbeitsphase dieser Evaluation wurde untersucht, inwieweit Ergebnisse der Projektförderung des BMBF im Programmbereich *Umwelttechnologie* Eingang in nationale gesetzliche Regelungen und Normen gefunden haben. Die Ergebnisse sollen erkennen lassen, inwieweit die Forschungsförderung des BMBF die Inangriffnahme, Ausgestaltung und Umsetzung von Regelungen im Umweltschutz unterstützt hat, und inwieweit sie den im Programm *Umweltforschung und Umwelttechnologie* formulierten Anspruch, die Handlungsspielräume der Umweltpolitik zu erweitern, einzulösen vermochte. Die Ergebnisse wurden in einem ausführlichen Forschungsbericht dokumentiert. Im folgenden sind die wesentlichen Ergebnisse zusammengefaßt.

4.4.1 Thematische Eingrenzung der Analyse

Die fachliche Abgrenzung der Analyse der regulatorischen Wirkungen unterscheidet sich etwas von jener der zeitlich später in Angriff genommenen übrigen Effekte der Forschungsförderung. Berücksichtigt wurden um die 130 umweltbezogene Gesetze, Verordnungen und Verwaltungsvorschriften des Bundes sowie der Länder, ferner Richtlinien mit normativem Charakter.

4.4.2 Methodik und Vorgehensweise

Das Förderfeld wurde nach den Umweltbereichen Luftreinhaltetechniken (A), Wasserschutztechnologien, darunter Gewässerschutz, Trinkwasseraufbereitung und Wasserversorgung (B), Abwasserreinigung und Klärschlammbehandlung (C), Kreislaufwirtschaft, Abfallwirtschaft und Altlasten, darunter Vermeidung und Verwertung von Abfällen (D), Behandlung und Ablagerung von Abfällen sowie Altlastensanierung (E) und Sicherheitsforschung und Sicherheitstechnik (F) strukturiert.

Für jeden Umweltbereich wurden die im Untersuchungszeitraum wirksamen technikbürtigen Regelungen zusammengestellt. Danach sind jene geförderten Vorhaben ermittelt worden, die zu diesen einen fachlichen Bezug aufweisen. Forschungs- und Entwicklungsvorhaben können auf verschiedene Weise Regelungseffekte erzielen:

1. Einflußnahme auf die **Ausgestaltung der materiellen Inhalte** von Regelungen durch die **Fortentwicklung des Standes der Technik.**
2. Einflußnahme auf die **Ausgestaltung der materiellen Inhalte** von Regelungen durch **Erkenntnisgewinn.**
3. Einflußnahme auf die **Umsetzung** in Kraft getretener Regelungen, wenn diese **Dynamisierungsklauseln oder Minimierungsgebote** enthalten, welche eine Ausschöpfung des Standes der Technik fordern.

4. Einflußnahme auf die **Umsetzung** in Kraft getretener Regelungen, wenn diese **Übergangsfristen** enthalten, weil die Bestimmungen mit dem Stand der Technik zum Zeitpunkt der Verabschiedung nicht erfüllbar sind.

Während die Einflußkategorien 1 und 2 ihre Wirkungen über festgesetzte Standards in Regelungen des Umweltrechts (darunter Grenzwerte) oder Richtlinien mit normativem Charakter entfalten, kommen 3 und 4 über den Verwaltungsvollzug in die Anwendung.

4.4.3 Regelungseffekte der Forschungsförderung

In diese Analyse sind 1569 Vorhaben der Projektförderung mit einer Fördersumme von insgesamt 1,547 Mrd DM einbezogen. Von den 1569 Vorhaben wurden bei 567, das sind 36 %, Wirkungen auf umweltbezogene Regelungen festgestellt. Sie weisen eine Fördersumme von 690 Mio DM auf, das sind 45 % der gesamten Fördersumme der einbezogenen Vorhaben. 17 % der Vorhaben und 25 % der eingesetzten Fördermittel haben die Ausgestaltung oder die Umsetzung von Regelungen entscheidend unterstützt. Bei 20 % der Vorhaben und 19 % der eingesetzten Fördermittel wirkten die geförderten Vorhaben zwar unterstützend, die Regelungseffekte fußten aber letztlich auf nicht geförderter FuE, oder die Vorhaben haben die Regelungen aus anderen Gründen nicht entscheidend beeinflußt.

Die großen Vorhaben haben überproportional zu den Regelungseffekten beigetragen. Dies ist nicht verwunderlich. Vorhaben mit Demonstrationscharakter sind finanziell aufwendig. Gerade diese sind es, welche die **Anwendbarkeit** neuer technischer Lösungen **nachweisen** und daher Einfluß auf die Fortentwicklung der **normativen** technischen **Umweltstandards** nehmen.

Besonders ausgeprägt sind die Regelungseffekte im Förderbereich Gewässerschutz, Trinkwasseraufbereitung und Wasserversorgung. Dies erklärt sich aus dem Zielbereich der Förderung: Die staatliche Forschungsförderung unterstützt hier die öffentlichen Unternehmen bei der Bewältigung ihres gesellschaftlichen Ver- und Entsorgungsauftrags, indem unmittelbar **anwendbare Lösungen** bereitgestellt werden.

4.4.4 Bewertung der Wirkungen der Förderung auf die Regulierung

Die Projektförderung des BMBF im Bereich *Umwelttechnologie; Sicherheit technischer Systeme* hat die Umweltgesetzgebung und ihren Vollzug hilfreich unterstützt und den **Handlungsspielraum für die Umweltpolitk** erheblich erweitert. Mehr als jedes dritte der im Untersuchungszeitraum von 1980 bis 1992 geförderten Vorhaben hat Einfluß auf die inhaltliche Ausgestaltung oder verwaltungsmäßige Umsetzung von umweltbezogenen Regelungen, Normen und Richtlinien genommen. Fast der Hälfte davon kam eine herausragende Bedeutung zu. Besonders hervorzuheben sind die Förderschwerpunkte Minderung der Emissionen von FCKW und anderen halogenierten Kohlenwasserstoffen, die Fortentwicklung der Abfallverbrennung sowie die Reinigung kommunaler Abwässer. Die Tabelle an Ende dieses Abschnitts greift beispielhaft weitere Förderaktivitäten heraus, welche die Ausgestaltung oder Umsetzung von Regelungen unterstützt haben.

Die festgestellten Regelungseffekte bestätigen, daß die Forschungsförderung insgesamt adäquat auf die Problemlagen im Umweltschutz reagiert hat. Sie sind als quantitativer **Indikator** für den ökologischen Nutzen der Förderung anzusehen.

Regelungen	Förderaktivitäten
▪ FCKW-Halon-Verbots-Verordnung ▪ Halogenkohlenwasserstoff-Verordnung (2. BImSchV)	▪ Ersatzstoffe für FCKW als Kältemittel, FCKW-freie Verfahren für die Kunststoffschäumung, die Entfettung von Werkstücken und die chemische Textilreinigung
Abfallverbrennungsverordnung (17. BImSchV)	▪ Bundesweites Meßprogramm an Abfallverbrennungsanlagen ▪ Verbrennungstechnik und Rauchgasreinigung
TA Luft	▪ Emissionsarme Verfahren für die Verhüttung von Blei und das Schmelzen von Glas ▪ Emissionsarme Lackiertechnik ▪ Rauchgasreinigung
Abwasserverwaltungsvorschriften	▪ Biologische Elimination von Stickstoff- und Phosphorverbindungen in Kläranlagen ▪ Sauerstoffbleiche von Zellstoff ▪ Reinigung von Abwässern in der Eisen- und Stahlindustrie ▪ Amalgamabscheidung an Behandlungsplätzen von Zahnarztpraxen
Trinkwasserverordnung	▪ Untersuchung der Umweltverträglichkeit des Phosphatersatzstoffes NTA ▪ Abscheidung von chlorierten organischen Kohlenwasserstoffverbindungen bei der Trinkwasseraufbereitung ▪ Nachweis von Pflanzenschutzmitteln und ihrer Metaboliten in Trinkwasser ▪ Behebung von Flockungsstörungen bei der Trinkwasseraufbereitung
Hohe See Einbringungsgesetz	▪ Vermeidung bzw. Verwertung von Dünnsäure aus der Titandioxidproduktion ▪ Aufarbeitung von Hafenschlick ▪ Landgestützte Behandlung organisch verunreinigter Schwefelsäure
TA Siedlungsabfall	▪ Weiterentwicklung der Abfallverbrennung ▪ Verwertung von Altpapier, Altholz, Kunststoffen, Kunststoff-Metall-Verbünden ▪ Sickerwasserführung
TA Abfall	▪ Abfallarme Galvanisierung ▪ Abfallarme Lackiertechnik ▪ Dichtungssysteme und Erkundungstechniken für Abfalldeponien

4.5 Operationelle und instrumentelle Aspekte

4.5.1 Förderpolitische Zielsetzungen und methodische Bemerkungen

Nach dem Prinzip der Subsidiarität staatlicher Innovationsförderung ist vor allem der Initialeffekt der Forschungsförderung erwünscht, das heißt die Durchführung von Forschungsvorhaben, die nicht ohne die staatliche Förderung realisiert worden wären. Mitnahmeeffekte sind dagegen unerwünscht und werden in der öffentlichen Diskussion wie von den fördernden Stellen als Effizienzmängel bewertet.

4.5.2 Die Anstoßwirkung der Förderung

Der *Initialeffekt* (das heißt, das geförderte Vorhaben wäre ohne staatliche Förderung gar nicht durchgeführt worden) hat mit gut einem Drittel der Vorhaben bei Unternehmen und Öffentlichen Einrichtungen und rund zwei Dritteln der Vorhaben bei Instituten entsprechend den Förderintentionen eine höchst prominente Rolle. Bei den Unternehmen ist die Initialwirkung bei kleinen Unternehmen besonders ausgeprägt. Vorhaben mit Initialeffekten sind allerdings auch dadurch gekennzeichnet, daß sie relativ häufig zu Projektabbrüchen führten bzw. wirtschaftlich nicht erfolgreich waren. Der Intention des Förderprogramms, eher marktferne Entwicklungen mit hohem technischen und wirtschaftlichen Risiko fördern zu wollen, entspricht dieser Aspekt des Initialeffekts durchaus.

Der *Mitnahmeeffekt* (das heißt, das Vorhaben wäre auch ohne staatliche Förderung in gleicher Weise durchgeführt worden) spielt insgesamt eine geringe Rolle: nur etwa 5% der Geförderten geben in der schriftlichen Umfrage diese Erklärung. Auch bei den Interviews wurde das Niveau dieser Aussage im wesentlichen bestätigt. Dieses Niveau an Mitnahmeeffekten ist, verglichen mit anderen Förderprogrammen, außerordentlich niedrig.

Mitnahmeeffekt und Initialeffekt sind im Prinzip komplementäre Wirkungen staatlicher Förderprogramme. Dies tritt bei der Analyse des Einflusses des Stands der Anwendungsreife der Technik bei Projektbeginn deutlich hervor. Je anwendungsnäher die geförderte Technik bei Projektbeginn war, desto geringer wird die Initialwirkung der Förderung und desto größer wird der Mitnahmeeffekt. Auch dieser Zusammenhang illustriert sehr deutlich das Dilemma, daß einerseits die FuE-Förderung "marktfern" erfolgen soll, andererseits im Außenraum der Umsetzung geförderter FuE in Produkte für den Markt hohe Bedeutung beigemessen wird.

Beim größten Teil der geförderten Vorhaben liegen die Effekte zwischen Initiieren und Mitnahme, das heißt die Vorhaben wurden zeitlich früher oder schneller durchgeführt oder größer als ohne staatliche Förderung. In Anbetracht der erzielten Umweltentlastung und des kommerziellen Nutzens sind auch diese Effekte positiv zu bewerten.

Ein Drittel (bei Öffentlichen Einrichtungen) bis die Hälfte der Vorhaben (bei Unternehmen) führten im Anschluß an das geförderte Vorhaben weitere FuE mit dem Ziel durch, anwendungsreife Lösungen hervorzubringen. Die Hälfte dieser Projekte wurde von den durchführenden Organisationen selbst finanziert.

4.5.3 Das Informationsverhalten der Geförderten

Es gibt eine Reihe von öffentlich bereitgestellten *Informationsquellen* über die Forschungs- und Technologieförderung des BMBF: Förderungskatalog des BMBF, Katalog UFORKAT, Projektberichte in der Technischen Informationsbibliothek Hannover (TIB), Berichtsblätter im Fachinformationszentrum Karlsruhe und Veröffentlichungen sowie Statusseminare des BMBF bzw. der Projektträger. Diese unterscheiden sich sehr deutlich in ihrem Detaillierungsgrad, wodurch sie jeweils für unterschiedliche Informationsbedürfnisse in Frage kommen.

Für die aktive *Verbreitung von Informationen* über Ergebnisse aus den geförderten Vorhaben werden von den Geförderten vor allem Aufsätze in der Fachpresse sowie Vorträge auf Messen und Kongressen genannt. Insgesamt zeigen die Ergebnisse, daß Institute in ihrem Informationsverhalten aktiver sind.

Perspektiven für die Informationsaufnahme und -verbreitung von Ergebnissen aus geförderten Vorhaben liegen im Aufbau bzw. in einer Wegleitung zu einer öffentlich zugänglichen Projektdatenbank, die insbesondere einen Kurzbericht über die erzielten *Ergebnisse* enthält und eine benutzerfreundliche Oberfläche für diese Datenbank bereitstellt. Es könnte darüber hinaus erwogen werden, aktive Strategien zur Informationsverbreitung über die Ergebnisse der geförderten Vorhaben durch Einbeziehung in die Förderung anzuregen.

4.5.4 Zur Ausgestaltung der FuE-Förderung des BMBF

Der am häufigsten genannte *Wunsch an die FuE-Förderung des BMBF* ist der nach Bereitstellung von Informationen über längerfristige technische Entwicklungstrends auf umweltrelevanten Gebieten (54% bezeichneten dies als wichtig oder sehr wichtig). Dies deckt sich mit dem seit einigen Jahren zu beobachtenden Trend, Methoden der Technikvorausschau für die Positionierung der Innovationstätigkeit und der Markbearbeitung zu nutzen. Auch das BMBF hat in den vergangenen Jahren wieder verstärkt Untersuchungen zur technologischen Vorausschau durchführen lassen. Für die Vorbereitung konkreter Innovationsvorhaben müssen solche Untersuchungen allerdings um vertiefende techno-ökonomische Untersuchungen ergänzt werden, um handlungsrelevantes Wissen bereitzustellen.

Trotz aller seit vielen Jahren intensiv betriebenen Öffentlichkeitsarbeit werden von fast der Hälfte der Geförderten verbesserte *Informationen über die Fördertätigkeit des BMBF* gefordert (47% aller Vorhaben), wobei unerwarteterweise dieser Wunsch von größeren Unternehmen häufiger geäußert wird. *Informationen über Kooperationsmöglichkeiten und -partner* werden von 44% der Geförderten als wichtig bis sehr wichtig genannt.

Zu den *Problemen bei der Antragstellung*, die einen erheblichen Aufwand verursachten, wurden als wichtigste Kritikpunkte in den Aussagen Geförderter genannt:
- Die Projektprüfungs- und Entscheidungskriterien seien nicht transparent.
- Programm und Förderkonzepte ließen offen, ob Ideen an das BMBF oder den Projektträger herangetragen werden sollten.
- Insbesondere die detaillierten Planungs-, Nachweis- und Berichtspflichten und die Planung und Abrechnung der auf das Projekt entfallenden Kosten werden von vielen Geförderten, insbesondere kleineren Unternehmen, als Belastung empfunden.
- Manche der Geförderten klagen über "erhebliche" durch die Förderung verursachte zusätzliche Aufwendungen für die Projektadministration. Die Schätzungen in den Interviews reichten von 5 bis 15% des Projektvolumens.

Alle diese von Geförderten vorgebrachten Beschwernisse wurden auch bei anderen Evaluierungen von FuE-Förderprogrammen festgestellt. Die Nachhaltigkeit der von den Geförderten genannten Probleme deutet darauf hin, daß es sich hier um Strukturprobleme der Förderung handelt, die offenbar nicht ohne erhebliche Schwierigkeiten behoben werden können. In der Tat wird hier ein Dilemma deutlich: Dem Wunsch, schnell und unbürokratisch die Entwicklung umweltentlastender Technologien zu unterstützen, steht die Notwendigkeit der sparsamen Vergabe knapper Mittel gegenüber.

Bei den Projektträgern richtet sich ein besonderes Bedürfnis auf die Ergebnisbeobachtung nach Abschluß der Förderung. Eine kontinuierliche oder periodische Ergebnisbeobachtung hätte den Vorteil, daß die Umsetzung von FuE-Ergebnissen in die Praxis gezielt unterstützt werden könnte und außerdem Hinweise auf förderungswürdige Forschungsthemen gewonnen werden könnten.

4.5.5 Fazit und Ausblick

Bei der Förderung von Umwelttechnologie fällt das geringe Ausmaß von Mitnahmeeffekten auf, während die Initialeffekte sich auf vergleichbarem Niveau wie bei anderen Programmen befinden. Dies weist auf eine günstige Effizienz der

Förderung hin. Die von den Geförderten genannten Probleme der Ausgestaltung der Förderung sind mit denen anderer Förderprogramme vergleichbar und lassen keine spezifischen Besonderheiten erkennen.

5. Wirksamkeit der Förderung, Empfehlungen [2]

5.1 Würdigung des Programms

Die **technologische Position Deutschlands** in der Umwelttechnik und seine Partizipation am Welthandel mit umwelttechnischen Produkten gilt allgemein als führend. Zwar ist es nicht möglich, den Beitrag der staatlichen Forschungsförderung zur Erringung dieser Spitzenposition zu **quantifizieren** (Zurechnungsproblem), es ist jedoch deutlich erkennbar, daß sie unterstützend gewirkt hat. Es fällt außerdem auf, daß der umwelttechnische Standard gerade in den zum Förderfeld gehörenden Umweltbereichen besonders hoch ist, während die Bereiche Mobilität und Verkehr, Landwirtschaft und Landtechnik, Bauen und Wohnen heute im Zentrum der Aufmerksamkeit stehen.

Die Evaluation belegt, die Forschungsförderung hat im Förderfeld zur Lösung ökologischer Probleme wirksam beigetragen. Besonders ausgeprägt ist dies in den Förderschwerpunkten Abwasserreinigung, Fortentwicklung der Abfallverbrennung zu einem umweltverträglichen Behandlungsverfahren, Entwicklung von Ersatzstoffen und -verfahren für FCKW und Minderung der Emissionen von chlorierten Lösungsmitteln. Auch in der internationalen Literatur finden sich Hinweise, daß die Förderung von Umwelttechniken durch das BMBF als vorbildlich und effizient wahrgenommen wird.

Die Förderung von Technologieentwicklung ist mit den übrigen Politikbereichen abzustimmen, das Förderprogramm *Umweltforschung und Umwelttechnologie* insbesondere mit der Politk des Umweltressorts. Die **Unterstützungsfunktion** der durch das Forschungsministerium geförderten Umwelttechniken **für die Umweltpolitik** ist deutlich erkennbar. Eine detaillierte Analyse ergab, daß bei jedem dritten FuE-Vorhaben Einflüsse auf die Gesetzgebung und Normenbildung im Umweltschutz erkennbar sind.

Die operative Förderung hat das intendierte Primat der **integrierten Technik** beachtet und die Prozeßtechnik bei einer Reihe von Produktions- und Fertigungsverfahren wesentlich vorangebracht. Zu nennen sind hier die Sauerstoffbleiche zur Herstellung von Papierzellstoff, das QSL-Verfahren zur Produktion von Primärblei, das

2 Eine kritische Würdigung der Forschungsförderung im Förderfeld findet sich auch im Bericht zum Teilvorhaben *Einflüsse der Forschungsförderung auf Gesetzgebung und Normenbildung im Umweltschutz*, der als Buch erschienen ist (Angerer et al., 1996 a).

LoNOx-Schmelzverfahren für die Hohlglasherstellung, emissionsarme Automaten zur Oberflächenreinigung (Bosch-Dürr-Verfahren), die Unterdrückung der Stickstoffoxidbildung in Drehrohr und Kalzinator von Zementwerken, umweltfreundliche Lackieranlagen (Wasserlacke, Pulverlacke etc.), die abwasserarme Galvanik, die biologische Abscheidung von Stickstoff- und Phosphorverbindungen aus Abwässern und der emissionsarme Betrieb von Abfallverbrennungsanlagen.

Der **ökonomischen Nutzen** der Förderung ist durchaus substantiell. 37 % der FuE aus Vorhaben, die auf eine wirtschaftliche Verwertung zielten, werden von den geförderten Unternehmen auch tatsächlich kommerziell genutzt. Aus der Innovationsforschung ist bekannt, daß etwa ein Drittel der FuE-Projekte erfolgreich vermarktet werden. Punktuell konnten durch die Förderung erhebliche Marktvolumina erschlossen werden. So wurden Vorhaben mit einem Gesamtförderaufwand von zusammen 38 Mio DM identifiziert, die Umsätze von 1,5 Mrd DM angestoßen haben. Dieses Beispiel für den **wirtschaftlichen Ertrag der Förderung** schließt allerdings nur eine sehr kleine Anzahl von Vorhaben ein. Ein repräsentativer Multiplikator für den wirtschaftlichen Ertrag der Förderung als Ganzes (Hebelwirkung) war aufgrund ungelöster methodischer Probleme nicht zu ermitteln.

Überraschende Ergebnisse lieferte die Erhebung der **wirtschaftlichen Attraktivität** der geförderten FuE bei den **Anwendern**. Fast drei Viertel der befragten Technikanwender gaben an, daß die Wirtschaftlichkeit der geförderten Lösung nicht schlechter sei als bei der zuvor genutzten Technik, 36 % schätzten die Wirtschaftlichkeit sogar deutlich höher ein. Der Förderung ist es offenbar in hohem Maße gelungen, wirtschaftlich attraktive Lösungen für bestehende Umweltprobleme bei den Anwendern bereitzustellen. Die wirtschaftliche Attraktivität von neuen Techniken kann als Indikator für die volkswirtschaftliche Effizienz der getätigten FuE-Aufwendungen dienen. Demnach ist die Effizienz der für die angestoßene FuE aufgewendeten Fördermittel positiv zu bewerten.

Im Förderfeld konnten im Vergleich zu anderen Programmen **erhebliche Initialwirkungen** erzielt werden. Gut ein Drittel der Vorhaben von Unternehmen und Öffentlichen Einrichtungen wären ohne Förderung nicht durchgeführt worden. Erfreulicherweise ist die Initialwirkung bei den kleinen und mittleren Unternehmen besonders ausgeprägt. Bei einem Drittel der geförderten Vorhaben wurden **Patente** angemeldet. Bei der Hälfte der Vorhaben wird die **Innovationshöhe** als substantiell (hoch bis sehr hoch) eingeschätzt.

Die wirtschaftspolitische Bedeutung der Förderung und ihre Beiträge zur **Fortentwicklung von Wissenschaft und Technik** sind mehr als ein willkommenes Nebenprodukt des originären Ziels im Förderfeld, nämlich ökologische Probleme zu lösen. Den ökonomischen und technisch-wissenschaftlichen Wirkungen des Förderprogramms kommt durchaus eine eigenständige Bedeutung für die Stärkung der

Wettbewerbsfähigkeit der Wirtschaft und die umwelttechnische Kompetenz der Forschungseinrichtungen zu.

5.2 Empfehlungen

Technologieentwicklungen zur Schließung von Materialkreisläufen sind in den zurückliegenden Jahren gut vorangekommen. Unausgeschöpfte technologische Potentiale bestehen demgegenüber bei der Errichtung von Produktkreisläufen auf hohem Wertniveau. Dazu zählen das **Produktrecycling**, also die Modernisierung gebrauchter, technisch komplexer Erzeugnisse zur erneuten Verwendung (mit den Aufgaben Modularisierung, innovative Füge- und Verbindungstechnik, demontagegerechte Gestaltung, Schnittstellennormung, Prüftechnik, mechanisierte Demontagetechnik, Re-Manufacturing, Austauschteilefertigung etc.), die Verbesserung der Dauerhaftigkeit von Produkten und Komponenten, aber auch neue organisatorische Konzepte einer nachhaltigen Nutzung (Contracting-, Sharing-, Mietkonzepte). Diese Ansätze spricht das Kreislaufwirtschaftsgesetz unter dem Begriff Produktverantwortung an. Auch die Einbindung dieser nachhaltigen Produkt- und Nutzungskonzepte in die bestehende Wirtschafts- und Gesellschaftsstruktur wirft zahlreiche offene Fragen auf (Wertschöpfung, Strukturwandel, Beschäftigung, Standortbindung).

Innovationspolitik kann sich nicht auf Technikförderung beschränken. Die in der Vergangenheit im Förderfeld festzustellende Fokussierung auf die Technikentwicklung ist nicht unbedingt geeignet, auch künftig eine hohe Umsetzung von FuE in marktfähige Produkte sicherzustellen. Für den Markterfolg sind weniger denn je allein technische Merkmale ausschlaggebend; auch der ökonomische und gesellschaftliche Kontext muß stimmig sein. Daraus ergeben sich Forschungsaufgaben für die Wirtschafts- und Sozialwissenschaften (Konflikt-, Hemmnis-, Akzeptanz-, Verhaltens-, Innovationsforschung etc.). Die operative Förderung von FuE sollte daher generell durch **Technikfolgenforschung** begleitet werden, in die auch wirtschafts- und sozialwissenschaftliche Disziplinen eingebunden sind. Technikfolgenforschung kann zusammen mit modernen Methoden der Technologiebewertung (darunter die Ökobilanzierung) schon bei der Formulierung von Förderschwerpunkten, also im Vorfeld von Technikentwicklung, zu einer optimalen Allokation der Fördermittel genutzt werden (**Technologiefrüherkennung**).

Die fachliche Eingrenzung des Förderfelds der Umwelttechnikförderung war in der Vergangenheit zu rechtfertigen. Nicht zuletzt durch dort erzielte technologische Erfolge hat sich die Problemlage inzwischen stark gewandelt und neue **Vernetzungserfordernisse** herausgebildet. Mobilität und Verkehr, Landwirtschaft und Landtechnik sowie das Bedürfnisfeld Bauen und Wohnen bestimmen heute in hohem Maße die Umweltqualität. Eine Ausweitung des Förderbereichs oder eine sehr enge Vernetzung mit diesen selbständigen Förderbereichen ist deshalb aus sachlichen Erwägungen unabweisbar. Ebenso sollten die bereits zu beobachtenden Vernetzungen zwischen der Umwelttechnikförderung und der Förderung von Basistechnologien, darunter insbesondere Materialforschung, Biotechnologie und Informationstechnik, systematisch ausgebaut werden. Besteht doch die Herausforderung der Umwelttechnikförderung darin, existierende Innovationen so zu Systemen zu integrieren, daß umweltfreundliche Lösungen entstehen, die zugleich wirtschaftlich attraktiv sind. Die wirtschaftliche Attraktivität ist die conditio sine qua non für eine zügige Diffusion geförderter FuE in die Anwendung ohne ordnungsrechtliche Eingriffe.

Nicht immer gelingt es, innovative umwelttechnische Lösungen schon im ersten Ansatz wirtschaftlich attraktiv zu gestalten und sei es deshalb, weil die neue Technik (noch) nicht die Skaleneffekte der Konkurrenztechnologien realisieren kann. Zur Unterstützung der Umsetzung von FuE in marktfähige Produkte und der Amortisation der Forschungsaufwendungen können in diesen Fällen **Markteinführungshilfen** vonnöten sein. Hier kann ein institutionalisiertes Abstimmungsverfahren mit dem Wirtschafts- und Finanzressort helfen, das Schicksal aussichtsreicher Innovationen nicht allein den Kräften des Marktes zu überlassen, dessen Allokation vom ökologischen Nutzen weitgehend unbeeinflußt bleibt. Der Vorsorgeauftrag des Staates endet nicht an den Grenzen eines freien Marktes. Die Einrichtung einer **Technikbeobachtung als neues Instrument** im Förderfeld zur Erschließung von Informationen über die Umsetzung (kommerzielle Verwertung) geförderter FuE kann Entscheidungsgrundlagen für interministeriell abgestimmte Anschubmaßnahmen bereitstellen. Die gezielte Beobachtung (**Monitoring**) des Schicksals geförderter Innovationen nach Abschluß der Förderung ist die logische Antwort auf die hohe Bedeutung, die dem ökonomischen Nutzen der Technikförderung heute beigemessen wird.

Ein weiterer Ansatzpunkt zur Unterstützung der Umsetzung von FuE in marktfähige Produkte ist der **Ausbau des Informationsangebots** über die Ergebnisse der Technikförderung. Die Bereitstellung einer ergebnisorientierten Vorhabendatenbank mit einer modernen, multimedialen Oberfläche und benutzerfreundlichen Navigationsinstrumenten wäre ein erster, aber wichtiger Beitrag hierzu. Die Vorhabenbeschreibungen der öffentlich zugänglichen Datenbank FORKAT des BMBF stammen aus dem Antragsverfahren. Hier können deshalb keine Informationen über die erzielten Ergebnisse gewonnen werden.

TECHNIK, WIRTSCHAFT und POLITIK

Schriftenreihe des Fraunhofer-Instituts
für Systemtechnik und Innovationsforschung (ISI)

Band 2: B. Schwitalla
Messung und Erklärung industrieller Innovationsaktivitäten
1993. ISBN 3-7908-0694-3

Band 3: H. Grupp (Hrsg.)
Technologie am Beginn des 21. Jahrhunderts, 2. Aufl.
1995. ISBN 3-7908-0862-8

Band 4: M. Kulicke u. a.
Chancen und Risiken junger Technologieunternehmen
1993. ISBN 3-7908-0732-X

Band 5: H. Wolff, G. Becher, H. Delpho
S. Kuhlmann, U. Kuntze, J. Stock
FuE-Kooperation von kleinen und mittleren Unternehmen
1994. ISBN 3-7908-0746-X

Band 6: R. Walz
Die Elektrizitätswirtschaft in den USA und der BRD
1994. ISBN 3-7908-0769-9

Band 7: P. Zoche (Hrsg.)
Herausforderungen für die Informationstechnik
1994. ISBN 3-7908-0790-7

Band 8: B. Gehrke, H. Grupp
Innovationspotential und Hochtechnologie, 2. Aufl.
1994. ISBN 3-7908-0804-0

Band 9: U. Rachor
Multimedia-Kommunikation im Bürobereich
1994. ISBN 3-7908-0816-4

Band 10: O. Hohmeyer, B. Hüsing
S. Maßfeller, T. Reiß
Internationale Regulierung der Gentechnik
1994. ISBN 3-7908-0817-2

Band 11: G. Reger, S. Kuhlmann
Europäische Technologiepolitik in Deutschland
1995. ISBN 3-7908-0825-3

Band 12: S. Kuhlmann, D. Holland
Evaluation von Technologiepolitik in Deutschland
1995. ISBN 3-7908-0827-X

Band 13: M. Klimmer
Effizienz der computergestützten Fertigung
1995. ISBN 3-7908-0836-9

Band 14: F. Pleschak
Technologiezentren in den neuen Bundesländern
1995. ISBN 3-7908-0844-X

Band 15: S. Kuhlmann, D. Holland
Erfolgsfaktoren der wirtschaftsnahen Forschung
1995. ISBN 3-7908-0845-8

Band 16: D. Holland,
S. Kuhlmann (Hrsg.)
Systemwandel und industrielle Innovation
1995. ISBN 3-7908-0851-2

Band 17: G. Lay (Hrsg.)
Strukturwandel in der ostdeutschen Investitionsgüterindustrie
1995. ISBN 3-7908-0869-5

Band 18: C. Dreher, J. Fleig
M. Harnischfeger, M. Klimmer
Neue Produktionskonzepte in der deutschen Industrie
1995. ISBN 3-7908-0886-5

Band 19: S. Chung
Technologiepolitik für neue Produktionstechnologien in Korea und Deutschland
1996. ISBN 3-7908-0893-8

Band 20: G. Angerer u. a.
Einflüsse der Forschungsförderung auf Gesetzgebung und Normenbildung im Umweltschutz
1996. ISBN 3-7908-0904-7

Band 21: G. Münt
Dynamik von Innovation und Außenhandel
1996. ISBN 3-7908-0905-5

Band 22: M. Kulicke, U. Wupperfeld
Beteiligungskapital für junge Technologieunternehmen
1996. ISBN 3-7908-0929-2

Band 23: K. Koschatzky
Technologieunternehmen im Innovationsprozeß
1997. ISBN 3-7908-0977-2

Band 24: T. Reiß, K. Koschatzky
Biotechnologie
1997. ISBN 3-7908-0985-3

Band 25: G. Reger
Koordination und strategisches Management internationaler Innovationsprozesse
1997. ISBN 3-7908-1015-0

Band 26: S. Breiner
Die Sitzung der Zukunft
1997. ISBN 3-7908-1040-1

Band 27: M. Kulicke, U. Broß, U. Gundrum
Innovationsdarlehen als Instrument zur Förderung kleiner und mittlerer Unternehmen
1997. ISBN 3-7908-1046-0

GPSR Compliance

The European Union's (EU) General Product Safety Regulation (GPSR) is a set of rules that requires consumer products to be safe and our obligations to ensure this.

If you have any concerns about our products, you can contact us on ProductSafety@springernature.com

In case Publisher is established outside the EU, the EU authorized representative is:

Springer Nature Customer Service Center GmbH
Europaplatz 3
69115 Heidelberg, Germany

Batch number: 10815974

Printed by Printforce, the Netherlands